秦封泥与秦文化研究书系
编 委 会

顾 问：袁仲一
主 编：庞任隆
编 委（按姓氏笔画）：

王鑫怡 李 超 朱 晨 刘 瑞
杨 燕 周世闻 徐卫民 高华强

秦封泥与秦文化研究书系

『秦封泥与秦文化研究书系』编委会 编

徐卫民 著

秦封泥与宫室苑囿研究

陕西师范大学出版总社

图书代号：SK21N0172

图书在版编目（CIP）数据

秦封泥与宫室苑囿研究 / 徐卫民著. —西安：陕西师范大学出版总社有限公司, 2021.5

（秦封泥与秦文化研究书系）

ISBN 978-7-5695-2024-8

Ⅰ.①秦… Ⅱ.①徐… Ⅲ.①封泥—研究—中国—秦代 ②宫殿—古建筑—中国—秦代 Ⅳ.① K877.64 ② TU-092.33

中国版本图书馆 CIP 数据核字 (2020) 第 238404 号

秦封泥与宫室苑囿研究

QIN FENGNI YU GONGSHI YUANYOU YANJIU

徐卫民　著

出版统筹	刘东风　冯晓立
责任编辑	王文翠
责任校对	雷亚妮
装帧设计	锦　册
出版发行	陕西师范大学出版总社
	（西安市长安南路 199 号　邮编 710062）
网　　址	http://www.snupg.com
印　　刷	陕西龙山海天艺术印务有限公司
开　　本	710 mm × 1000 mm　1/16
印　　张	18
插　　页	2
字　　数	249 千
版　　次	2021 年 5 月第 1 版
印　　次	2021 年 5 月第 1 次印刷
书　　号	ISBN 978-7-5695-2024-8
定　　价	88.00 元

读者购书、书店添货或发现印刷装订问题，影响阅读，请与营销部联系、调换。

电话：（029）85307864　传真：（029）85303879

总序

秦文化史上又一经典之作

——写在"秦封泥与秦文化研究书系"出版之际

○袁仲一

秦封泥的发现，是秦文化研究和资料发掘史上继秦俑、秦简牍之后的又一重大发现。

20世纪90年代，在西安汉长安城相家巷村发现数以千计带有文字痕迹的"泥坨坨"，被专家鉴定为秦代的封泥。1996年12月底，在秦俑馆召开的一次学术交流会上，周晓陆和路东之交流了他们收藏的秦封泥拓片和撰写的相关论文。看到这些拓片和论文，我当时就感到，如此大规模的秦封泥发掘，的确是对秦汉文化研究资料的又一次丰富和补充，它涉及历史学、考古学、古代职官文化、历史地理学等信息，可供研究的角度十分广泛。

之后，越来越多的学者关注秦封泥与秦文化的研究，并于2017年10月26日在西安成立了"秦文化研究会秦封泥专业委员会"，庞任隆当选专业委员会主任。

前不久，庞任隆和陕西师范大学出版总社的编辑来家里看望我，得知陕西师范大学出版总社将出版"秦封泥与秦文化研究书系"的消息，我就三点说下感受：

一是选题好。秦封泥堪称继秦俑、秦简牍之后秦考古的第三大发现，且秦俑、秦封泥两大发现都在陕西，由陕西师范大学出版总社出版此套丛书，甚好。

二是时机好。今年是中国共产党建党一百周年纪念，各方面文化成就云涌聚集，陕西师范大学出版总社出版"秦封泥与秦文化研究书系"，无疑是为建党一百周年献上的一份珍贵作品。

三是团队好。"秦封泥与秦文化研究书系"各分册作者都是研究秦文化和秦封泥多年的专家、学者。庞任隆的《秦封泥概论》深入浅出，通俗易懂；徐卫民的《秦封泥与宫室苑囿研究》资料翔实，内涵丰富；李超的《秦封泥与官制研究》语言清秀，逻辑明晰；周世闻、高华强的《秦封泥与中国书法艺术研究》图文并茂、体例清晰，艺术价值高。

另外，秦封泥与秦文化研究的角度还可以更加丰富、全面，希望更多专家学者为"秦封泥与秦文化研究书系"继续注入新内容。

期待，是为序。

目 录

第一章　秦封泥中的宫室苑囿资料综述 …………………………………… 1

第二章　秦封泥与秦都邑 ………………………………………………… 14

　第一节　秦封泥与西犬丘（西垂） ……………………………………… 14

　第二节　秦封泥与雍城 …………………………………………………… 21

　　一、与雍城有关的几枚封泥 …………………………………………… 21

　　二、雍城的布局和结构 ………………………………………………… 24

　　三、雍城的特点及其对以后都城的影响 ……………………………… 34

　　四、雍城在秦发展过程中的作用 ……………………………………… 38

　第三节　秦封泥与泾阳 …………………………………………………… 41

　第四节　秦封泥与栎阳 …………………………………………………… 44

　第五节　秦封泥与咸阳 …………………………………………………… 51

　　一、与咸阳有关的几枚封泥 …………………………………………… 52

　　二、秦都咸阳的规模与布局 …………………………………………… 54

　　三、秦都咸阳的设计理念 ……………………………………………… 63

第三章　秦封泥与秦宫殿 ………………………………………………… 75

　第一节　秦封泥与都城中的宫殿 ………………………………………… 77

第二节　秦封泥与离宫别馆 …………………………… 97
　　　一、关中渭河以南离宫 ………………………………… 98
　　　二、关中渭河以北离宫 ………………………………… 105
　　　三、秦直道上的行宫遗址 ……………………………… 110
　　　四、有遗址而不知宫名的宫殿 ………………………… 111
　　　五、辽宁、河北秦离宫 ………………………………… 116

第四章　秦封泥与苑囿 …………………………………… 124
　第一节　秦封泥与秦都城附近的苑囿 …………………… 128
　　　一、雍城附近苑囿 ……………………………………… 128
　　　二、咸阳附近的苑囿 …………………………………… 131
　第二节　秦封泥与其他地区的苑囿 ……………………… 187
　第三节　秦苑囿的特点及影响 …………………………… 196
　　　一、依山而建，山形水胜 ……………………………… 196
　　　二、规模宏大，雄伟壮观 ……………………………… 197
　　　三、宫苑结合 …………………………………………… 197
　　　四、造园方式先进 ……………………………………… 198
　　　五、影响深远 …………………………………………… 200

第五章　秦封泥与厩苑 …………………………………… 202
　第一节　秦的马政 ………………………………………… 203
　第二节　出土封泥与厩苑 ………………………………… 207
　第三节　秦对厩苑的管理 ………………………………… 218

第六章　秦封泥与帝王陵园 ……………………………… 224
　第一节　阳陵禁丞封泥与秦庄襄王陵 …………………… 224
　第二节　丽山飤官封泥与秦始皇陵 ……………………… 228

附　录　出土文献与秦文化研究 ························· 254
　一、秦始皇陵的考古发现大大促进了秦文化的研究 ········· 254
　二、云梦秦简的发现与秦文化研究 ······················· 257
　三、秦封泥的发现与秦文化研究 ························· 261
　四、里耶秦简的发现与秦文化的研究 ····················· 264
　五、岳麓书院秦简与秦文化的研究 ······················· 267
　六、秦金文、陶文的发现与秦文化研究 ··················· 268

参考资料 ··· 272

后　记 ··· 278

第一章　秦封泥中的宫室苑囿资料综述

传世文献中最早出现"封泥"二字的是《后汉书》。《后汉书·百官志》云："守宫令一人，六百石。本注曰：主御纸笔墨，及尚书财用诸物及封泥。丞一人。"[①] 20世纪90年代出土于西安北郊汉长安城内西北相家巷村（秦甘泉宫遗址附近）的大量秦封泥为我们研究秦文化提供了第一手的资料，是继云梦睡虎地秦简、秦始皇兵马俑、秦都咸阳、秦都雍城、里耶秦简之后秦考古的又一重大发现，大大丰富了秦文化的研究内容，推动了秦文化的研究。

封泥，又称泥封，是印章按于泥上作为实物和木制牍函封缄的凭证。卫宏《旧汉仪》中有"天子信玺皆以武都紫泥封"的记载。古代文书都用刀刻或用漆写在竹简或木札上，封发时装在一定形式的斗槽里，用绳捆上，在打结的地方填进一块胶泥，在胶泥上打玺印；如果简札较多，则装在一个口袋里，在扎绳的地方填泥打印，作为信验，以防私拆。封发物件也常用此法。这种钤有印章的泥块称为"封泥"，"缄之以绳，封之以泥，抑之以印"[②]。封泥不是印章，而是古代用印的遗迹，是盖有古代印章的干燥坚硬的泥团，是保留下来的珍贵实物。由于原印是阴

---

① 范晔撰，李贤等注：《后汉书》，中华书局1965年版，第3592页。
② 韩天衡：《封泥概说》，见吴幼潜编：《封泥汇编》，上海古籍出版社1984年版，前言第1页。

文,钤在泥上便成了阳文,其边为泥面,所以形成四周不等的宽边。承办人用印章钤盖泥封,是为了保证文书安全而采取的加密手段,起着"以检奸萌"的作用,可以说是我国最早的保密措施。如今存留下的秦封泥成了研究秦历史的密码。

封泥的使用时期自战国至汉魏,晋以后纸张、绢帛逐渐代替了竹木简书信的来往,人们改用红色或其他颜色的印色印在书牍上,才有可能不再使用封泥。后世的篆刻家从这些珍贵的封泥拓片中得到借鉴,用以制印,从而扩大了篆刻艺术取法的范围。

图1　右丞相印封泥

封泥不仅具有非同寻常的历史学术价值,更具有丰富的艺术内涵。据研究,现存的秦汉印实物,多半是殉葬用的明器,并非那个时期的实用印章,它的制作技术和艺术水平都难以和实用印章相比,而封泥则是由官方正式颁发的玺印或者私家常用的玺印钤出的。因此封泥上的印文,真实地反映了当时印章艺术的实际情况,无疑是古代玺印文化不可多得的宝贵遗产。另外,由于施行封泥时,软泥入槽多少不一,如正好填满方槽,则泥块干后呈方形,如软泥多而溢出方槽,则这块泥干后呈不规则的圆形,加之年代久远,自然剥蚀脱落致使封泥的边缘残缺破损,这种宽厚的边栏,粘连断续,极富变化,给人以古拙质朴、自然率真的美感,其美妙在于实中见虚、虚中见灵,可谓天然之雕饰。

本研究所使用的资料均来自正规的考古发掘或者已经公布并被证实的秦封泥，其中包括20世纪90年代相家巷发现的数千枚封泥，此外还有90年代之前发现的几十枚和21世纪之后零星发现的一小部分。20世纪90年代之前发现的秦封泥数量很少，在周晓陆、刘瑞先生的《90年代之前所获秦式封泥》①一文中已经进行了整理。西安相家巷遗址出土的大批量秦封泥，主要收藏于北京古陶文明博物馆、西安中国书法艺术博物馆、西安市文物保护考古研究院、中国社会科学院考古研究所、南京艺兰斋美术馆、西北大学博物馆等。1997年初，周晓陆、路东之、庞睿将古陶文明博物馆中收藏的秦封泥，在《秦代封泥的重大发现——梦斋藏秦封泥的初步研究》中进行了释读②；1998年，他们在《西安出土秦封泥补读》③中公布了陆续进入古陶文明博物馆的秦封泥；2000年，周晓陆、路东之又将西北大学博物馆藏和古陶文明博物馆藏及历代著作确认的秦封泥进行了整理，出版了《秦封泥集》，书中收录了大量秦封泥。④西安中国书法艺术博物馆是秦封泥的另一个重要收藏之地，由收藏家捐献。1997年，傅嘉仪、罗小红在《汉长安城新出土秦封泥——西安中国书法艺术博物馆藏封泥初探》⑤中对其进行了初步介绍，后庞任隆在《秦封泥官印考》⑥中也公布了书法博物馆的秦封泥；1998年，庞任隆在《秦封泥官印续考》⑦中又公布了书法博物馆新收藏的秦封泥。傅嘉仪先生

---

① 周晓陆、刘瑞：《90年代之前所获秦式封泥》，载《西北大学学报》（哲学社会科学版）1998年第1期。
② 周晓陆、路东之、庞睿：《秦代封泥的重大发现——梦斋藏秦封泥的初步研究》，载《考古与文物》1997年第1期。
③ 周晓陆、路东之、庞睿：《西安出土秦封泥补读》，载《考古与文物》1998年第2期。
④ 周晓陆、路东之：《秦封泥集》，三秦出版社2000年版。
⑤ 傅嘉仪、罗小红：《汉长安城新出土秦封泥——西安中国书法艺术博物馆藏封泥初探》，载《收藏》1997年第6期。
⑥ 庞任隆：《秦封泥官印考》，载《秦陵秦俑研究动态》1997年第3期。
⑦ 庞任隆：《秦封泥官印续考》，载《秦陵秦俑研究动态》1998年第3期。

出版了《秦封泥汇考》①。相家巷秦封泥出土之后，曾有一部分流入日本。2004年，日本收藏家太田博史将自己收藏的250枚秦封泥捐赠给南京艺兰斋美术馆。目前还有西安文物保护考古研究院发掘的一批数千枚秦封泥尚在整理过程中。

在《秦封泥集》《秦封泥汇考》等书籍中收录的有关秦宫室苑囿方面的封泥有西共丞印、西采金印、雍工室印、雍丞之印、栎阳丞印、栎阳右工室丞、咸阳丞印、咸阳亭印、咸阳亭丞、咸阳工室丞、南宫郎中、南宫郎丞、北宫工丞、北宫弋丞、北宫榦丞、北宫宦丞、北宫私丞、章台、高章宦者、高章宦丞、安台丞印、宜春禁丞、杜南苑丞、阳陵禁丞、具园、麋圈、康园、尚御弄虎、鼎湖苑丞、白水之苑、白水苑丞、左云梦丞、右云梦丞、平阿禁印、桑林、桑林丞印、居室丞印、居室寺从、上林丞印、御羞丞印、东苑、东苑丞印、华阳禁印、圻禁丞印、庐山禁丞、公车司马丞、泰厩丞印、宫厩、章厩丞印、宫厩丞印、都厩、中厩、中厩丞印、中厩将马、中厩马府、左厩丞印、右厩丞印、小厩丞印、小厩将马、御厩丞印、下厩、下厩丞印、上家马丞、下家马丞、泾下家马、左弋丞印、狣士之印、西陵丞印、都竹丞印、都船丞印、橘官、都水等。

图2　寺工之印封泥的正、反面

中国社会科学院考古研究所汉长安城考古队于2000年对相家巷村

---

① 傅嘉仪：《秦封泥汇考》，上海书店出版社2007年版。

遗址进行了科学发掘，出土了比较完整或字迹较清晰的封泥325枚，共100多个品种，从而使人们对这批封泥的真正出土地有了清楚的认识，也使人们知道了这批封泥在此处出土的原因。从形制上看，这些封泥多数为灰色或褐色，经过烘烤。封泥印文面大多呈圆形、椭圆形，少数为不规则形，个别为方形。正面有印文，侧面有指纹痕迹，背面有封缄遗痕（封泥背面有竹简残迹及绳索痕迹），有些封泥面有若干道有意的划痕。印文多数为四字，少数为二字，个别为三字，无字封泥极少。封泥面上多数有田字或日字界格，亦有少数无界格者。① 有关宫室苑囿的封泥有禁苑右监、左厩、右厩丞印、中厩、章厩、西共、西共丞印、西丞之印、章厩丞印、小厩丞印、都厩、咸阳工室、宫厩丞印、御羞丞印、咸阳丞印、厩丞之印、鹿□禁□、桑林丞印、寿陵丞印、南宫郎丞、杜南苑丞等。另外，还出土一陶盆残片，陶盆底部有"咸阳亭久"四字戳记，为战国晚期或秦代之物。

秦汉时期都城所在地的关中地区，其地下自然环境不利于竹木质简牍的保存，因此虽然长久作为都城和文化中心，但出土的简牍却寥寥可数。秦封泥的出土无疑弥补了这一缺憾。这批出土的封泥中有不少是关于秦都城、宫殿和苑囿方面的，从而为本书的撰写创造了良好的条件，提供了第一手的资料。

秦的宫室苑囿是秦文化的重要组成部分。《后汉书·光武十王列传》曰："园邑之兴，始自强秦。"② 《史记·秦始皇本纪》："诸庙及章台、上林皆在渭南。秦每破诸侯，写放其宫室，作之咸阳北阪上，南临渭，自雍门以东至泾、渭，殿屋复道周阁相属。所得诸侯美人钟鼓，以充入之。"③ 这在秦封泥中也得到了充分体现。

---

① 中国社会科学院考古研究所汉长安城工作队：《西安相家巷遗址秦封泥的发掘》，载《考古学报》2001年第4期。
② 范晔撰，李贤等注：《后汉书·光武十王列传》，中华书局1965年版，第1437页。
③ 司马迁：《史记·秦始皇本纪》，中华书局1959年版，第239页。

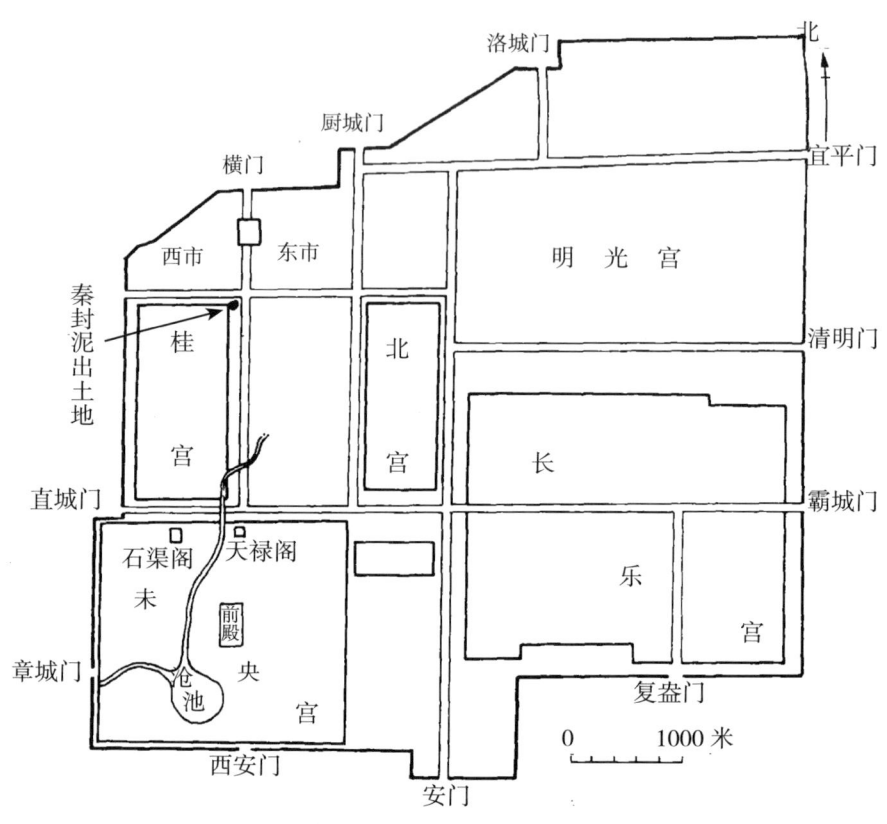

图3　秦封泥出土地在汉长安城中的位置

  秦的都邑发展可分为四个阶段，即雍城以前，雍城，泾阳和栎阳，咸阳。雍城以前即秦德公以前，其都城包括天水附近的秦邑和西犬丘，关中的汧、汧渭之会、平阳。平阳及其以前的秦都城在秦的都城发展史上是一个探索性的阶段，属于秦都邑的早期阶段。由于秦当时的国力还比较弱小，其都邑的规模也较小，仅有一两个宫殿或者宗庙而已。如秦在西垂（西犬丘）仅有西垂宫和西畤，位于甘肃陇南礼县永兴附近的大堡子山一带，在此已发现了属于诸侯级的"中"字形大墓及其陪葬坑，也发现了建筑遗址。秦襄公因护送周平王东迁有功，才被正式封为诸侯，也才可以越过陇山进军关中地区，先后建都汧、汧渭之会、平阳，直到都邑平阳时也只有一个"平阳封宫"而已。史书虽记载平阳有宫垣，但迄今尚未发现，说明平阳及其以前的都邑规模较小。

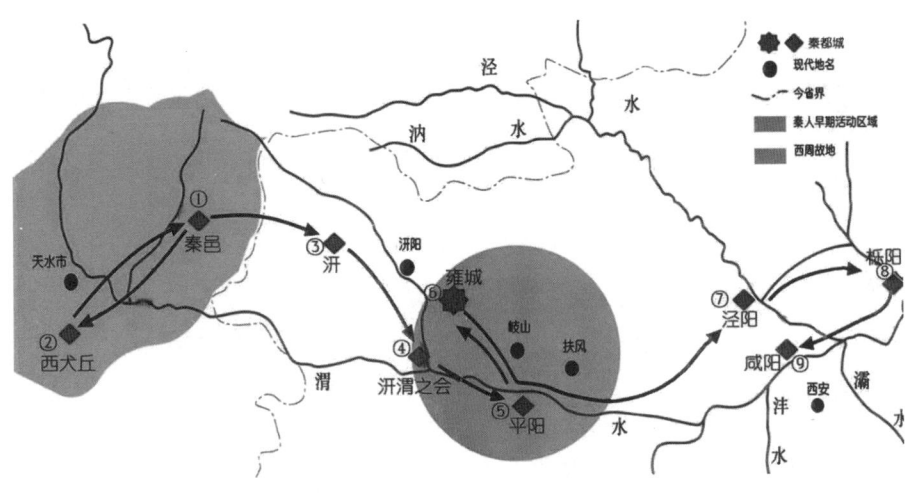

图 4　秦都邑分布示意图

秦德公时迁都雍城，居雍大郑宫，此后有近 20 个秦国君主以这里为都城，特别是秦穆公在这里完成了"独霸西戎"的伟业。直到秦灵公时离开雍城"居泾阳"，雍城作为秦都城的时间达 255 年之久，在秦都城发展过程中具有里程碑的作用。秦在雍城修建了众多的宫殿，规模很大，豪华壮观，以至于西戎人由余在观看了秦雍城后不禁叹言："使鬼为之，则劳神矣。使人为之，亦苦民矣。"① 雍城四周有城墙围绕，平面略似正方形，东西长 3300 米，南北宽 3200 米。城内发现规模宏大的宫殿区三处，即姚家岗、马家庄、铁沟高王寺宫殿区，还发现了凌阴遗址、宗庙遗址、市场遗址和精美的青铜建筑构件窖藏。马家庄 1 号宗庙遗址是迄今发现规模较大、保存较完整的先秦高级建筑。在雍城南发现了秦公的陵区，其中秦公 1 号大墓是目前发掘的先秦时期规模最大的墓葬，长 300 米，深达 24 米，城外还有供秦公狩猎的北园等苑囿。

---

① 司马迁：《史记·秦本纪》，中华书局 1959 年版，第 192 页。

图 5　秦公 1 号大墓遗址

泾阳和栎阳是秦为了攻击东方的魏国，以扩大秦国的领土而修建的临时性、军事性都城，其目的纯粹是为了便于对东方的战争，因而在都城的建设上也较为简单，泾阳的具体地望迄今还不能确指。栎阳城的规模也不很大，目前的考古工作已经取得了明显的进展，发现了宫殿遗址、大型建筑材料等。秦国在商鞅变法后国力的增强，对魏国的战争不断取得胜利，魏国从过去对秦的战略攻势变为守势，除把国都从安邑（今山西夏县）迁到大梁（今河南开封）之外，还沿洛河修建长城以防御秦。这时作为秦临时都城的泾阳、栎阳便失去了临时都城的作用，遂迁都咸阳。因为两个都城为临时的军事性质，所以宗庙等还在雍城，雍城仍然具有"圣都"的地位。栎阳因其优越的商业地位和交通地位，规模要比泾阳大一些，延续时间也长一些，以至于秦末汉初仍然两次作为当时的都城。

对于秦在栎阳以前的都邑，学术界有不同的看法，特别是对汧、泾阳、栎阳算不算都邑认识不尽一致，也正因为如此，目前学界在秦各个都邑存在的时间上有分歧。潘明娟等的观点为我们解决这一问题提供了新的思路，她认为："多都并存制度是我国古代都城制度中一个比较重要的环节，是一个政权或王朝在国都之外另设辅助性都城以加强中央控制力的政治制度。中国历史上，由于政治、经济、军事等诸多因素的限制，在区域空间权衡理念的支配下，许多王朝或政权除了设置首都（或称之为'主都'）以外，还设置其他一些辅助性都城，亦即陪都（或称之为'别都'），从而形成同一政权同一时期有多座都城同时并存的局面，基本构成由一座主都与若干陪都所组成的复杂都城体系。这是中国古代都城建置史上的一个特点。多都并存的现象起源甚早，在中国都城发展过程中曾长期存在，其本身的发展也具有一定的时间与空间特征。在我国古代都城发展史上，几乎大部分王朝或政权都采用多都并存制度。虽然历朝设置都城的形式、数量、原因、都城之间的关系等各不相同，但不可否认，广泛而普遍存在的多都并存制度对我国古代的政治、经济、军事、文化的发展有着一定的影响，在某种程度上，陪都对其所辅助的主要都城无疑发挥了或大或小的支持作用。因此，多都并存制度的研究应该成为我国古代都城研究的一个重要方面。"①

迁都咸阳是秦孝公十二年（前350）进行的，是秦都城建设中的一件大事，从此后秦国才真正步入发展的快速时期，一直到秦统一乃至灭亡，咸阳一直是秦的都城。咸阳作为都城的时间长达144年，都城的建设规模不断扩大，由秦孝公时的渭北地区发展到昭王时的渭南地区，秦始皇时更进行了大规模的建设，形成"渭水贯都，以象天汉；横桥南渡，以法牵牛"②的规模。除了渭河以北的咸阳宫、冀阙、仿六国宫室、兰池宫、望夷宫外，还有渭河以南的兴乐宫、甘泉宫、章台、信宫、诸庙及上林苑、

---

① 潘明娟：《先秦多都并存制度研究》，2009年陕西师范大学博士论文，第2页。
② 何清谷：《三辅黄图校释》，中华书局2005年版，第22页。

阿房宫等。咸阳的内涵和外延都发生了深刻的变化。

秦咸阳宫的遗址已部分被发掘，它是在高台上修建的高大建筑，气势雄伟壮观。考古工作者在此已经发现了27个建筑遗址及宫墙，但迄今尚未发现外郭城墙遗址。笔者认为秦都咸阳根本就没有外郭城，这是因为从秦孝公迁到咸阳后，一直就未停止过建设，都城的规模也越来越大，以至于发展到渭水以南的终南山下。后来的秦始皇更是一个好大喜功的人物，他欲把都城的规模无限制地扩大，以至于要"表河（黄河——笔者注）以为秦东门，表汧（今宝鸡千河——笔者注）以为秦西门"①，"关中计宫三百"②，即要把整个关中地区作为秦的都城，因而不可能修建外郭城。在庞大的都城中用复道、阁道、甬道把关中地区的众多宫殿连接起来。

根据目前的资料我们可以看出，最晚在秦都雍城时期已经在都城附近修建供国君休闲狩猎的苑囿，秦封泥中发现的"具园"就说明了这一问题，还有传统文献中提到的"北园"。到秦都咸阳时期，大量的苑囿散布于都城附近，特别是上林苑，不仅规模大，而且影响深远。

秦人的历史虽然丰富多彩、影响深远，然而留下来的文献资料却比较少，从而为秦史的研究带来极大的困难。尽管20世纪70年代以后，随着湖北云梦睡虎地秦简、秦始皇陵兵马俑、秦都咸阳的考古发现，大大推动了秦文化的研究，但在某些方面仍然显得史料缺乏。特别是有关宫室苑囿等的研究举步维艰，好在20世纪90年代在汉长安城内西北部的相家巷出土了一批秦封泥，为秦宫室苑囿的研究提供了第一手的资料。目前发现的秦封泥大致可分为三期，即秦国、秦始皇与秦二世三个阶段。小小的秦封泥成为两千多年后人们了解秦历史的"密码"，意义重大。那么秦封泥为什么大量出土于相家巷村呢？笔者认为这是因为相家巷村即秦甘泉宫所在地，国君、皇帝、太后常居于此，丞相以下各级官员进

---

① 赵岐等撰，张澍辑，陈晓捷注：《三辅旧事》，三秦出版社2006年版，第4页。
② 司马迁：《史记·秦始皇本纪》，中华书局1959年版，第256页。

奉物品、上奏文书，均缄以封泥，侍从开拆后弃封泥掩埋，时日既久，堆积遂多。秦甘泉宫的地望，前人多以为在淳化县甘泉宫，即汉之甘泉宫。也有人以为在渭河以南。《太平寰宇记》卷二十五上引《三秦记》云"桂宫一名甘泉宫，武帝作迎风台以避暑"，认为秦甘泉宫即汉桂宫。笔者研究认为，秦甘泉宫在渭河之南，又称南宫。南宫在渭水之南，北宫（即咸阳宫）在渭水之北。《史记·秦始皇本纪》："秦王乃迎太后于雍而入咸阳，复居甘泉宫。"①《史记·吕不韦列传》也记载："秦王乃迎太后于雍，复归咸阳。"《史记集解》徐广曰"入南宫"。秦末项羽尽管一把火烧了三个月，但建筑的高大夯土台依然可以利用，于是西汉长安城中的宫殿大多沿用秦时的宫殿台基，未央宫用的是秦章台遗址，汉桂宫是在秦甘泉宫基础上建成的。汉长安城桂宫遗址北部第4号建筑遗址出土有秦瓦当等遗物。在该遗址附近考古勘探和试掘发现，西汉建筑遗址的地层堆积之下，还叠压有秦代或战国晚期的文化层堆积。2000年，中国社会科学院考古研究所汉长安城考古队在发掘相家巷遗址时，也发现了秦时的建筑材料。可见汉桂宫是在秦宫殿遗址上建造的。

目前通过正式发掘或者非正式发掘而公之于世的秦封泥达数千枚之多，众多封泥的出土无疑为秦文化的研究注入了一针强心剂，迅速掀起了研究的热潮。从1997年以来，已有李学勤、周晓陆、路东之、黄留珠、周伟洲、周天游、王辉、张懋镕、刘庆柱、李毓芳、孙慰祖、余华青、傅嘉仪、庞任隆、田静、史党社、刘瑞、陈晓捷等学者对秦封泥进行深入研究，涉及秦的政治、经济、军事、文化、历史地理、宫室苑囿等方面，取得了骄人的成绩。尽管如此，将秦封泥与秦宫室苑囿结合起来还有不少的问题可以继续进行研究，于是笔者选择了这一课题。

秦封泥中的宫殿苑囿材料的确不少，关于秦宫室的有西共丞印、西丞之印、雍丞之印、雍工室丞、雍工室印、栎阳丞印、栎阳右工室丞、咸阳之印、咸阳丞印、咸阳工室丞、咸阳亭丞、北宫榦丞、南宫丞印、

---

① 司马迁：《史记·秦始皇本纪》，中华书局1959年版，第227页。

南宫郎中等；关于苑囿的有上林苑丞、宜春禁丞、杜南苑丞、鼎湖苑印、鼎湖苑丞、薋阳苑丞、华阳禁印、佐弋丞印、阳陵禁丞、白水苑丞、云梦禁丞、左云梦丞、右云梦丞、安台丞印、桑林丞印、东苑丞印、章厩丞印、中厩廷府、御羞丞印等。据不完全统计，目前的封泥中有关秦都咸阳的有53品，雍城的17品，栎阳的9品。① 在这批封泥中，发现了不少中央地区马厩官员的名称，有宫厩、宫厩丞印、中厩、中厩丞印、中厩将马、中厩马府、左厩丞印、右厩丞印、小厩丞印、御厩丞印、官厩丞印、下家马丞等，如此多的马政官员名称，说明秦对马匹的管理非常严格、秦人善于养马以外，也和当时马在人们生活中的重要作用有关。马既是人们生活中的必需品，也是当时战争中的必需品。因此不同用途的马匹的饲养和管理都有专门的部门和官员负责。此外，厩和苑是古代不同的养殖场所，在《睡虎地秦墓竹简·厩律》中记载："将牧公马牛，马（牛）死者……其大厩、中厩、宫厩马牛殹（也），以其筋、革、角及其贾（价）钱效，其人诣其官……"② 大厩、中厩、宫厩、都厩、御厩均为宫廷厩苑的名称，这进一步证明了秦养马厩苑的种类繁多。马政官员和饲养马匹厩苑种类的繁多，说明秦中央与地方的马政管理制度已经初步健全并逐步完善。从新的考古资料来看，秦不仅中央地区具备完善的马政系统，地方郡县的马政系统也类似于中央，虽比不上中央完善，但也有一定的发展。

"苑，所以养禽兽也"；"囿，苑有垣也"。③ 苑囿是指划定一定范围的具有休闲、游赏、狩猎等多功能的专属领地。秦的苑囿众多，功能完善，是秦文化的重要元素之一。《吕氏春秋·重己》记载："昔先圣王之为苑囿园池也，足以观望劳形而已矣"④。早在雍城时期，秦人就

---

① 张宁：《秦封泥历史地理研究》，2012年首都师范大学硕士论文。
② 睡虎地秦墓竹简整理小组编：《睡虎地秦墓竹简》，文物出版社1990年版，第24页。
③ 许慎：《说文解字》，中华书局1963年版，第23、129页。
④ 陈奇猷：《吕氏春秋校释》，学林出版社1984年版，第34页。

修建了苑囿，到秦都咸阳时期，特别是灭六国之后，除了在关中地区修建众多苑囿以外，还将原六国的苑囿加以改造利用。在秦的诸多苑囿中，最著名的就是上林苑、宜春苑、云梦苑和沙丘苑等。《史记·秦始皇本纪》云："嫪毐封为长信侯。予之山阳地，令毐居之。宫室车马衣服苑囿驰猎恣毐。事无小大皆决于毐。又以河西太原郡更为毐国。"①董仲舒《春秋繁露·王道》云："桀纣皆圣王之后，骄溢妄行。侈宫室，广苑囿，穷五采之变，极饰材之工。"②扬雄《羽猎赋》云："立君臣之节，崇圣贤之业，未遑苑囿之丽，游猎之靡也。"③

王辉先生认为，秦封泥对秦历史文化的研究有极其重要的意义。"禁苑右监"，监为主管某一项事务的官员。《史记·李将军列传》："李陵既壮，选为建章监，监诸骑。"秦时禁苑主管官员分左右，可见其事务繁杂。封泥所见秦禁苑有杜南苑、鼎胡苑、宜春禁（苑）、寿陵丞、具园、华阳禁、卢山禁、圻（斥）禁、平阿禁、桑林、白水之苑、囗原禁、东苑、云梦禁，遍布域内。秦皇帝纵情逸乐，广筑苑囿，这是秦最终亡国的原因之一。④其中不少苑囿是过去传统文献中看不到的。

综上，秦封泥的出土无疑对于缺少文字记载的秦的历史文化研究提供了第一手的资料，同样对于秦宫室苑囿的研究大有裨益。

---

① 司马迁：《史记·秦始皇本纪》，中华书局1959年版，第227页。
② 董仲舒：《春秋繁露·王道》，上海古籍出版社1989年版，第25页。
③ 扬雄：《羽猎赋》，见严可均辑，任雪芳审订：《全汉文》，商务印书馆1999年版，第525页。
④ 王辉：《出土文字所见之秦禁苑》，见《考古与文物》编辑部编：《考古与文物丛刊》（第四号），2001年。

第二章 秦封泥与秦都邑

秦都邑九都八迁，由西向东，包括秦邑、西犬丘、汧、汧渭之会、平阳、雍、泾阳、栎阳、咸阳。这九个都邑有圣都与俗都之分。传世文献中关于秦都邑的记载并不多，从而对秦都邑的进一步研究造成一定的困难。秦封泥的发现提供了第一手的资料。在秦封泥中，关于都邑的不仅仅有秦统一后的都城咸阳，还包括咸阳以前的都邑，比如西犬丘、雍、泾阳、栎阳等。

第一节 秦封泥与西犬丘（西垂）

秦襄公立国后的都邑称为西犬丘，故城在今甘肃省陇南礼县，目前发现与西犬丘有关的秦封泥有西共丞印、西共、西田、西丞之印、西盐、西盐丞印、西采金印、西采金丞等。[1] 封泥中的"西"字指的是当时的西犬丘。在早期都城缺乏史料记载的情况下，这些封泥无疑对研究秦早期都邑具有十分重要的意义。礼县大堡子山秦公墓葬出土的大量金箔应与这里当时的金矿有关系。目前，礼县的采金业仍在继续进行，而且对

---

[1] 张宁：《秦封泥历史地理研究》，2012年首都师范大学硕士论文。

礼县社会经济的贡献还是比较大的。礼县现在还有盐官镇地名留了下来，这里历史上盛产盐，对秦的养马业非常有利，且此地商业贸易一直比较发达。

秦封泥中有西共、西共丞印2枚，王伟先生认为"西共"还见于珍秦斋藏秦信宫罍和西汉南越王墓出土银洗刻铭等。汉代铜器也多见地名或宫室名称后带"共"字的铭文，如杜共、杜宜共、鄂阳共、黄共、黄山共、华共等。秦封泥之"共"，旧说或为《诗经·大雅·皇矣》中"侵阮徂共"之共地，今则认为是"共厨"之省。对于"共厨"，一般认为是为统治者提供祭祀用品与饮食的机构，凡设"共厨"之地大多与祭祀活动有关。①

图6　西共丞印封泥

秦的先祖中潏在商王朝时期已经"在西戎，保西垂"；到非子时先"居犬丘"，后被"分土为附庸，邑之秦"；庄公时，"居其故西犬丘"；文公元年，"居西垂宫"。这些不同的早期都邑的迁徙是这一时期秦人发展的缩影。因此，搞清这一时期都邑的地理位置及其变化具有重要的意义。

西垂和西犬丘为一地两名，是文献中的不同记载。《史记·秦本纪》云："非子居犬丘"，"于是复予秦仲后，及其先大骆地犬丘并有

---

① 王伟、孙苗苗：《岳麓秦简研读劄记（七则）》，见中国文化遗产研究院编：《出土文献研究》（第十四辑），中西书局2015年版，第60—69页。

之,为西垂大夫","庄公居其故西犬丘","文公元年,居西垂宫"。从上可看出,非子、秦仲到庄公、文公都曾在西犬丘居住过或将其作为都邑。

《括地志》云:西垂,"秦始封之邑,秦州上邽县西南九十里,汉陇西西县也"①。《汉书·地理志》陇西郡属县中确有西县的记载,新莽时改名曰"西治"。② 东汉时又复称"西"。王国维先生云:"余疑犬丘、西垂本一地,自庄公居犬丘号西垂大夫,后人因名西犬丘为西垂耳。"③

既然西垂和西犬丘的地望在西县,那么探讨秦时西县的治所则非常必要。实质上只要弄清了西县的治所,秦西犬丘都邑的地望便迎刃而解。

图7　甘肃礼县大堡子山遗址

---

① 李泰等著,贺次君辑校:《括地志辑校》,中华书局1980年版,第219页。
② 班固:《汉书·地理志》,中华书局1962年版,第1810页。
③ 王国维:《王国维遗书》,见王国维:《观堂集林》(卷十二),上海古籍书店1983年版,第9页。

关于西县的具体地望所在，《史记正义》引《括地志》云"秦州上邽县西南九十里"。顾祖禹《读史方舆纪要》、王国维《秦公敦跋》、马非百《秦集史》、刘琳《华阳国志校注》，均采用天水西南一百二十里之说。《汉书·地理志》云："西，《禹贡》嶓冢山，西汉所出。"①不仅有方位、距离可参，又有山、水可依，这为确定西县故城的位置提供了根据。据最新考古资料和文献资料研究，笔者认为西垂（西犬丘）位于今天水市西南，即礼县的永兴乡大堡子山一带。此地正在天水的西南方向，且和天水的距离与史书记载相当。《水经注》记载的西县县治就在这一带。更为重要的是，近年来考古工作者在永兴乡的大堡子山发现了两座大型秦公墓葬，而古代的帝王陵墓与都城的距离都比较近，体现出"陵随都移"的规律，寻找秦西犬丘都邑提供了第一手的资料。该墓葬内还发现了不少的金箔、青铜器和陶器等文物，这些青铜器和陶器一部分存甘肃省考古研究所，一部分存甘肃秦文化博物馆，还有一部分被盗卖到法国、美国、日本等。上海博物馆从香港购回了四个铜鼎和两个铜簋，其中最大的一个鼎高47厘米，口径42.3厘米。器腹内铸有铭文二行六字"秦公乍铸用鼎"。②李学勤先生在美国纽约也发现一对秦公壶，这对壶保存状况良好，高52厘米，器口内壁有铭文"秦公"二字，故称之为秦公壶。他认为其器在周厉王晚期到宣王初年期间，就是秦庄公时期，壶制作于秦庄公即位以后，比不其簋要晚一些，这对秦公壶，很可能出于器主的墓葬。③不仅如此，这一带过去曾经出土秦的青铜重器，如秦公簋、不其簋等。秦公簋高19.8厘米，口径18.5厘米，足径19.5厘米。1923年出土于甘肃天水西南乡，1959年由故宫博物院拨交中国历史博物馆，现藏于国家博物馆。簋盖及器身均作细小蟠螭纹，双耳上作兽首。

---

① 班固：《汉书·地理志》，中华书局1962年版，第1810页。
② 李朝远：《上海博物馆新获秦公器研究》，见上海博物馆馆刊编辑委员会编：《上海博物馆集刊》（第七期），上海书画出版社1996年版。
③ 李学勤、艾兰：《最新出现的秦公壶》，载《中国文物报》1994年10月30日。

簋盖上有铭文54字，器身有铭文51字，共105字，字体与石鼓文颇为相近。盖和器上又各有秦汉间刻款8字，故知此簋乃西县官物，在秦汉时曾被当作容器使用。铭文均由印模打就，制作方法新颖，在古代青铜器中为仅见此一例，开创了早期活字模之先河。铭文内容记载：秦国建都华夏，已历十二代，威名远震；秦公继承其祖先功德，抚育万民，武士文臣，人才济济，使自己永保有四方，乃作此器以为颂。

韩伟先生曾在法国吉美博物馆看到一批金箔饰片，据收藏者讲，该批文物出土于甘肃省礼县，这批金箔饰片形制奇特，数量众多，制作精美，前所未闻，实属罕见文物。① 关于其用途，学术界尚未形成统一的观点。这批金箔饰片近年又归还中国，部分现收藏于甘肃省博物馆，西安曲江艺术博物馆也有收藏。

图8　秦公墓出土金箔

2006年在礼县大堡子山秦公陵墓道西南角，发现了一个祭祀坑和大型建筑遗址，更加证明这里应是西犬丘的政治中心所在。挖掘的遗址中包括建筑基址、祭祀坑、车马坑等，出土了编钟、石磬、铜虎等大量

---

① 韩伟：《论甘肃礼县出土的秦金箔饰片》，载《文物》1995年第6期。

国宝级的文物。专家推测可能是用于祭祀地神的。此次发掘出土的文物中最引人注目的是一套秦早期的青铜编钟，由3个大钟和8个小钮钟组成，外观完整，整体呈现深绿色，形状和陕西宝鸡太公庙出土的编钟的形状非常相似，11个钟一字排开，整齐地放在祭祀坑道里。这个祭祀坑没有遭到盗掘，因而这套编钟保存得非常完好，出土后完全可以再一次演奏出美妙的音乐。同时，在祭祀坑里还有两具人牺牲

图9　甘肃礼县大堡子山祭祀坑

的骨架，专家认为这两具骨架是人牺牲中童男童女的祭祀骨架。人牺牲就是用人来当作祭祀的祭品，这非常符合秦的历史特征。同时，距离祭祀坑1000多米的地方还有一座大型的建筑基址，被判断为是秦早期的宫殿遗址。在这个遗址上出土了土夯的城墙和17根大型的柱杵基，每一个直径都接近1米，非常壮观。

此次发现的大型宫殿基址，从体量和其他特征上已经被证实为秦早期所有，并且人牺牲和大型古乐器的同时出现也证明了当时秦人已经拥有了完善的礼乐祭祀制度。大堡子山城址总面积约25万平方米，主体为秦城址、城外墓地和居址。城内遗迹主要为秦公墓及大型房屋基址和灰坑及中小型墓。大堡子山遗址钻探面积1 299 245平方米，到目前为止共发现各类遗迹699处。城内目前已钻探出夯土建筑基址26处，探明的规模最大的一座建筑基址南北长102米，东西宽17米，平面形状呈"回"字形；另一座东西长70米，南北宽13.5米，形制与前者基本

相同。此外，秦公大墓和车马坑及祭祀坑也位于城内。北城墙长约250米，东、西城墙长约1000米，南城墙尚未发现，在东、西城墙的正中有小路横贯城址，形成的缺口可能和城门有关。城墙为夯筑，宽3米余，保存高度2—3米。

从以上考古遗址的发掘来看，秦的西垂宫应在此，因为秦君王的墓葬一般都在都城的附近，特别是秦前期都城更是如此。不管这些"中"字形墓是哪位秦国君的墓葬，秦的西垂（西犬丘）都应在此附近。这两处墓地都位于西汉水的两岸，地势较高，是建都的理想场所。

秦在西垂的祭祀建筑有西畤。《史记·秦本纪》云：秦襄公立国后，"与诸侯通使聘享之礼，乃用骝驹、黄牛、羝羊各三，祠上帝西畤"①。宗庙的修建是都城建设中不可或缺的部分。

笔者曾多次去甘肃礼县一带，实地考察了西汉水上游盐官、永兴一带的地理环境。这里素称"秦陇锁钥，巴蜀咽喉"。在秦先祖时期，环境比现在优越得多，北邻秦岭、岷峨山，西汉水两岸环境优越，或梯形坡地，或起伏土丘。尤其是黄土台地土壤肥沃，气候温暖湿润，临近水源，适宜耕种。早在史前社会晚期，人类就开始在这里生产、生活，在此发现了不少仰韶时期的文化遗址。秦人迁居这里后，利用这里优越的地理环境，发展农业和畜牧业，并不断扩大自己的势力范围，征服了周边民族，走出陇山，然后挺进关中平原。

西犬丘是秦人崛起的发源地，在秦人发展史上地位重要，这里有秦人最早祭祀上帝的西畤，直接影响了后来秦的畤文化。

结合西汉水一带优越的地理环境、古代的文献记载及现在的考古发现，笔者认为秦的西垂（西犬丘）就在今礼县的永兴大堡子山一带。

---

① 司马迁：《史记·秦本纪》，中华书局1959年版，第179页。

第二节　秦封泥与雍城

雍城位于今陕西省凤翔县城以南。《汉书·地理志》曰："雍，秦惠公都之。有五畤，太昊、黄帝以下祠三百三所。橐泉宫，孝公起。祈年宫，惠公起。棫阳宫，昭王起。"① 相家巷遗址出土秦封泥中与雍城有关的有雍丞之印、雍工室丞、雍工室印、雍左乐钟、雍祠丞印等。

一、与雍城有关的几枚封泥

1. 雍丞之印

图10　雍丞之印正面、拓印、背面

雍是秦发展过程中最为长久的都城，规模庞大，面积达11平方公里。此都城是秦发展过程中的里程碑，秦穆公在这里完成"独霸西戎"的壮举，使秦国成为春秋五霸之一。《史记·秦本纪》云："德公元年，初居雍城大郑宫。"②

---

① 班固：《汉书·地理志》，中华书局1962年版，第1547页。
② 司马迁：《史记·秦本纪》，中华书局1959年版，第184页。

2. 雍左乐钟

此应为秦时设置在雍城的乐官之一。雍城有秦时重要的祭祀场所。祭祀离不开音乐，秦公1号大墓陪葬品中有石磬。在雍城之前的西垂和平阳都发现了大型的秦乐器。西垂有青铜编钟11件之多，还有石磬，可以奏出美妙的音乐。平阳发现编钟8件。这些乐器都器形硕大，刻有铭文，对研究秦的历史意义重大，反映出秦人早期受到周礼乐文化的影响很大。

图11　宝鸡太公庙出土的秦公镈

3. 雍工室印、雍工室丞

工室即工官，秦中央官署，管理当时的手工业，是当时实行"工商食官"制度下的产物。《睡虎地秦墓竹简·工律》记载："县及工室听官为正衡石赢（累）、斗用（桶）、升，毋过岁壶（壹）。有工者勿为正。"① 相家巷遗址封泥中有咸阳工室丞、雍工室丞、栎阳右工室丞等，反映出当时秦都城手工业的发达。封泥中属中央官署的有少府工室、属邦工室等。还有个别特殊的工室，如弩工室。"工官"之名，过去一般认为是西汉时代设在地方，隶属中央的官署，东汉时代由郡国管辖，如

---

① 睡虎地秦墓竹简整理小组编：《睡虎地秦墓竹简》，文物出版社1990年版，第43页。

蜀郡、广汉、泰山奉高、济南东平陵、南阳宛、颍川阳翟、河南、河内、怀县等郡县所置工官。少府工室封泥说明，"工室"之名的官署并非仅置于地方郡县，也不只限于汉代，秦时已有，而且首先出现于少府属官中，秦时地方则多"工室"，到了汉代地方郡县才多称"工官"。

图12　雍工室丞、雍祠丞印封泥

雍城的手工业有了长足的发展。1998年在雍城铁丰宫区发掘出战国制陶作坊遗址，陶窑的结构保存较为完整，出土了一批方砖、板瓦和瓦当等。2005—2006年在凤翔县城南的雍城遗址内发现的豆腐村制陶作坊，对研究秦都雍城陶质建材的来源，尤其是为制作和烧制工艺、流程的探讨提供了重要的实物资料。遗址位于雍城内西北角，发掘出土的2000多件遗物中，除方砖、槽形板瓦、筒瓦、贴面墙砖、陶塑外，一批很有特色的动物纹瓦当令人瞩目，有鹿纹、蟾蜍纹、狗纹、雁纹、鹿蛇纹、虎纹、虎雁纹、豹鹿鱼纹、单獾纹、双獾纹和凤鸟纹等，另外还有一批云纹瓦当和素面瓦当。动物纹瓦当与以前雍城建筑遗址上发掘采集的瓦当完全相同，说明雍城大量的建筑材料来源于该作坊遗址。该遗址内还发现了当时制作瓦当工艺流程的全部遗迹，出土瓦当数量、种类多且有明确的地层关系。① 结合20世纪80年代在该遗址附近发现的铜建筑构件和新近发现的夯墙初步判断，在当时雍城的西北角可能存在一个相对

---

① 陕西省考古研究院、宝鸡市考古研究所、凤翔县博物馆：《秦雍城豆腐村战国制陶作坊遗址》，科学出版社2013年版。

封闭和独立的手工业作坊区，其门类除陶质建筑材料外，还有金属冶炼、木材加工，以及用于军事、祭祀和日常所需物资的制作。

鹿纹瓦当

子母鹿瓦当

图 13　雍城出土瓦当

秦为何要把都城选在雍城呢？这是秦人建国以来不断探索总结的结果。秦人自越过陇山进入关中地区以后，先后以汧、汧渭之会、平阳作为其都邑，然而先前的汧、汧渭之会处于汧河河谷，平阳地处渭河盆地，地势低洼，尽管用水方便，但是由于夹在渭河、秦岭与凤翔原之间，地窄路隘，无论是东进还是西守，或向南北扩展都受到比较大的环境限制。而凤翔原一带位于关中平原的西部，依山傍水，南为雍水，北为汧山，自然环境优越，地理位置十分重要，它是当时通往西南、西北地区的交通咽喉要道，这里土壤肥沃，易于农业的发展。正因为如此，自秦德公开始，从平阳迁都于此，经过长达两百五十五年的修建，雍城成为当时诸侯中有影响的都城。

迁都雍城具有标志性的意义，从此以后秦才真正揭开了其争霸中原、称雄海内的历史画卷。

二、雍城的布局和结构

经过两千多年的风雨剥蚀及人为破坏，秦雍城地面上的建筑已荡然无存。从 20 世纪 30 年代起，考古工作者依据文献在此寻觅，50 年代开始了有计划的勘探、试掘和发掘，取得一系列成果。

根据勘探得知，城址平面略似正方形，城墙东西长3300米，南北宽3200米，坐北面南，部分地段以自然地势蜿蜒而筑。西城垣保存较好，南墙次之，东墙和北墙保存较差。城墙基最宽处15米，最窄处7.5米，城墙系黄土夯筑而成，夯窝较小，夯土密实，西墙北段发现有人工构筑的城壕遗址，长1000米左右，宽12—25米，深约6米，城东、南两面分别有纸坊河和雍水作为天然屏障，北边由于被压在现在的凤翔县城下，是否有城壕不详。现发现三个城门均在西城垣，三处城门，宽8—10米，车轨间距2.1米。①

雍城的宫殿建筑十分华丽，早在秦穆公时，当时的戎族使者由余来到秦国。当他看到还处于修建时期的雍城时，不禁感叹道："使鬼为之，则劳神矣。使人为之，亦苦民矣。"② 可见当时建筑之恢宏。

据《史记·秦始皇本纪》引《秦纪》所载："康公享国十二年，居雍高寝"，"共公享国五年，居雍高寝"，"桓公享国二十七年，居雍太寝"，"景公享国四十年，居雍高寝"，"躁公享国十四年，居雍受寝"，说明雍城的高寝、太寝、受寝是秦公的宫殿。其遗址在雍城已被发现。目前在城内已发现了三大宫殿区。

①姚家岗宫殿区。姚家岗为一隆起的台地，位于雍城中部偏西，距雍城西城墙约500米，当地人称此为"殿台"。主体建筑位于姚家岗村及其东南部，面积约2万平方米。考古工作者先后在此发现宫殿遗址一处、铜质建筑构件三窖、凌阴遗址一处。宫殿遗址的东部已被破坏，北部尚未清理，仅发掘了西南的部分。夯土基的西南两侧各有河卵石铺就的散水一道。出土文物主要有素面半瓦当、槽形三角形几何纹板瓦、绳纹与三角几何纹相同的筒瓦、饕餮纹贴面砖等。

---

① 尚志儒、赵丛苍：《秦都雍城布局与结构探讨》，见《考古学研究》编委会编：《考古学研究》，三秦出版社1993年版，第482页。
② 司马迁：《史记·秦本纪》，中华书局1959年版，第192页。

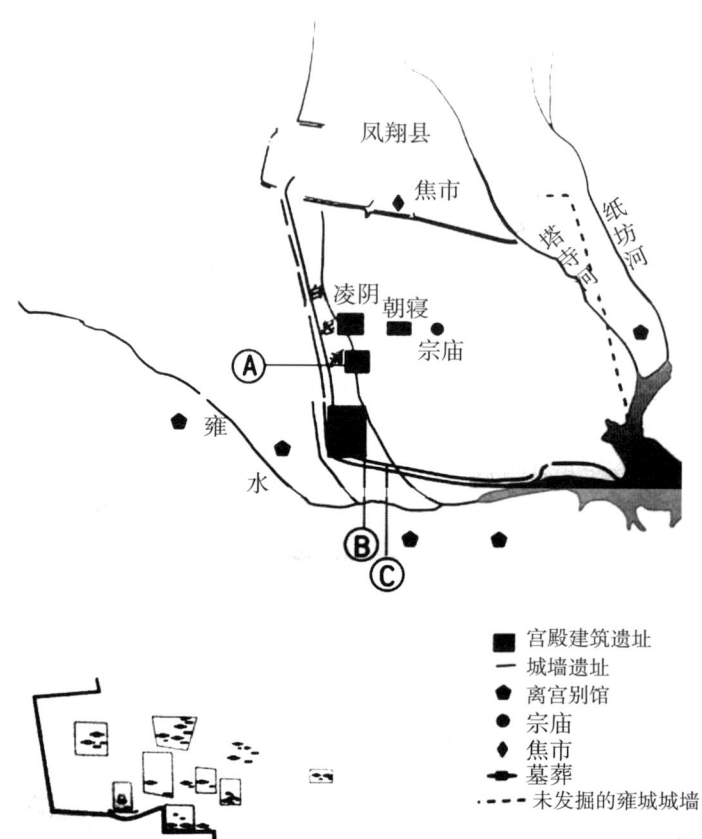

图 14　雍城布局示意图

宫殿遗址附近发现的 3 窖 64 件铜质建筑构件，在当时既是实用品，也是装饰材料。其形状有：阳角双面蟠虺纹曲尺形、阳角三面蟠虺纹曲尺形、双面蟠虺纹楔形中空形、双面蟠虺单齿方筒形、单面蟠虺方筒形、双面蟠虺纹双齿方筒形、单面蟠虺纹双齿片状、小拐头等。[①] 文物考古工作者根据有的构件内仍有朽木遗存推断，这批构件是与木构结合在一起使用的，"方筒形构件的截面为正方形，因此，无论单齿或双齿的双

---

① 凤翔县文化馆、陕西省文管会：《凤翔先秦宫殿试掘及其铜质建筑构件》，载《考古》1976 年第 2 期。

筒形构件的施用，应与截面呈正方形的枋材有关"，"小拐头从其较小的形制来看，应施作门窗装饰，但具体部位尚难推断"。发掘者还认为方筒形构件的形制和后世的枋心彩画有事实上的渊源关系。杨鸿勋先生对构件的分类提出了不同看法，认为"大件的形制，大体上可分为内转角、外转角、尽端（单向齿饰）和中段（双向齿饰）四个类别，另外还有少数小型转角和梯形截面的构件"。同时他还指出："大型铜件所附着的木构件截面，小于一般殿堂的主要承重构件，又鉴于器物多数仅有一、二铜板并带纹饰，其余为粗糙的框架，说明此件安装后仅一、二面露明，其余各面为暗藏（为其他建筑部件遮挡）。据此可以判断，它们可能是加固版筑墙所用的壁柱、壁带之类的构件。"所以这些构件可以称为"釭"。"大型的用途当属统治阶级宫殿壁柱、壁带之类上面所加的饰件，小型转角一类当是门窗构件。这些铜质构件的出土为我们关于木构交接自早期扎结到晚期健全榫卯之间，曾存在使用金属件加固阶段的设想提供了依据。"① 这种建筑构件1930年曾在燕下都遗址发现124件，可见当时的宫廷建筑已经普遍使用铜建筑构件，目的是使秦宫显得更加辉煌华贵。

图15 雍城铜建筑材料

---

① 杨鸿勋：《凤翔出土春秋秦铜钩——金釭》，载《考古》1976年第2期。

凌阴遗址位于宫殿遗址的西北，为一近方形的夯土台基，夯土基的四边有东西长 16.5 米、南北宽 17.1 米的夯筑土墙。墙内以细泥抹光，夯土基的中部为一东西长 10 米、南北宽 11.4 米的长方形窖穴，窖内四壁呈斜坡状。该遗址面积达 190 立方米。① 这是当时的藏冰之地，在冬天取冰放入地窖中存储，夏天将食物等放入窖中保鲜。从凌阴遗址的设置反映出该宫殿设备齐全。凌阴遗址的发现也证明了《诗经·豳风·七月》"二之日凿冰冲冲，三之日纳于凌阴"的记载是可信的，这也是考古上的首次发现。后来在秦都咸阳、郑韩古城、汉长安城也有发现。

根据《秦本纪》的记载，推测姚家岗宫殿区可能是春秋时期秦康公、共公、景公居住的"雍高寝"。

②马家庄宫殿区。马家庄发现了 4 座宫殿遗址。一号建筑群坐北朝南，平面为长方形，位于雍城中部偏北，南北残长约 76 米，东西宽 87.6 米，面积约 6660 平方米，由大门、中庭、朝寝、亭台及东西厢等部分组成。整个建筑四周有围墙环绕，布局井然有序。大门由门道、东西塾、回廊、散水等部分组成。

一号建筑遗址内出土有各种陶瓦、铜质建筑构件。在中庭、东西厢南侧及祖庙东厢内，发现各类祭祀坑 181 个，牛羊有全牲、无头和切碎三种祭祀形式，坑与坑之间存在着复杂的打破关系，可以看出是多次祭祀的结果。根据遗址祭祀坑中出土的遗物、建筑的总体布局及有关史籍记载，初步认为一号建筑群的建筑年代应为春秋中期，废弃时间应在春秋晚期，一号建筑群为宗庙性质的建筑是毫无疑问的。②

一号建筑群是包括祖庙、昭庙、穆庙、祭祀坑等在内的一座较完整的大型宗庙遗址。它的发现，无疑对探讨秦宫室宗庙制度、祭祀仪式及

---

① 尚志儒、赵丛苍：《秦都雍城布局与结构探讨》，见《考古与研究》编委会编：《考古学研究》，三秦出版社 1993 年版，第 482 页。
② 陕西省雍城考古队：《凤翔马家庄一号建筑群遗址发掘简报》，载《文物》1985 年第 2 期。

秦的建筑形制有重要意义。《左传·成公十三年》云："国之大事，在祀与戎。"①《礼记·曲礼》云："君子将营室，宗庙为先。"②祭祀在中国古代传统文化中非常重要，特别在先秦崇尚鬼神、祖先时期。研究其礼制建筑、祭祀形式，有利于进一步了解当时的社会政治制度、意识形态。先秦时期宗庙之类的礼制建筑，古时的记载很多，但考古发掘出来保存较完整的大型先秦礼制建筑，目前只有这一个。它是迄今发现规模最大、保存较完整的先秦高级建筑，在商周到秦汉建筑的发展过程中具有承上启下的重要地位。③

二号建筑群与一号建筑群相距15米，也是坐北向南，由于破坏严重，目前仅保存有门塾、隔墙、围墙及水井、输水管道等几部分。

三号建筑群东距马家庄宗庙建筑约500米，西距姚家岗宫殿区约600米。基址坐北朝南，除南部取土破坏外，保存基本完整。南北全长326.5米，北端宽86米，南端宽59.5米，总面积达21849平方米。平面布局严谨规整，四周有围墙。由南至北可分为5座院落、5个门庭。第一院落长52米，宽59.5米，南墙和东墙有一门，前门有三段土墙，好像是屏，相当于后来的照壁。第二院落长49.5米，宽59.5至60.5米，南墙和西墙各有一门，院中部偏北西侧有一长方形建筑。第三院落长82.5米，宽60.5至62.5米，东西墙各有两门，南墙有一门。正中有面积达586平方米的长方形建筑一座。第四院落长51米，宽70米，东西南围墙各有一门。第五院落长65米，宽86米，东墙中部有一门，院内正中偏北及前方两侧各有一座建筑呈"品"字形排列。院内南部有两座长方形建筑，中有一通道与第四院落相连，各院落的南门均宽于其他门，

---

① 《左传·成公十三年》，见许嘉璐：《文白对照十三经》（下），陕西人民教育出版社1995年版，第179页。
② 《礼记·曲礼》，见许嘉璐：《文白对照十三经》（上），陕西人民教育出版社1995年版，第13页。
③ 韩伟、焦南峰：《秦都雍城考古发掘研究综述》，载《考古与文物》1988年版第5、6期合刊。

应是主要门道。

三号建筑遗址出土的建筑构件有槽形板瓦、绳纹及抹光带相间的各式筒瓦，还有饰粗绳纹的厚瓦片及散水石等。根据建筑形制分析，该遗址为雍城的朝寝，此朝宫与附属建筑面积达四五万平方米。马家庄三号建筑群遗址位于宗庙遗址以东，且时代相近，规模较大，故推测这一遗址可能是寝宫所在。韩伟先生在《秦公朝寝钻探图考释》一文中，对马家庄三号建筑群各部位名称进行了推定，对各门及有关建筑的形制、功能进行了探讨。他认为马家庄三号建筑的五个院落即为五重曲城，五个门庭即所谓皋、库、雉、应、路五门，并以此证实先秦时代的天子五门制度及秦公的僭越行为。同时文中还考证了外、治、燕三朝的位置及功能等。①

四号建筑群遗址位于二号建筑群遗址以东，相距50余米，遗址高于周围地面，破坏严重，散水石到处可见，残存面积达2万平方米，夯土墙基已残缺不全，出土有槽形板瓦、筒瓦、陶水管、散水石等。

马家庄朝寝、宗庙、二号、四号四座建筑群由西向东依次排列，组成了规模较大、保存较完整的马家庄宫殿宗庙区。马家庄一、二、四三座建筑群的年代均为春秋中晚期，这同秦桓公"居雍太寝"的时间相当。由此推断，马家庄宫殿宗庙可能是"雍太寝"之所在。

③铁沟、高王寺宫殿区。铁沟、高王寺宫殿区位于雍城北部，北起铁沟凤尾村，南至高王寺，西到棉织厂、翟家寺。凤尾村遗址位于纸坊乡铁沟行政村，由于破坏严重，现在面积约4万平方米。暴露在断崖上的夯土基高约1.4米，地面堆积瓦片很多，板瓦、筒瓦俯拾皆是，曾在此采集到"奔兽逐雁"纹瓦当、板瓦、筒瓦等多件，从形制看大多为战国早中期的遗物。

秦躁公"居雍受寝"的时间同铁沟高王寺宫殿遗址的上限大致相近，故铁沟高王寺宫殿可能即所谓"受寝"。

---

① 韩伟：《秦公朝寝钻探图考释》，载《考古与文物》1985年第2期。

雍城秦公陵区在雍城以南，位于凤翔县尹家务至宝鸡市陈仓区阳平的南原上，埋葬着德公至出公等20多位国君。雍城秦公陵区东西长约12公里，南北宽3公里，总面积约36平方公里。这里目前已探出49座大墓，平面形制有"中"字形、"甲"字形等，可分为14座陵园。其中的秦公1号大墓是迄今为止中国发掘的先秦时期最大的古墓，长300米，深24米。尽管历史上曾经遭遇200多次盗掘，仍发现3500件包括金、银、玉质地的文物，墓内186具殉人是中国自西周以来发现殉人最多的墓葬；椁室的柏木"黄肠题凑"椁具，是中国迄今发掘的周、秦时代最高等级的葬具；椁室两壁外侧的木碑是中国墓葬史上最早的墓碑实物。尤其是大墓中出土的石磬是中国发现最早刻有铭文的石磬。最珍贵的是石磬上的文字，多达180个，字体为籀文，酷似石鼓文，依据其上文字推断墓主人为秦景公。

由以上可以看出，雍城规模很大。除了鳞次栉比的宫殿外，秦还在都城中修建了台、观、馆、舍等建筑，有繁华的商业区，国君和大臣的陵墓集中在一起，城外又有秦公狩猎游玩用的北园等苑囿，这在石鼓文中有记载。

雍城是秦都城中遗址保存较好的一个，整个都城的情况已基本勘探清楚，除过以上介绍的三大宫殿区外，还在城内外发现各种手工业作坊多处。如青铜作坊有雍城南部的史家河、中部的马家庄村北、城外北部的今凤翔县城北街等地；炼铁作坊在史家河和南郊的东社、高庄一带；制陶作坊在城内东部瓦窑头、西北部豆腐村、城外杨家小村、八旗屯等地。

长期在雍城进行考古勘探和发掘的田亚岐先生认为："1980年来取得的大量考古资料显现出这座城市所具备的多功能化要素及特征，它既体现了早期城市以自然环境作为适从条件的普遍原则，又反映出秦国面对复杂外部袭扰环境而以完备城防设施作为首选的自身特征。秦雍城由城址、秦公陵园、国人墓葬、郊外建筑及远郊'野人'聚落形成的总体格局'以及各自的摆布规律',对后代都城营建形成了借鉴作用。"①
他认为:考古工作至今没有发现战国以前秦城有修筑城墙的实例,有学者曾提出,从秦公陵园兆沟的发现推断,当时是以大河、沟壑作为城周环护设施,后来实际考古工作逐步证明这种认识是符合情理的。通过最新考古调查发现,初期雍城外围分别以四周的雍水河、纸坊河、塔寺河及凤凰泉河环围,由于当时的河水丰沛、河谷纵深,自然河流便成为"以水御敌于城外"的主要城防设施。这种情形与甘肃礼县大堡子山、圆顶子山秦西犬丘城的防御体系如出一辙。这当是文献所说的"城堑河濒",即以水围城,并将临水的河谷挖深,使河堤陡直、河岸增高以加强城防安全系数,同时堑于河内的泥土堆积岸边也起到抵挡河水上岸的作用。战国时期,形势突变,列国并存,群雄争霸,战争频仍,攻伐谋略上升,为了适应新的形势,秦国在原"以水御敌"基础上再构筑了城墙及相关辅助设施。②20世纪80年代初对城址进行考古调查与勘探时,经解剖证实早年所发现的南北向夯土墙基为雍城西城墙北段的一部分,同时新发现了属于雍城东、南、西、北四边城墙的残段遗存,初步确认了雍城城墙的基本走向:西墙目前保存较好;南墙沿雍水河方向修筑,蜿蜒曲折;东墙紧依纸坊河;北垣大部为今县城所压,仅在今凤翔县城内发现部分墙体遗迹残断。③雍城城外除东、南以纸坊河、雍水等自然河流为天然屏障外,还在西墙外侧开掘了人工城壕作为防御设施的一部分,以补充该区域雍水河面宽阔、河堤较浅而防御性较弱的不足。关于城墙的确切走向与结构,据最新大遗址考古调查结果和对已知各城墙遗迹点的梳理,拼合连接成不规则梯形,与早年的认识基本吻合。经解剖性勘探,城墙墙体宽度为8—10米,其构筑方法则为中、里、外三重分别建造,在墙

---

① 田亚岐:《秦都雍城布局研究》,载《考古与文物》2013年第5期。
② 田亚岐:《秦都雍城布局研究》,载《考古与文物》2013年第5期。
③ 陕西省雍城考古队:《秦都雍城遗址勘探试掘简报》,载《考古与文物》1985年第2期。

体夯土层内发现秦雍城初期陶片,以此推断如《史记·秦始皇本纪》"悼公享国十五年,葬僖公西。城雍"[1]记载的可靠性。秦国在都雍城近两百年之后才正式构筑城墙。修筑的城墙里侧一周,因筑墙取土形成与城墙走向平行的沟壕。沟壕与城墙形成了多重防御屏障。

《史记·十二诸侯年表》载,秦德公二年"初作伏,祠社"[2]。可知雍城有社。依"左祖右社"之制,社当位于秦公朝寝即马家庄三号建筑群遗址之西。

在雍城发现了"市"的遗址。市位于城的北部,在北城墙南面偏东300米处,经详细勘探,是一个近似长方形的全封闭空间,四周围以夯墙,西墙长166.5米,南墙长230.4米,东墙长156.6米,北墙长180米,宽1.8—2.4米。钻探时于四周围墙中部都发现有"门塾"遗址,一般宽21米以上,进深14米左右。墙体两侧均有瓦片堆积,应是夯墙上的覆瓦。围墙内为露天市场,面积3万平方米左右。[3]与四川汉画像砖上的市亭图基本一样。西墙的市门已经发掘,南北长21米,东西宽14米,建筑呈"凹"字形,进入门口处有大型空心砖踏步,从门四周的柱洞及瓦片堆积情况推断,门上有四坡式大屋顶建筑,遗址内出土有秦半两钱、鹿纹等图案瓦当及一件钤有"咸囗里囗"的陶器残底。雍城市场遗址与《周礼·考工记》所记载的"面朝后市"的布局一致。从布局来看,市周围有围墙,四边开门,市门上有市楼。市的交易限时限地,分门别类,集中管理。在西南市门外,还发现两道南北向车辙,可见此市处于南北向和东西向干道之间,既便于货物流通,也有助于对市的规划设置和对其交易状况的了解。据出土文物种类及纹饰推测,这座市的建造、使用当从战国早期至秦汉之际。市场遗址的发现与发掘

---

[1] 司马迁:《史记·秦始皇本纪》,中华书局1959年版,第287页。
[2] 司马迁:《史记·十二诸侯年表》,中华书局1959年版,第573页。
[3] 韩伟、焦南峰:《秦都雍城考古发掘研究综述》,载《考古与文物》1988年第5、6期合刊。

在先秦时期也是第一次。

从以上的社和市遗址所在位置看，雍城的布局基本符合《周礼·考工记》"左祖右社，面朝后市"的记载，都城的设施比较齐全。宗庙、社稷、市场是都城中不可或缺的部分，与都城有机地联系在一起。

三、雍城的特点及其对以后都城的影响

秦都雍城在中国都城发展史中应占有一席地位，既有它自己独到的地方，又具有共性，对以后都城的建设具有借鉴作用。

①选择有利的地形环境。雍城地理位置优越，被雍水和纸坊河环绕，地势开阔，北有汧山阻挡，地形优越，交通发达，易守难攻。

②不筑外郭城。春秋战国时随着社会的变化，都城的建制也在发生变化，各诸侯国一般除了修建宫城外，还要修建外郭城。但雍城则未发现郭城，只在宫室外修建宫城，这种建筑形式与诸侯国有区别，其原因何在呢？尚志儒、赵丛苍两先生认为这与雍城在战国中期之初已不再是都城有关。① 此说虽有一定道理，但并不全面，实质上应与秦人筑城观念有关，其都城的建设是先建筑宫殿，后修宫墙。《史记·秦始皇本纪》云悼公"城雍"，说明在悼公时才开始修建宫墙。

③离宫别馆环绕城郊。都城外建设离宫别馆在春秋战国时期各国中较少。雍城郊外的离宫别馆有的在近郊，有的在远郊。在雍城郊区，发现了蕲年宫、橐泉宫、年宫、来谷宫、棫阳宫等遗址及文字瓦当。这些离宫均为秦宫汉葺。这种城郊离宫别馆形式到秦咸阳城、汉长安城时被发扬光大。有些学者认为秦时无文字瓦当，但从雍城宫殿发掘的文化层来看，秦时是有文字瓦当的。

---

① 尚志儒、赵丛仓：《秦都雍城布局与结构研究》，见《考古学研究》编委会编：《考古学研究》，三秦出版社1993年版，第485页。

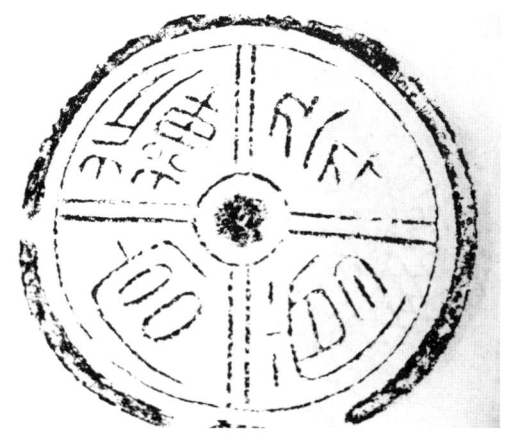

图 16　蕲年宫瓦当

④朝寝在都城中的地位提高。《墨子·明鬼》云:"昔者虞、夏、商、周三代之圣王,其始建国营都日,必择国之正坛,置以为宗庙。"①《礼记·曲礼》亦云:"君子将营宫室,宗庙为先,厩库次之,居室为后。"②

宗庙不仅仅是这种血亲关系的象征和本族人心目中的神圣殿堂,而且是族权和政权相结合的象征,国家的主要活动都在此进行,宗庙自然成为政治统治中心。

秦突出人的作用,在都城规划中明确提出"重天子之威"的指导思想,城内建筑便以朝宫为中心。

秦都雍城的宗庙与宫室已经形成两个独立的建筑,位于雍城中部南北中轴线的两侧,说明这时的秦人已把宗庙和宫室看得同等重要,人的地位上升,宗庙再不像以前那样处于至高无上的地位。在这一点上,秦人的思想要比当时其他诸侯国人的思想更解放一些。因为这一时期实质上是宗族统治,宗庙是团结人们的纽带,因此宗庙成为族权和政权相结

---

① 《墨子·明鬼》,见许嘉璐主编:《文白对照诸子集成》(上),陕西人民教育出版社1995年版,第79页。
② 《礼记·曲礼》,见许嘉璐主编:《文白对照十三经》(上),陕西人民教育出版社1995年版,第13页。

合的象征，国之大事都要在宗庙中进行。

雍城处于过渡阶段，宗庙和宫室同等重要；到了秦统一前后的咸阳，宗庙的地位已降到次要，宫室建筑处于主要的地位，七庙位于咸阳宫的南面；秦始皇时，"重天子之威"的思想在都城中已完全体现出来，朝宫修建在都城的最南面，汉的未央宫也是如此，而其宗庙都位于城的北面。

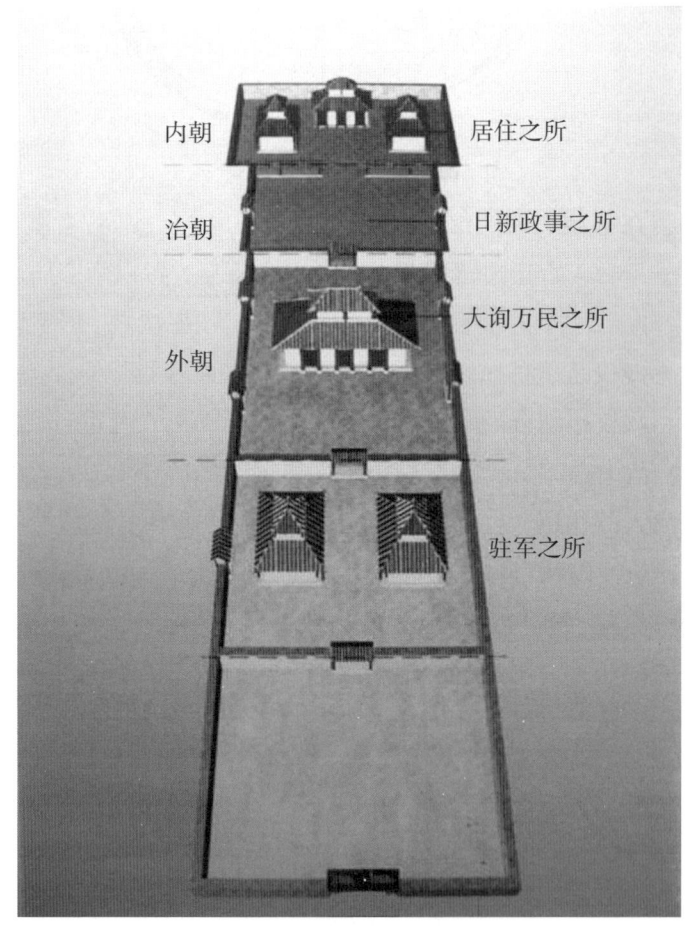

图17 雍城朝寝复原图

⑤畤文化发达。畤是秦人祭祀天地及五帝的固定场所，是秦人在特定的历史环境下所形成的独特的宗教文化产物，是秦都城文化的重要组

成部分。它前后共存在近八百年之久，伴随着秦兴衰的全过程，并且对西汉王朝产生了极为重要的影响。

畤祭源于生活在今甘肃东部的秦人的祖先祭祀神灵的礼俗。秦襄公时，畤祭逐渐摆脱了原始民间的农业祭祀性质，发展为一种国家宗教行为。秦人从民间到官方都是多神崇拜，因此其祭祀对象非常复杂，上自天界的各种神灵，下至自然界的万物鬼怪及宗祖，从畤的设置来看就是如此。围绕畤所发生的一系列文化现象，被称为畤文化，其核心是秦人祈求神灵能够给予他们恩赐和保护的崇神思想。因畤的祭祀方式与周人的宗教礼仪形式不同，西汉以后这种畤文化的称谓便随即告终。因此，畤文化属于秦人独创。畤出现的时间在秦国前中期，置畤的地点多选在都城，雍城最多，所以雍城不仅是秦人畤文化的发展、兴盛之所，而且是秦人畤文化的中心。《史记·封禅书》指出："自古以雍州积高，神明之奥，故立畤郊上帝，诸神祠皆聚云。"① 自秦襄公在西陲设立西畤，畤祭这一祭祀活动开始在秦地兴盛起来，随后陆续有秦文公、秦宣公、秦灵公、秦献公等的畤祭活动。从开国国君秦襄公到秦献公共设置了六畤，其中有四畤分布在雍地。只有两畤不在雍地：一是在甘肃礼县。秦襄公攻戎救周，被封为诸侯，自以为是借了少昊氏的神灵，于是在西犬丘建立了西畤，用来祭祀白帝，这是秦最早的畤。二是在栎阳设置畦畤，也是祭祀白帝。这二畤虽然在秦人畤文化的全貌上占有重要的位置，但从其产生的时间、地点及其影响上，均未形成秦人畤文化的中心。唯有秦文公所建鄜畤，秦宣公所建密畤，秦灵公所建立吴阳上畤和吴阳下畤均在雍城。因此，这四畤是构成雍城秦人畤文化的主体。

秦文公最早立畤没有什么明显的规律和礼制限制。但在庆典、徙都及重大的军事行动前都要祭祀祖宗，告慰先公，以求神灵保佑则是明显的。秦文公是一位有影响有建树的国君。他享国五十年，在雍地的三大建树中，其中两个都与祭祀有关，这充分反映了秦先公崇祖崇神的思想。

---

① 司马迁：《史记·封禅书》，中华书局1959年版，第1359页。

西畤、鄜畤、畦畤祭祀的对象均是白帝，这是因为白帝是西方的少昊神，与秦人发展壮大于西方有密切关系。这三畤中鄜畤在雍地，所以鄜畤就成了最频繁的祭祀场所。史载文公时期以牛、羊、豕作为祭品，在鄜畤举行了隆重的祭祀活动。德公徙都雍城时，第一件大事便是用牲牢祭祀鄜畤，不但规模超过了以前，而且使雍地诸畤祭祀活动日趋活跃。密畤祭祀的对象是青帝，青帝是东方神太昊。随着时间的演变和历史的变迁，祭祀的重点也在发生变化。秦灵公置吴阳上、下两畤，其祭祀对象是黄帝和炎帝。之所以如此，是这一时期炎黄二帝在人们的心目中占有了重要的地位，成为人们崇拜的对象。

到秦都雍城时已经有六畤，分别祭祀白、青、黄、炎（赤）四帝，充分显示出秦人的多神崇拜，也是秦维护其统治的有效方法。这一方面表明秦是受天神保护的，为自身政权涂抹上一层神圣和神秘色彩，即君权神授，有利于巩固统治；另一方面采用对天神的这种崇拜形式，容易收拢人心，共同对付外部的侵袭。

从雍城的特点可以看出雍城处于中国都城发展的过渡时期，其营建布局是社会发展到一定阶段的产物。据研究，秦当初营建雍城时，仍以宗庙为主，大郑宫即为一座以宗庙为主的建筑——姚家岗遗址发现的牛羊祭祀坑及祭祀用玉器说明大郑宫确为宗庙性质的建筑。其后经过一百多年，秦国社会逐渐走上变革的道路，思想意识也由重祖宗向重君主的方向发展。这种思想变化表现在宫室规划上，便是朝寝与宗庙的分离。于是便在姚家岗宫殿区之东，分别建造了一座独立的宗庙和朝宫，这样一来就使得雍城的主体格局呈现出一种过渡形式，这确是中国古代都城发展中的重要一步，它的发现填补了商周到秦汉间都城制度史上的空白。

四、雍城在秦发展过程中的作用

自从德公居雍大郑宫后，秦的历史进入了一个新时期。特别是秦穆公,文治武功兼备,任用贤才,西取东进,使秦的领土面积显著扩大。在西边,"用由余谋伐戎王,益国十二,开地千里,遂霸西戎"①;在东边,"是时秦地东至河"②。可以说,这是秦在孝公以前最辉煌的时期。在雍城的国君励精图治,不断开拓疆土,整顿内政,使秦成为春秋时期的五霸之一。有学者指出:"如果说秦襄公受封立国是秦国历史上的一件划时代的事件的话,那么,秦建都雍城则是在此之后的又一件具有时代意义的大事。秦国只有在建都雍城后,才真正揭开了其争霸中原、称雄海内的历史画卷,也只有在此之后,秦族才真正跨入了中华民族大家庭的行列……"③

雍城作为秦都城的两百多年里,秦的经济得到长足的发展,农业得到较大的发展,生产工具也得到较大改善。秦公1号大墓发现铁农具10余件,凤翔高庄秦墓出土铁器50件,反映出当时铁农具的使用比较广泛,在当时的诸侯国中处于先进的位置。铁农具的广泛使用,为农业生产的发展提供了优越的条件,大大促进了社会经济的繁荣与发展。"泛舟之役"正反映出当时秦农业的发展情况。晋惠公时期,晋国发生饥荒,向秦国求救,秦穆公抛弃对晋惠公的个人成见,卖粮给晋国。因晋国人口众多,需要的粮食不少,秦国粮库几乎被搬空了。渭河和汾河上都是运粮船只,从秦国首都一直排到了晋国首都,八百里连绵不绝,蔚为壮观。

关于雍城手工业的发展情况,只要我们看一看秦都雍城的考古发掘工作即可清楚。从1962年至今,考古工作者对城址进行了大面积的勘探和发掘,出土了数以千计的文物,有金器、银器、铜器、陶器等。这些器物制作工艺先进,其中以陶器为主,有盆、罐、鬲、钵、豆、盂等生活用具,有水道、筒瓦、瓦当等建筑材料,有用于生产的石磨、铜铲

---

① 司马迁:《史记·秦本纪》,中华书局1959年版,第194页。
② 司马迁:《史记·秦本纪》,中华书局1959年版,第189页。
③ 王学理主编:《秦物质文化史》,三秦出版社1994年版,第71页。

等工具。在青铜器方面，姚家岗出土的青铜建筑构件为新出现的建筑材料，其纹样为蟠螭纹。这是春秋时代秦国流行的纹样。在制陶领域，秦人立国后又有所创新和发展，突出地展现在砖瓦建材方面，如雍城宫殿遗址出土的槽形板瓦及瓦当等，鲜明地显示了秦文化的特征。在仿铜器礼器方面，彩绘大耳壶、大口罐等，都是新出现的秦的典型代表性器物。秦公1号大墓出土的彩色丝织物及木胎髹漆猪、金鸟、金兽，以及玉器、骨器等，反映了秦国的丝织、漆器、金属细作等各种手工业都发展起来了，且达到了相当高的水平。① 豆腐村的手工业作坊遗址一次出土了众多瓦当，形式多样，以图像纹居多。雍城的手工业门类比较齐全，工艺水平也比较高，因此，我们可以肯定地说，秦都雍城作为春秋战国时期关中地区著名的经济都会，其手工业已十分发达，由此可以看出当时的商业肯定也是比较繁荣的。

秦都城迁离雍城后，雍城仍然具有重要的地位，因为当时雍城的经济地位很高，有许多的手工业作坊仍然存在，又处于交通要道，所以恩师史念海先生认为："远在春秋战国之际，……关中这时已有三个经济都会，即雍、栎阳和咸阳。栎阳即阎良区武屯镇东北，雍和栎邑不作为政治都会之后，依然保持着经济都会的地位。"② 而且秦先公的陵墓及宗庙还在雍城。秦雍城建都时间长，所以先公的墓葬很多。关于宗庙，《史记·秦始皇本纪》云："先王庙或在西雍，或在咸阳。"③ 这说明雍城有很多先王宗庙，因此，后代的秦公秦王、始皇都必来此祭祀。秦始皇二十二岁行冠礼时还必须到雍城进行，充分说明了雍城的重要性。雍城的许多宫殿及离宫别馆因此保留了下来，甚至沿用至西汉时期，反映了雍城的地位。

---

① 袁仲一：《从考古资料看秦文化的发展和主要成就》，载《文博》1990年第5期。
② 史念海：《陕西在秦汉时期历史中的地位》，载《文史知识》1992年第6期。
③ 司马迁：《史记·秦始皇本纪》，中华书局1959年版，第266页。

第三节 秦封泥与泾阳

相家巷秦封泥中有一枚泾下家马,这是一个养马的机构。《汉书·百官公卿表》云:"太仆,掌舆马,有两丞。属官有大厩、未央、家马三令,各五丞一尉。"颜师古云:"家马者,主供天子私用,非大祀戎事军国所须,故谓之家马也。"① 这里的"泾",笔者认为当指泾阳。秦都咸阳有上家马丞。

图 18 上家马丞封泥

泾阳是秦的一个临时性军事都城,只是时间较短而已。② 泾阳位于咸阳之北,地理位置重要。《史记·秦始皇本纪》云:"肃灵公,昭子子也。居泾阳,享国十年。"③《史记·秦本纪》云:"献公元年,止从死,二年,城栎阳。"④ 在秦灵公和献公之间,还有秦简公享国十五年,惠公享

---

① 班固:《汉书·百官公卿表》,中华书局 1962 年版,第 729 页。
② 徐卫民:《泾阳为秦都考》,载《中国历史地理论丛》1998 年第 1 期。
③ 司马迁:《史记·秦始皇本纪》,中华书局 1959 年版,第 288 页。
④ 司马迁:《史记·秦本纪》,中华书局 1959 年版,第 201 页。

国十三年，出子享国二年，加上灵公的十年，从公元前424至前383年，共计四十一年。从以上记载来看，自灵公到献公元年，秦以泾阳为都城。

王国维先生认为秦灵公时将都城从雍城东徙泾阳，以泾阳为都邑，并指明泾阳就在现在的泾阳县。① 我赞成王国维先生的观点，在此就秦都邑泾阳再补充一些资料。秦穆公独霸西戎之后，其后的秦公便将矛头指向东方，当时的东方是先进地区所在，晋国与秦国为争夺河西地区进行了多次战争，为了指挥对东方的战争，秦灵公便"居泾阳"。实际上，在秦灵公之前，秦公已开始把矛头指向东方，这是因为在此之前的秦桓公和景公时期，秦虽有东进的决心，但由于统治阶级内部的争权夺利斗争，使秦国一度积贫积弱，东方的晋国不时西侵秦国，对秦国形成很大的威胁。其中有两次，晋国的军队已到达泾水，甚至越过泾水。据《史记·秦本纪》载：秦桓公"二十六年，晋率诸侯伐秦，秦军败走，追至泾而还"②。秦景公时期，"晋悼公强，数会诸侯，率以伐秦，败秦军。秦军走，晋兵追之，遂渡泾，至棫林而还"③。这两次战争给秦人以深刻的教训和启示。此后的晋国因六卿之间的内部斗争，国力消耗，正是秦东进的良好机会。《史记·秦本纪》云：秦厉共公"十六年，堑河旁。以兵二万伐大荔，取其王城。二十一年，初县频阳"④。秦灵公执政，迁都泾阳后，加大对东方晋国的进攻力度，灵公六年"晋城少梁，秦击之"，"十三年，城籍姑"。⑤ 可见秦灵公迁都确实是为了东伐。到简公时，也曾多次东伐。"简公六年，令吏初带剑。堑洛。城重泉。"⑥ 简公十二年，韩、赵、魏三家分晋后，秦与晋的战争变成与魏的较量。直到秦献公时，始觉要

---

① 王国维：《王国维遗书》，见王国维：《观堂集林》（卷十二），上海古籍书店1983年版，第9页。
② 司马迁：《史记·秦本纪》，中华书局1959年版，第196页。
③ 司马迁：《史记·秦本纪》，中华书局1959年版，第197页。
④ 司马迁：《史记·秦本纪》，中华书局1959年版，第199页。
⑤ 司马迁：《史记·秦本纪》，中华书局1959年版，第200页。
⑥ 司马迁：《史记·秦本纪》，中华书局1959年版，第200页。

对付三晋,"缪公之故地"必须再往东迁,于是在献公二年,"城栎阳",开始了进一步对魏国的战争。由于都城的再次东迁,秦对魏的战争进入一个新阶段,取得了一连串的胜利,真正取得了河西的土地,为进入河东打下了坚实的基础。

秦都邑泾阳到底在什么地方,根据文献及地形考察应在泾水之阳,即现在陕西省泾阳县北。秦灵公所居泾阳,当在泾水之北,因为"水北为阳"。泾阳所在地地势平坦肥沃,发展农业得天独厚,又可借用泾水以浇灌土地,正因为如此,时人在谈到秦国形势时指出:"秦地遍天下,威胁韩、魏、赵氏,北有甘泉、谷口之固,南有泾、渭之沃。"① 由于泾阳优越的环境、位置及战略上的需要,秦灵公便从雍城迁于此。口镇遗址是一处集游乐、避暑和军事作用为一体的大型秦汉宫殿遗址,位于泾阳县口镇街南、东、北侧。遗址面积约 90 万平方米,文化层厚约 2 米,遗址北部暴露有一段长约 120 米的夯筑墙垣,采集有板瓦、筒瓦、陶水管道、铺地砖等文物。

图 19 泾阳口镇秦宫殿遗址

---

① 司马迁:《史记·刺客列传》,中华书局 1959 年版,第 2528 页。

第四节　秦封泥与栎阳

相家巷遗址出土封泥有栎阳右工室丞。这是反映栎阳手工业工官的资料。

秦献公即位后将都邑从泾阳继续向东迁徙到栎阳。为何又要把都城从泾阳迁于栎阳呢？首先是因为灵公迁都泾阳后，虽然多次发动对东方的战争，但由于当时内政混乱，"秦以往者数易君，君臣乖乱，故晋复强，夺秦河西地"①。在此四十多年时间里，"会往者厉、躁、简公、出子之不宁，国家内忧，未遑外事"②。秦国多次发生宫廷政变，内耗极为严重，国力一蹶不振。要打破这种局面，迁都是必要的，这样可以摆脱旧贵族统治的束缚。其次栎阳的地理条件要比泾阳好，这里是交通要道，商业发达，"栎邑北却戎翟，东通三晋，亦多大贾"③。从军事方面来讲，迁栎阳比泾阳更利于对东方的战争，栎阳距离东方的魏国更近，更利于国君指挥战争及巩固已获得的土地。

栎阳，从秦献公二年（前383）开始建都到秦孝公十二年（前350）迁都咸阳，作为秦的临时都城三十四年，在这一时期，栎阳发挥了极其重要的作用。栎阳古城位于今陕西省西安市阎良区武屯乡关庄和御宝屯一带，西南距今栎阳镇（唐时建）约25公里，南距渭水约7.5公里，东北与富平为邻，北距康桥镇仅隔一石川河。

---

① 司马迁：《史记·秦本纪》，中华书局1959年版，第200页。
② 司马迁：《史记·秦本纪》，中华书局1959年版，第202页。
③ 司马迁：《史记·货殖列传》，中华书局1959年版，第3261页。

图20　栎阳丞印、栎阳右工室丞封泥

《史记·秦本纪》云："献公元年，止从死。二年，城栎阳。"①《史记集解》引徐广语"城栎阳"即"徙都之"。又"献公即位，镇抚边境，徙治栎阳，且欲东伐，复穆公之故地，修穆公之政令"②。这里的"徙治"即迁都之意。因为司马迁在《史记·魏世家》中把"迁都大梁"也写作"徙治大梁"。

《史记·货殖列传》又云："献（孝）公徙栎邑。"③《帝王世纪》载："至献公即位，徙治栎阳"，"孝公自栎阳徙咸阳"。《帝王世纪》为西晋皇甫谧所著，起自三皇，止于曹魏，专记帝王事迹，所述秦以前史事博采经传杂书，可补《史记》之不足，对研究曹魏以前帝王事迹颇有用处。《元和郡县图志·关内道二》载："栎阳县，本秦旧县，献公自雍徙居焉，属左冯翊。项羽立司马欣为塞王，亦都之。"④

1964年考古工作者曾对栎阳城址进行了勘探和调查。勘探的结果是，发现了3条街道、6个城门、500多米夯土城墙及7处重点建筑。⑤1980

---

① 司马迁：《史记·秦本纪》，中华书局1959年版，第201页。
② 司马迁：《史记·秦本纪》，中华书局1959年版，第202页。
③ 司马迁：《史记·货殖列传》，中华书局1959年版，第3261页。
④ 李吉甫撰，贺次君点校：《元和郡县图志》，中华书局1983年版，第27页。
⑤ 田醒农、雒忠如：《秦都栎阳遗址初步勘探记》，载《文物》1966年第1期。

至 1981 年中国社科院考古研究所对遗址进行了勘探和试掘。勘探的结果是，发现了南、西二城墙和 3 处门址，道路 13 条，建筑基址等 15 处，其东、北城垣可能被水冲毁。^①也有人认为本身不存在东城墙和北城墙，应该是以石川河为自然屏障。经过勘探和发掘发现，秦栎阳故城应有 10 座城门，即南门二、北门二、东门三、西门三。几处大型遗址均分布在城的中部，其中 1 号遗址尤为庞大。其范围东西和南北均达 350 米。城内几条主要干道都通向此遗址。从道路分布情况来看，遗址在都城中占有重要的地位。此遗址内有几处夯土基址，规模可观。这里出土有大量瓦片、红烧土及汉代砖瓦残块，当为栎阳宫遗址。

据"前朝后市"之制度，宫城之北当设市。《史记·货殖列传》载："献（孝）公徙栎邑，栎邑北却戎翟，东通三晋，亦多大贾。"^②其市的规模当不会太小。《史记·商君列传》载，商鞅在秦国初次变法，为了赢得人们的信任，先导演了"南门徙木"的活剧，"令既具，未布，恐民之不信，已乃立三丈之木于国都市南门，募民有能徙置北门者予十金"^③。可知此市至少应设南、北门。城址西南部 2 号遗址范围较大，出土有板瓦、筒瓦、瓦当、空心砖、铺地砖等，当为一处秦汉时期的重要建筑遗存。4 号遗址曾发现一个战国晚期铜釜，内装金饼 8 枚，其中 1 枚阴刻篆书"四两半"，可知为秦金币，当有显贵或大贾居留于此。3 号遗址出土有大量铁渣，当为一处冶炼作坊遗址。

从 2013 年起，由中国社会科学院考古研究所与西安市文物保护考古研究院联合组成的阿房宫与上林苑考古队，继 20 世纪 80 年代初步勘探后，重启了栎阳城遗址考古勘探发掘工作。考古队在近七年勘探发掘中通过大范围勘探、小规模试掘的方式，先后确定了战国秦和秦

---

① 中国社会科学院考古研究所栎阳发掘队：《秦汉栎阳城遗址的勘探和试掘》，载《考古学报》1985 年第 3 期。
② 司马迁：《史记·货殖列传》，中华书局 1959 年版，第 3261 页。
③ 司马迁：《史记·商君列传》，中华书局 1959 年版，第 2231 页。

汉之际的三座古城，并认定三号古城就是战国时期秦栎阳城。在三号古城中陆续试掘确定了多座高等级的大型宫殿基址，并发掘确认三号古城的建筑应为战国秦都栎阳城的核心宫殿所在。在三号古城的建筑中发现了含有半地下式的宫殿基址，这种类似的建筑形式此前只在汉长安城的未央宫、长乐宫、桂宫等皇宫中的高等级宫殿建筑中有过发现。此次发掘的战国时期秦栎阳国都中发现这种形式的建筑，几乎可以判断，这是找到了"汉承秦制"在建筑形式上的源头。此次发现的三间豪华浴室在三号城内的四号、五号建筑基址内。根据目前已掌握的考古资料数据显示，四号建筑基址应该是三号城内主要宫殿建筑之后的一组附属建筑，是当时皇宫里的后宫所在地。与此次发现的浴室相类似的设施，此前只在秦都咸阳宫的一号宫殿内发现过。3座浴室中有2座是呈南北并列排布的，从残存的遗迹看，两间相邻的浴室均呈里外套间结构，浴池里铺有地砖，四壁还嵌有纹饰精美的墙砖，室内一角有下凹的漏水口，并有排水口。南边的浴室无论是浴池的大小还是套间的面积都更大一些，因此考古工作者认为这两间带有套间且装饰豪华的浴室，应该是当时秦国的国君与后妃的沐浴专用浴室，南侧面积更大的那一间可能是国君的，北侧的可能是后妃的。考古队还在南侧国君的浴室旁发现了保存完整的排水管道和污水渗井。北侧相对应的位置，却没有发现排水设施，说明这两间浴室应该是共用一套排水设施。这一发现表明，秦的工匠在皇宫的修建之初就已经对排水设施做了精密的设计。而如此完整的带有排水设施的战国时期秦国的王室浴室也是首次被发现。此遗址还发现了带有"栎阳"文字的陶文及巨型的瓦当。①

---

① 张佳：《西安发现战国时期秦国"皇家"豪华浴室》，载《西安晚报》2017年11月6日第9版。

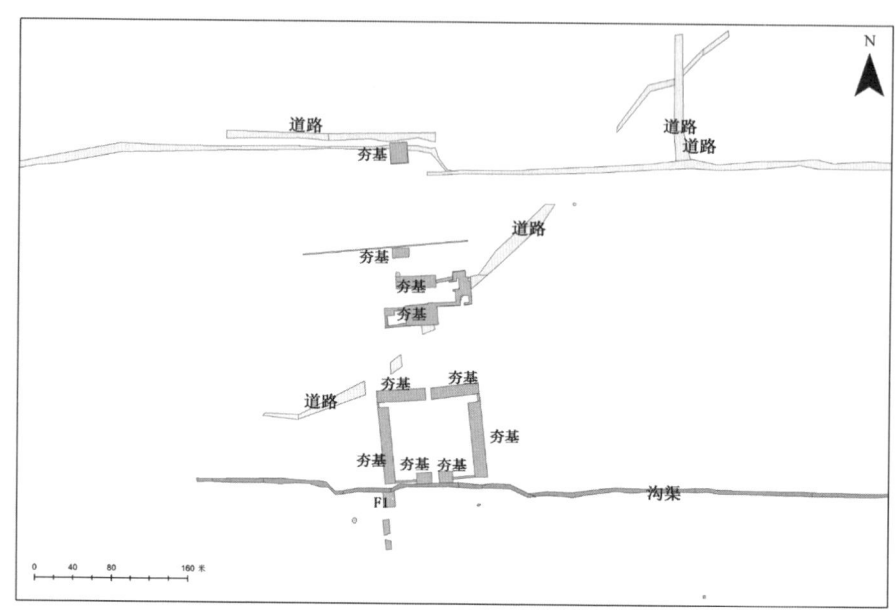

图 21　战国时期栎阳三号古城勘探示意图（刘瑞供图）

秦孝公十二年（前350），都城从栎阳迁到咸阳，之所以如此，是栎阳这时已完成了作为临时军事性都城的任务。经过献公、孝公的改革，秦国国力、军事实力日益增强，改变了过去积贫积弱的国势，多次在战争中打败魏国，于是魏国将过去对秦的进攻战略变为防守战略，并派龙贾沿洛河东岸修起一道防秦长城，以此阻止秦国向东扩展。与此同时，魏惠王把国都从安邑（今山西夏县）迁往大梁（今河南开封）。这一做法减轻了对秦河西地区的威胁。此消彼长，这时秦的发展已不限于河西一隅，更重要的目标则是向函谷关外发展，以实现统一全国的梦想。

栎阳作为秦的都城虽只有三十四年，但它处于秦从弱到强至为关键的年代。献公和孝公都是秦历史上具有开拓性的国君，励精图治，为以后秦统一全中国奠定了基础，而他们的大部分活动则在栎阳进行。

献公改革的主要内容有：一是废除了秦历史上长期的奴隶制残余——人殉制度，规定"止从死"。而在此之前，秦盛行人殉制度，文献中有大量记载，考古资料也证明这种制度的存在，在秦公1号大墓中就发现了186具人殉的尸体。但这是一种落后的制度,献公即位后,废除了这一制度,大大解放了生产力。二是实行"五家为伍"的户籍管理制度。三是推行县制,设立了4个县,加强了地域和基层管理。四是"初行为市",发展了商品生产。秦献公的改革起到了重大作用,使秦的国力增强了,于是秦在向东扩张疆域中取得了胜利。献公在位二十三年,对秦国的发展确实起了很大作用,因而秦"至献公之后常雄诸侯"①。献公死后,太子渠梁即位,他就是秦国有名的支持商鞅变法的秦孝公。他发奋图强,立志改革,发出求贤令,"宾客群臣有能出奇计强秦者,吾且尊官,与之分土"②。商鞅经人推荐,三说孝公,得到了孝公信任,进行了历史上有名的商鞅变法。

商鞅变法先后进行了两次,分别在公元前359年和公元前350年。其变法的内容主要包括政治、经济、社会风俗等。

政治上:其一,废除世卿世禄制,实行军功爵制。商鞅针对"有罪可以得免,无功可得尊显"的旧风俗,规定国君的亲属(宗室)没有军功的不能列入宗室的属籍,制定二十等爵的军功爵制,只要立了军功,不管以前的地位如何,都可以得到土地和爵位。这一法令的制定,激发了人们在对外战争中奋勇杀敌的积极性,从而也提拔了一批支持政权立有军功的新官僚,使国家兵力强大起来,达到了扩展领土兼并弱国的目的。其二,推行县制。"集小都乡邑聚为县",以县为地方行政单位,废除分封制,"凡三十一县"(也有史书认为是41县或36县)。县设县令以主县政,设县丞以辅佐县令,设县尉以掌管军事。县下辖若干都、乡、邑、聚。秦在新占地区设郡,郡的范围较大,又有边防军管性质,因之郡的长官称郡守。后来郡内形势稳定,转向以民政管理为主,于是郡下设若干县,形成秦的郡县制。其三,重新调整了献公时"为户籍相伍"的制度。公元前356年,"令民为什伍",实行连坐法,鼓励互相监督。

---

① 司马迁:《史记·六国年表》,中华书局1959年版,第685页。
② 司马迁:《史记·秦本纪》,中华书局1959年版,第202页。

经济上：其一，实行奖励耕织，重农抑商的政策，规定"僇力本业耕织致粟帛多者复其身"。也就是说，凡是努力从事农业生产缴纳租税的，可以免去其本身的徭役。其二，鼓励个体小农的发展，规定男子成年必须与父母分居，另立门户，"民有二男以上不分异者，倍其赋"。女子到一定年龄必须出嫁，以促进小农经济的发展。其三，废井田、开阡陌。《史记》记载：商鞅"为田，开阡陌封疆而赋税平"；《战国策》说商鞅"决裂阡陌，教民耕战"，废止"田里不鬻（鬻同鬻——笔者注）"的原则。所谓"阡陌"，指井田中间灌溉的水渠以及与之相应的纵横道路，纵者称"阡"，横者称"陌"。"开阡陌封疆"就是把标志土地国有的阡陌封疆去掉，废除土地国有制，实行土地私有制。从法律上废除井田制度，大大调动了劳动者的积极性。法令规定，允许人们开荒，土地可以自由买卖，赋税则按照各人所占土地的多少来平均负担。这样就破坏了旧的生产关系，促进了社会经济的发展。其四，统一度量衡。商鞅变法前，秦国各地度量衡不统一。为了保证国家的赋税收入，商鞅制造了标准的度量衡器，保证交易公平合理。如今传世之"商鞅量"，上有铭文记有秦孝公"十八年""大良造鞅"监造，"爰积十六尊(寸)五分尊(寸)之一为升"。从"商鞅量"中得知，商鞅规定的1标准尺约合今0.23米，1标准升约合今0.2升。由量器及其铭文可知，当时统一度量衡一事是十分严肃认真的。商鞅还统一

图22　栎阳出土的战国时期瓦当

了斗、桶、权、衡、丈、尺等度量衡，要求秦国人必须严格执行，不得违反。

商鞅变法取得了重大成果，沉重打击了旧贵族势力，壮大了新兴地

主阶级力量，发展了社会经济，增强了秦国的军事力量，稳定了统治秩序。公元前352年，商鞅由左庶长升为大良造，他率军东渡黄河，直打到魏国的国都安邑。商鞅变法后，秦国"兵革大强，诸侯畏惧"①，"道不拾遗，山无道贼，家给人足。民勇于公战，怯于私斗，乡邑大治"②。变法也使秦国"移风易俗，民以殷盛，国以富强，百姓乐用，诸侯亲服"③。然而商鞅变法触动了贵族的利益，当支持变法的孝公死后，商鞅也被车裂而死。

栎阳作为秦的临时都城，在交通上占有优势，使秦国经济得以迅速发展。献公七年（前378），"初行为市"，对商品经济的发展起了重要作用，出现了"亦多大贾"的局面。考古发掘中多次出现陶文"栎市"也证实了史书记载的正确。这里的农业经济发展也很快，《睡虎地秦墓竹简·仓律》载：各县入谷仓万石一积，而"栎阳二万石一积，咸阳十万一积"④。很明显，这里的农业在秦国占有重要地位。栎阳也是秦军工生产的主要产地。孝公十二年虽已从栎阳迁都咸阳，然而栎阳的经济地位并未降低，仍然是当时秦经济发达的城市，对秦历史发展起着重要作用。

第五节　秦封泥与咸阳

相家巷遗址出土有关秦都咸阳的封泥很多，如咸阳丞印、咸阳亭丞、咸阳亭印、咸阳工室丞、咸阳等。

---

① 刘向：《战国策·秦策一》，上海古籍出版社1985年版，第75页。
② 司马迁：《史记·商君列传》，中华书局1959年版，第2231页。
③ 司马迁：《史记·李斯列传》，中华书局1959年版，第2542页。
④ 睡虎地秦墓竹简整理小组编：《睡虎地秦墓竹简》，文物出版社1990年版，第25页。

一、与咸阳有关的几枚封泥

1. 咸阳丞印

山南水北曰阳。由于咸阳处在九嵕诸山之南,渭水之北,山水皆阳,故曰咸阳。咸阳既是都城,又是内史首府驻地。咸阳丞当是咸阳内史的副手。

咸阳作为秦最重要的都城,在秦封泥中有充分的体现。《汉书·地理志》记载:"渭城,故咸阳,高帝元年更名新城,七年罢,属长安。武帝元鼎三年更名渭城。"①《史记·秦本纪》云:孝公"十二年,作为咸阳,筑冀阙,秦徙都之"。②《史记·秦始皇本纪》云:"其十三年,始都咸阳。"《史记正义》:"《本纪》云:'十二年作咸阳,筑冀阙',是十三年始都之。"③《三辅黄图》载:"始皇穷极奢侈,筑咸阳宫,因北陵营殿,端门四达,以则紫宫,象帝居。渭水贯都,以象天汉;横桥南渡,以法牵牛。""咸阳北至九嵕、甘泉,南至鄠、杜,东至河,西至汧、渭之交,东西八百里,南北四百里,离宫别馆,相望联属。木衣绨绣,土被朱紫,宫人不移,乐不改悬,穷年忘归,犹不能遍。"④

图23 咸阳丞印封泥

---

① 班固:《汉书·地理志》,中华书局1962年版,第1546页。
② 司马迁:《史记·秦本纪》,中华书局1959年版,第203页。
③ 司马迁:《史记·秦始皇本纪》,中华书局1959年版,第288页。
④ 何清谷:《三辅黄图校释》,中华书局2005年版,第22、25页。

2. 咸阳亭丞、咸阳亭印

咸阳亭，多见于秦都咸阳遗址附近出土的陶器上。而带"亭"字的器物在历年考古发现中亦多见。袁仲一先生释"咸阳亭"为咸阳旗亭的简称，即咸阳市府官署的代称，任务是"以察商贾货财买卖贸易之事"。[1] 咸阳亭当设有主管官吏，丞为其副职。《汉书·百官公卿表》云："大率十里一亭，亭有长。十亭一乡，乡有三老、有秩、啬夫、游徼。""县大率方百里，其民稠则减，稀则旷，乡、亭亦如之，皆秦制也。"[2] 汉承秦的县制，县以下的行政单位是乡，乡以下为里，亭仅作为县之属吏，其掌职如《后汉书·百官志》所云："亭有亭长，以禁盗贼。"[3]《汉旧仪》亦云："设十里一亭，亭长、亭侯；五里一邮，邮间相去里半，司奸盗。亭长持三尺板以劾贼，索绳以收执盗。"刘邦就曾任秦泗水亭长。封泥咸阳亭印中的"咸阳亭"，当指秦京师咸阳县属之亭。

图24 咸阳亭印封泥

3. 咸阳工室丞

秦自战国即设置管理手工业的政府机构——工室。除了直属于中央

---

[1] 袁仲一：《秦代陶文》，三秦出版社1987年版，第55页。
[2] 班固：《汉书·百官公卿表》，中华书局1962年版，第742页。
[3] 范晔撰，李贤等注：《后汉书·百官志》，中华书局1965年版，第3624页。

的少府工室、属邦工室外，各郡县亦设有工室。《睡虎地秦墓竹简》即有"县工室……"的记载。

咸阳是秦的最后一个都城，从战国时期一直延续到秦的灭亡，共历一百四十四年。咸阳从秦孝公十二年的筑冀阙开始，到后来的"渭水贯都，以象天汉，横桥南渡，以法牵牛"，都城的规模一直处在发展扩大之中，这与秦人好大喜功的价值观吻合。

图25　咸阳工室丞封泥正面、反面

二、秦都咸阳的规模与布局

关于秦都咸阳的规模，传统的观点认为位于当时的渭河以北，正如《三辅黄图》所云："始皇穷极奢侈，筑咸阳宫，因北陵营殿，端门四达，以则紫宫，象帝居。"[①] 实质上惠文王以后，秦都咸阳已不再局限于渭河以北地区，开始向渭河以南发展扩张，在渭河以南修建了兴乐宫、甘泉宫、信宫、诸庙、章台、上林苑等宫殿及园林建筑，成为都城的重要部分。因此确切地说，秦都咸阳北至泾水，南到终南山，大体可分为渭北宫室和渭南宫室两大部分。

---

① 何清谷：《三辅黄图校释》，中华书局2005年版，第22页。

经过考古工作者的钻探、试掘和发掘，基本上可以确定，秦都咸阳渭河以北的范围，西起石桥乡的何家、杨村，东至红旗乡的柏家嘴，东西长达24里；北边到泾水；咸阳城的南部由于渭水的北移冲毁了一部分。关于渭水北移的原因有三：一是地球自转引力的作用；二是渭水以南的渭河支流山高坡陡，水流湍急，形成强大的冲力；三是此段地质结构比较松软，易于侧蚀。由于以上原因，渭水在秦都咸阳段一直处于北移的状态。对于渭水北移冲毁咸阳城的问题，有的学者认为冲毁较多，几乎找不到秦都咸阳的踪迹。① 有的学者则主张虽冲毁了一部分，但秦都咸阳的主体仍在，目前咸阳原上的建筑遗址即是咸阳城的中枢所在。② 笔者同意后者的观点。

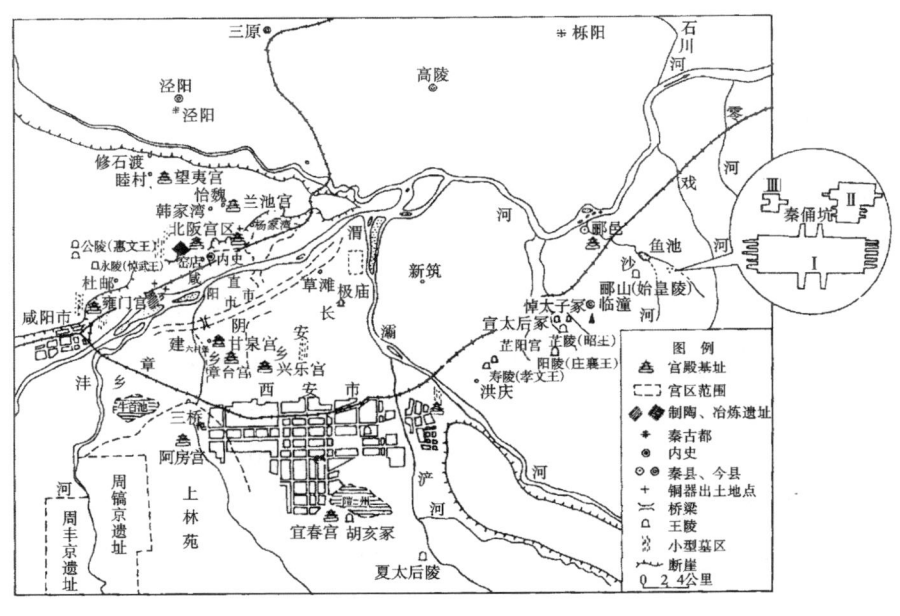

图26　秦都咸阳布局示意图（王学理供图）

---

① 武伯纶：《西安历史述略》，陕西人民出版社1979年版。
② 刘庆柱：《试论秦咸阳城布局性质及其相关问题》，载《文博》1990年5期。

究竟渭河北移了多少呢？据《汉书·文帝纪》苏林注云：渭桥"在长安北三里"[1]。此渭桥即秦时的横桥，秦昭王时建，秦始皇时曾修缮和扩建，汉沿用。据《三辅旧事》载："秦于渭南有舆宫（兴乐宫——笔者注），渭北有咸阳宫，秦昭王欲通二宫之间，造横桥，长三百八十步。"[2]考古工作者在咸阳市窑店镇南的东龙村以东150米处的渭河北岸发现一条南北道路，东西宽50米，路土厚0.3米，上距地表深1.4米。该路是秦都咸阳遗址目前发现的道路中最宽者，往渭河南延伸恰与汉长安城的横门相对，北为牛羊村东西的二道原和半原地，西起胡家沟，东至山家沟，为秦都咸阳的宫殿区。[3]考古工作者沿横门往北，也发现了一条道路，向北延伸1250米后再无路土，表明西汉时长安与渭水之间的距离不足3里。而今天从长安城到渭河北岸的距离约13里，说明渭河北移约10里。由此可见，冲掉的多为手工业坊遗址及商业区之类，当时的人绝不会把宫殿等建在离渭水较近的地区，因为他们长期与渭水打交道，对渭水北移的习性是了解的。据史书载，当时的咸阳"因北陵营殿"，陵即大土山，也就是说建在咸阳二道原上，今天发现的咸阳主体宫殿即在咸阳二道原上。

考古工作者对秦都咸阳的钻探试掘工作已进行了五十多年，在遗址范围内共发现各类遗迹230余处，其中6处已经过试掘和重点发掘，揭露面积15 000平方米，清理战国秦墓数百座，出土和采集文物5000余件。[4]咸阳宫是秦都咸阳的主要宫殿之一，应是一个宫殿建筑群，也是在秦都咸阳修筑的最早宫殿。秦的许多重大事件都发生在这里，重大的议事、朝会活动都在此举行。这里也是项羽入关后首先烧掉的宫殿，其遗址即考古工作者发现的1、2、3号等宫殿遗址。

---

[1] 班固：《汉书·文帝纪》，中华局书1962年版，第107页。

[2] 赵岐等撰，张澍辑，陈晓捷注：《三辅旧事》，三秦出版社2006年版，第8页。

[3] 孙德润、李绥成、马建熙：《渭河三桥初探》，见《考古与文物》编辑部编：《考古与文物丛刊》第3号，1983年。

[4] 陈国英：《秦都咸阳考古工作三十年》，载《考古与文物》1988年第5、6期合刊。

图 27　秦汉渭河桥遗址

下面就已发掘的几个建筑遗址予以介绍。

① 1 号宫殿遗址。位于咸阳市窑店镇牛羊村北原上，发掘前夯土台东西长 60 米，南北宽 45 米，高出地面 6 米，揭露面积 3100 平方米。通过对揭露出的遗迹现象进行复原研究，发现这是一座以平面呈长方曲尺形的多层夯土高台为基础、凭台重叠高起的楼阁建筑。台顶中部有两层楼堂构成的主体宫室，四周布置有上下不同层次的较小的宫室。底层建筑和周围有回廊环绕。其特点是把各种不同用途的宫室集中到一个空间范围内，结构相当紧凑，布局高下错落，主次分明，在使用和外观上都收到较好的效果。正像唐人李商隐在《咸阳宫》一诗中讲的："咸阳宫阙郁嵯峨，六国楼台艳绮罗。自是当时天帝醉，不关秦地有山河。"

这是一座战国以来盛行的高台建筑，夯土土质纯净、坚硬，夯层厚6—9 厘米，夯层清晰，呈半球形，一般是平夯，径 7—8 厘米。夯土台的顶部是主体殿堂，编号为 1 室。出 1 室东门是过厅，为 2 室。2 室以南有一居室，即 3 室。1 室以西为斜坡道，可登 1 室西侧高起的平台。台以西又有南北两室，南为 4 室，北为 5 室。下部台基北侧有两大室，即 6、7 室。台基南侧有东西向盥洗沐浴用房（8 室）和居室（9—11 室）。台基下部的南、西、北三面都有回廊及散水遗迹。出1室北门有走廊，6、7室与北廊间有过道。台基上下分别发现了四个排水池和7个窨穴。在1室中央，发现一个直径达64厘米的柱子，这可和《史记·刺客列传》中记载的荆轲刺秦王时秦王"环柱而走"相互印证。地面结构系夯土台基上垫一层厚10—15厘米砂土，上置厚约10厘米的粗草拦泥打底，再抹上1—2厘米的碎草拦泥，表面施朱红色，证实了《三辅黄图》所载的"土被朱紫"符合历史实际。

图28　秦咸阳1号宫殿复原

各室之间用回廊连接，有东北、北、西、南几部分，其中东北、北和西回廊相通，且均为直角，墙壁构筑与房屋同，地面只作草泥处理，南廊残长50余米，有檐柱14个，西廊通长28米，回廊东西各有一踏步。西踏步正对6室北门，东踏步在7室以北，两踏步均为6步5级，用长方形空心砖铺设，空心砖精美漂亮。东北角为曲尺形回廊。回廊外有散水，北廊散水宽90厘米，两边平行铺方砖一排，中置卵石。东北角散水用残破砖铺里边，外置卵石。在1号建筑遗址上发现各种各样的建筑材料和构件。从该建筑地平的水平测量来看，在50米距离范围内标高误差不超过1厘米，即相对误差控制在2‰范围内，表现了古代劳动人民高超的工程技术水平。①

从出土物的特征判断,该遗址建于战国晚期。从发掘情况来看,其建筑艺术高超,为土木混合结构,对各房间的使用功能、通道、采光、排水及结构方面都做了合理安排,平面有主有次,统一而不呆板。这种将一般宫观的分散布局方式集中在一个空间范围内,在中国建筑史上迄今为止为首次见到,在我国古代建筑史上占有重要的地位。

图 29　秦咸阳 1 号宫殿遗址

② 2 号宫殿遗址。位于 1 号遗址的西北,仍然是以夯土台为基的大型台榭建筑,且规模更大。基址东西长 127 米,南北宽 32.8—45.5 米,其东南与 1、3 号遗址用回廊相通。地基采用纯净的黄褐色土夯打而成,层次清晰,有宫室 5 处,3 处位于夯台顶部,属台上建筑,现存柱洞和室内地面残迹。有 2 座宫室位于夯台东半部北侧的底层,保存较好。

---

① 秦都咸阳考古工作站：《秦都咸阳第一号宫殿建筑遗址简报》,载《文物》1976 年第 11 期。

围绕高台建筑的底部有依台修筑的一周回廊,其中东廊、南廊、北廊保存较好,西廊较差。在2号遗址发现竖管18个,分布于回廊和庭院地面,推测用来插放旗杆。同时发现了许多建筑构件。壁画发现于回廊地面堆积中,均属残块,计350余件,其最大者31厘米×17厘米,能识别者为马、凤羽、枝叶、蔓草等。

从2号遗址发掘情况来看,仍是以土夯台为中心、土木构架为主要结构形式的多层台榭建筑。建筑以台上的宫殿为主体,辅以依台壁修建的一圈回廊和服务于宫室的东西对称的两处廊下盥洗室。2号遗址通过回廊与1、3遗址相连,但2号遗址规模更大一些,可能是咸阳宫中处理政务的一处主要场所。①

③3号宫殿遗址。位于1号遗址的西南,相距近百米,据钻探得知,3号遗址东北角与1号遗址西南角有建筑相连,也位于夯土台基上。遗址东西长约117米,南北宽约60米,清理了遗址西部一部分,发现廊道两条,屋宇两座。3号宫殿遗址最大的收获是出土了大量壁画,主要出于廊东西坎墙墙壁上,有车马出行图、仪仗图、建筑图、麦穗图等。车马图每间2至3组不等,每组四马一车,共七套车马,马有枣红色、黑色、黄色三种,皆做奔腾状。仪仗图现存人物11个,均残缺,分上下两列,

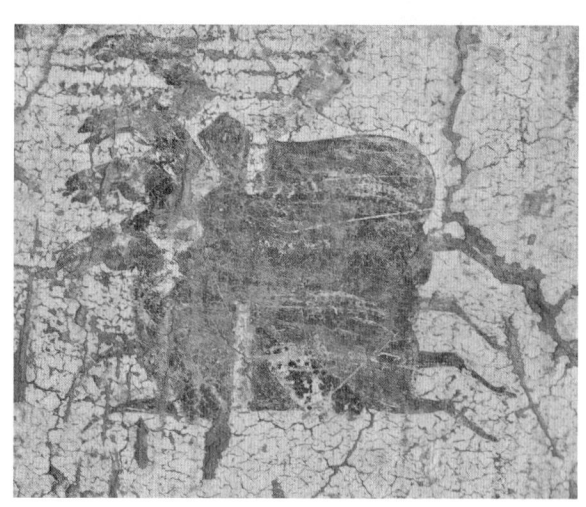

图30 咸阳宫驷马拉车壁画

---

① 秦都咸阳考古工作站:《秦都咸阳第二号宫殿建筑遗址发掘简报》,载《考古与文物》1986年第4期。

人物均上着长袍。建筑图有南、北2楼,均为2层,每楼南北两端各一角楼,北楼北端角楼共4层,人字形顶。全长32.4米的画廊,画面主题突出,并辅以松柏等植物及各种几何纹或其他图案衬托,构图新颖多变,设色浓淡相间,富有古朴的现实主义感。①

3号宫殿遗址也是战国晚期的,是秦都咸阳宫的一部分,但稍晚于1号遗址,是宫廷活动的场所。其遗址中出土的壁画,无疑在秦代绘画和建筑史上均具有重要意义,一则填补了秦代绘画的空白,二则证实了史书中关于秦汉时期建筑中有壁画的记载。在建筑史上,春秋战国时期主要建筑物上虽已有壁画出现,秦时期在宫室建筑中也广为普及,但均未出现实物,秦咸阳宫中壁画的发现,填补了宫室建筑史上的这一空白。后来在汉代长乐宫遗址上也发现了彩绘壁画。

实质上,咸阳宫是一组宫殿建筑群的统称,其中有许多宫殿台榭建筑,见于记载的有:斋宫,《史记·秦始皇本纪》云"子婴遂刺杀高于斋宫,三族高家以殉咸阳"②;曲台之宫,《汉书·邹阳传》云"臣闻秦倚曲台之宫,悬衡天下,画地而不犯,兵加胡越;至其晚节末路,张耳、陈胜连从兵之据,以叩函谷,咸阳遂危",应劭注曰"始皇帝所治处也,若汉家未央宫"③。

咸阳宫是秦都咸阳的主要宫殿,有许多重要的活动均在此举行。如公元前227年,秦王政见"燕使者咸阳宫",在此演出了一幕惊心动魄的"荆轲刺秦王"的活剧。即使到后来在渭河南岸修建了许多宫殿后,秦始皇仍然"听事,群臣受决事,悉于咸阳宫"④。这反映出咸阳宫在秦时的重要性。

秦都咸阳由一个庞大的建筑群组成,是秦的政治、经济、文化、军

---

① 咸阳市古董会、咸阳市博物馆、咸阳地区文管会:《秦都咸阳第三号宫殿建筑遗址发掘简报》,载《考古与文物》1980年第2期。
② 司马迁:《史记·秦始皇本纪》,中华书局1959年版,第275页。
③ 班固:《汉书·贾邹枚路传》,中华书局1962年版,第2338页。
④ 司马迁:《史记·秦始皇本纪》,中华书局1959年版,第257页。

事中心。咸阳城从战国时期延续到秦灭亡,特别是统一全国后,咸阳城的规模得到了很大的发展。

目前已探出的咸阳宫殿均建在高大的夯土台上,建筑都非常雄伟。主体殿堂采用"四阿重屋"的方式,室内外装修华丽,富贵典雅。都城中设备应有尽有,既有供帝王办公的朝宫及休息的寝宫、后妃居住的宫室等,又有帝王沐浴的澡堂,均设施精良。

咸阳城中的地下排水管道遍及城内外,管道网络设计周到、合理。考古工作者目前已发现地下排水管道29处,多数分布在宫殿区周围。根据地面上建筑排水量的多少采用不同大小的、数量不等的管道。如1号建筑基址周围分别安装有单管和双管并列两种管道,13号遗址则出现四管道并列的情况,充分反映出当时都城中用水量非常大。

在咸阳宫的周围发现了不少秦手工业作坊遗址,当时的手工业门类有冶铜、铸铁、陶器和骨器制作等,绝大部分分布在秦咸阳宫的西部和西南部。都城手工业主要包括冶铜、铸铁和宫廷建筑材料,多分布在宫城的西部,即今长陵车站一带。在这里发现了许多陶窑,附近有数以百计的水井和多处地下排水道,还发现了不少铜器、铁器窖藏,近几年考古工作者还发现了骨器作坊遗址。咸阳的制陶窑址有一定的分布规律。《秦都咸阳古窑址调查与试掘简报》中报道了90座陶窑及以后新发现的18座秦陶窑,都集中分布在东西向的北阪原坡上,即现在的西起黄家沟、东至柏家嘴的地段内。其中32座秦陶窑主要分布在黄家沟东至胡家沟、聂家沟之间,以胡家沟东侧最为密集。长陵车站、长兴村、滩毛村、店上村一带,是制陶窑址分布的另一个密集区,滩毛村南、渭河北岸的断崖上,暴露出2米左右厚的秦灰坑堆积。宫殿区西侧的陶窑,以烧制建筑材料的砖瓦、陶水管道为主。宫殿西南区的陶窑则以烧制碗、盆、罐等生活用品为主。①

---

① 秦都咸阳考古工作站:《秦都咸阳古窑址调查与试掘简报》,载《考古与文物》1986年第3期。

三、秦都咸阳的设计理念

都城的设计理念是当时意识形态的具体反映。秦都咸阳横跨战国时期秦国和秦代,这一时期是中国历史上的大变革时期,可谓百家争鸣、百花齐放。秦在商鞅变法后采用的是以法家为主的统治思想,这种思想反映在其都城的设计理念上,表现为对既有传统都城设计思想的继承,但更多的是变革,以体现对秦统治者的至高无上思想的崇尚。

前文已对咸阳都城的总体布局进行了论述,从其布局和结构可知,都城的设计体现了法家思想和"法天"思想。

法家思想主张实行中央集权制,国君至高无上,因此要树立最高统治者的权威。秦始皇统一天下后,实行中央集权制,认为自己"德兼三皇,功过五帝",不可一世,除实行一系列巩固中央集权制的措施外,在都城建设上也突出地表现出创新、尊严、博大等特点。

所谓"创新",就是既要不同于过去的王城,也要有别于诸侯割据的列国国都。在规划格调上,要求超越旧制、旧习的束缚,富于创新,以便把创新的精神推向更高层次的发展。所谓"尊严",即在规划气质上,要充分体现"履至尊而六合"的君主专制权威的尊严,反映出千古一帝的气势。所谓"博大",是要有广阔而坚实的基础,博大的胸怀和气质,足以表达空前大一统的声势。创新、尊严、博大三者并不是孤立存在的。就秦都咸阳规划的整体而言,这三者是相互作用、相辅相成的有机统一。

秦始皇制定壮丽、宏伟、威严、豪华的都城规划,远远超过西周时期丰、镐二京和战国时期六国都城的规划,象征其封建皇权的统治和对东方六国战争的胜利。秦都咸阳是在其他六国都城基础上的升华,以充分显示天下唯我独尊的气势和超越所有君王的魄力,以及作为专制皇帝的合理依据。《史记·秦始皇本纪》云:二世时,右丞相去疾等"请且止阿房宫作者",二世拒绝说:"且先帝起诸侯,兼天下,天下已定,外攘四夷以安边竟,作宫室以章得意,而君观先帝功业有绪"。①《汉书·高帝纪》也记载:"萧何治未央宫……上见其壮丽,甚怒,谓何曰:'天下匈匈,劳苦数岁,成败未可知,是何治宫室过度也!'何曰:'天下方未定,故可因以就宫室。且夫天子以四海为家,非令壮丽亡以重威,且亡令后世有以加也。'上说。"②秦作阿房宫"以章得意"与汉治未央宫"非壮丽亡以重威"是相同的目的,有异曲同工之妙。阿房宫的营建,与秦始皇欲传之万世为君的皇权思想一致,借秦皇宫而达到威慑天下的目的。巩固皇权是古代社会都城营造理念的核心。

在强调中央集权制的同时,秦都城的建设规划也体现出"法天"的思想,为了能说明这方面的问题,不妨把史书记载关于咸阳都城与天极关系的文献抄录于后:"二十七年……焉作信宫渭南,已更命信宫为极庙,象天极。"③"三十五年……为复道,自阿房渡渭属之咸阳,以象天极,阁道绝汉抵营室也。"④"始皇穷极奢侈,筑咸阳宫。因北陵营殿,端门四达,以则紫宫,象帝居。渭水贯都,以象天汉;横桥南渡,以法牵牛。"⑤把咸阳都城和天极观念结合起来营建,是为了显示皇权至上和君权神授的思想,从其整个实施过程可看出具有上下对应关系。所谓对应关系,是指都城建筑物平面各点与天空中星象平面各点具有垂直的投影关系。秦人在其都城的设计中,把冬至前后傍晚位于咸阳天顶的银河和仙后星座傍围的主要星宿与渭河横桥附近的主要宫苑的位置,安排在一条垂直线上,使天象与地面互相对应。

以渭河代表天汉,天汉即天上的银河,冬季每夜横亘天空,各个星宿分布于银河中及其两岸,璀璨夺目;地面上渭河东西横穿咸阳,两岸宫殿林立,与天上的星群一样,坐落于银河的两岸。以咸阳宫代表紫宫,

---

① 司马迁:《史记·秦始皇本纪》,中华书局1959年版,第271页。
② 班固:《汉书·高帝纪》,中华书局1962年版,第64页。
③ 司马迁:《史记·秦始皇本纪》,中华书局1959年版,第241页。
④ 司马迁:《史记·秦始皇本纪》,中华书局1959年版,第256页。
⑤ 何清谷:《三辅黄图校释》,中华书局2005年版,第22页。

紫宫即紫微宫，是天帝所居的宫室，即咸阳宫的设计仿效天上的紫微宫。咸阳宫，"因北陵营殿，端门四达，以则紫宫"。古代的星象学，把天上的星象分为五大星区，称为五宫，即东宫、西宫、南宫、北宫、中宫。中宫在天空星宿的分布中属于居中位置。既然中宫星区是天上星宿的中心，当然也是主宰万物的天帝的居所，所以又称紫宫。而处于紫宫即中宫星区最中心位置的便是天极星，即北极星，显然北极星是位置最尊贵的星。《论语·为政》云："为政以德，譬如北辰（北极星——笔者注），居其所，而众星拱之。"① 北极星是太一常居处，太一即泰一，是天帝的别名。天帝居北极星，是"天之枢也"。人间的皇帝是天子，即天帝的儿子。皇帝在人间的居所皇宫当然要和天帝的居所紫宫相应，于是历代帝王不惜一切财力、物力，大修其人间的紫宫即皇宫。从秦始皇的紫宫到明清时的紫禁城反映的都是这种思想。

以横桥代表天上的阁道。横桥是秦为了连接咸阳都城渭河两边宫殿而修建的桥梁，便于渭河南北之间的联系。而都城设计者的主导思想则是"横桥南渡，以法牵牛"，即法织女要与牛郎通过鹊桥相会。以阿房宫代表营室，"自阿房渡渭，属之咸阳，以象天极阁道绝汉抵营室也"②。《三辅黄图》也云："二十七年作信宫渭南，已而更命信宫为极庙，象天极。"③ 天极即北极，是天帝所居星宿。横过天河的六星为阁道，通过天河的一星叫营室，其意为阿房宫像天帝所居的营室，天帝从天极出来，经过阁道，横渡天河而达于营室、紫宫，皇帝如天帝降临人间来统领万民，从而为其长久统治制造舆论。实际上秦始皇是把自己这个人间皇帝比为天帝。

秦都咸阳的建筑布局，以渭河为纬向轴线，以咸阳宫为经向轴线，

---

① 《论语·为政》，见许嘉璐主编：《文白对照十三经》（下），陕西人民教育出版社1995年版，第4页。
② 司马迁：《史记·秦始皇本纪》，中华书局1959年版，第256页。
③ 何清谷：《三辅黄图校释》，中华书局2005年版，第21页。

以两线交点横桥为中心向四周散布，形成了以咸阳宫和阿房宫为中心的都城区及向外扩展的京畿地区（即内史），形成"北至九嵕、甘泉，南至鄠、杜，东至河，西到汧、渭之交，东西八百里，南北四百里，离宫别馆，相望联属。木衣绨绣，土被朱紫，宫人不移，乐不改悬，穷年忘归，犹不能遍"①的大都城区。咸阳都城横跨渭河南北两岸，以地势高亢之渭河南北区为主体，呈俯瞰全城之势。这种地理条件，确有利于运用天体规划观念以展新姿，从而显示帝都之尊。

从前文有关"天极"的叙述中可以看出，秦始皇的都城设计团队用心良苦。可惜最后选定的"天极"——阿房宫因秦的快速灭亡尚未完成，其建造意图未竟全功，所以不得不以咸阳宫权充作现实的"天极"，因而形成了上面所说的以渭北为主体规划的格局。显然，这种格局不过是权宜之策，并非秦始皇改造咸阳的最终方案。

以广阔京畿为规划基础，又与天体观念巧妙结合，这是秦咸阳规划理念上的又一新发展。秦又修建了甬道、复道、阁道等建筑形式，将咸阳城周围二百里内大批宫观联成一个有机整体，模拟天体星象，环卫在咸阳宫外围，更加显示"天极"——咸阳宫的广阔基础，也突出了它的尊严。如果再结合以咸阳宫为中心的全国水陆交通网络来观察，更令人感到这套规划结构的磅礴气势和君临天下的宏伟壮观，这是秦始皇好大喜功性格的具体体现。

尽管咸阳周围有优越的自然环境，但为了确保都城的安全，秦仍然在险要和重要的地方修建了不少的关隘。秦的东大门为函谷关，函谷关的故址在今河南西灵宝市旧城西南。之所以名为函谷：一是这里山路狭窄，路旁为陡峭的高崖，崖上到处都是松柏树林，遮盖着道路，行路的人在狭谷中看不见天日；二是"路在谷中，深险如函，故以为名"②。最早称函谷关是在公元前318年，此年"苏秦约从山东六国共攻秦，楚

---

① 何清谷：《三辅黄图校释》，中华书局2005年版，第25页。
② 李吉甫撰，贺次君点校：《元和郡县图志》，中华书局1983年版，第158页。

怀王为从长。至函谷关，秦出兵击六国"①。函谷关是秦通往东方最方便、最近的通道，战略地位非常重要。秦若能控制函谷关，进可以出兵关东，退可以守住关中东大门。"秦孝公据崤函之固，拥雍州之地，君臣固守而窥周室，有席卷天下，包举宇内，囊括四海之意，并吞八荒之心。"②事实正是如此，函谷关在秦东扩过程中确实发挥了很大作用，到战国后期，随着秦国力日益强大，统一成为不可抗拒之势，指日可待。于是东方六国便联合起来对付秦国，秦凭借函谷关的有利地势，进可攻，退可守，多次挫败东方各国的合纵攻秦。

武关是通向东南的重要通道，由于位于函谷关以南，因而是其南侧翼关。秦始皇东巡曾三次经行此道，秦末的刘邦也是由此路先项羽入关。秦只要能守住此关，就可以在对楚国发动进攻中掌握主动，秦之所以能战胜强大的楚国，与此关有一定的关系。

大散关自古以来就是秦蜀咽喉，是秦与巴蜀、汉中交通的要冲。《读史方舆纪要》载大散关"扼南北之交，北不得此无以启梁、益，南不得此无以图关中"。大散关东临绝涧，北倚高峰，居于南北道路的最高处，对南北两侧均据建瓴之势。通过大散关的孔道，历史上称为陈仓道。守住此关，秦在对东方的战争中就无后顾之忧，从而可以保证统一战争的顺利进行。

秦在西北方向有萧关，位于今宁夏固原东南。六盘山山脉横亘于关中西北，为其西北屏障。自陇上和北方进入关中的通道主要是渭河、泾河等河流穿切成的河谷低地。渭河方向山势较险峻，而泾河方向相对较为平易。萧关即在六盘山山口依险而立，扼守自泾河方向进入关中的通道。萧关是关中西北方向的重要关口，屏护关中西北的安全。战国和秦统一后的西北方主要威胁是义渠和匈奴。

作为都城，必须有完善的交通，才能有高的办事效率，才能实现有

---

① 司马迁：《史记·楚世家》，中华书局1959年版，第1722页。
② 司马迁：《史记·秦始皇本纪》，中华书局1959年版，第278页。

效的统治，这一点对于刚刚平灭六国、实现统一的秦帝国显得尤为重要。秦定都咸阳后，为了加强统治，修建了不少的道路，特别是在统一天下以后，更是大规模修建了通往全国的道路，使得咸阳通达各地的交通非常方便。下面分为都城内外两部分来叙述。

咸阳宫是建都咸阳后在咸阳原上修建比较早的宫殿建筑群，"因北陵营殿，端门四达"。后来随着秦国力的不断加强，以及都城发展的需要，秦便将都城向渭河以南发展和迁徙，在渭河以南修建了众多的宫殿及宗庙。到秦始皇时，明确提出在渭河南面修建朝宫，都城明显向渭河南面扩展迁徙。《史记·秦始皇本纪》云：始皇三十五年，"以为咸阳人多，先王之宫廷小，吾闻周文都丰，武王都镐，丰镐之间，帝王之都也。乃营作朝宫渭南上林苑中"①。又修建了兴乐宫，形成了"渭水贯都，以像天汉"的布局。既然秦已把都城向渭河以南发展，故营建一个大桥贯通渭河南北非常必要，横桥便应运而生。横桥的规模据《三辅黄图》云："桥广六丈，南北三百八十步，六十八间，八百五十柱，二百一十二梁。"②近几年考古工作者在汉长安城以北的渭河故道上发现了5座秦汉时期的桥梁遗址，规模庞大，是联系渭河南北的通道，充分显示出当时渭河南北交通的发达。

除此而外，秦还在关中的离宫别馆之间修建了复道、阁道、甬道，以便秦始皇在各个离宫之间穿错行走而不被人发现，这是秦始皇为了成为"真人"、实现其长生不老的目的而采取的措施之一。秦始皇二十七年筑驰道的同时，又在秦始皇陵墓和几座大宫殿之间"筑甬道，自咸阳属之"。甬道是两侧筑墙的通道。《史记正义》引应劭的解释："谓于驰道外筑墙，天子于中行，外人不见。"《史记集解》引应劭云："筑垣墙入街巷。"③此后甬道愈筑愈长，关中凡通宫殿的驰道，道中都筑

---

① 司马迁：《史记·秦始皇本纪》，中华书局1959年版，第256页。
② 何清谷：《三辅黄图校释》，中华书局2005年版，第24页。
③ 司马迁：《史记·秦始皇本纪》，中华书局1959年版，第242页。

有夹墙作为甬道，专供皇帝乘金根车通行，"乃令咸阳之旁二百里内宫观二百七十复道甬道相连，帷帐钟鼓美人充之，各案署不移徙。行所幸，有言其处者，罪死"①。

复道也筑得不少，秦始皇二十六年在营建仿六国宫殿时，"自雍门以东至泾、渭，殿屋复道周阁相属"②。三十五年建阿房宫时，又"为复道，自阿房渡渭，属之咸阳"③。裴骃《解集》引如淳的解释："上下有道，故谓之复道。"复道即在宫殿楼阁之间有上下两重道路，上面是用木料架设的空中通道，似现在之天桥。从秦渭北宫殿殿址之间尚存带状夯土连接的迹象看，下面是夯筑，上面是木构，复道的木构部分就建筑在夯土之上，通过复道可以直接到达宫殿的高层。

秦始皇时，筑了两条阁道，一条是阿房宫前殿"周驰为阁道，自殿下直抵南山"④，另一条是从阿房宫"阁道通骊山八十余里"⑤。这里的骊山指的是丽山，即秦始皇陵，这一条阁道是甬道改过来的，把朝宫（即阿房宫）和秦始皇陵园连接起来。

秦建都咸阳后，修建了围绕咸阳的通往全国各地的交通道路网。春秋战国时期，诸侯割据，"车途异轨"，诸侯国之间修建城防巨堑，关塞亭障，严重阻碍政治的统一和经济文化的交流。秦始皇为了巩固统一全国的成果，修建了由咸阳通往全国各地的道路系统，四通八达，不仅修建了驰道，而且还修了直道。

秦始皇统一六国后，首先修建驰道，从公元前220年开始一直持续到秦灭亡。驰道就是驰骋车马的宽广的道路，相当于今天的国道。路中

---

① 司马迁：《史记·秦始皇本纪》，中华书局1959年版，第257页。
② 司马迁：《史记·秦始皇本纪》，中华书局1959年版，第239页。
③ 司马迁：《史记·秦始皇本纪》，中华书局1959年版，第256页。
④ 司马迁：《史记·秦始皇本纪》，中华书局1959年版，第256页。
⑤ 何清谷：《三辅黄图校释》，中华书局2005年版，第49页。

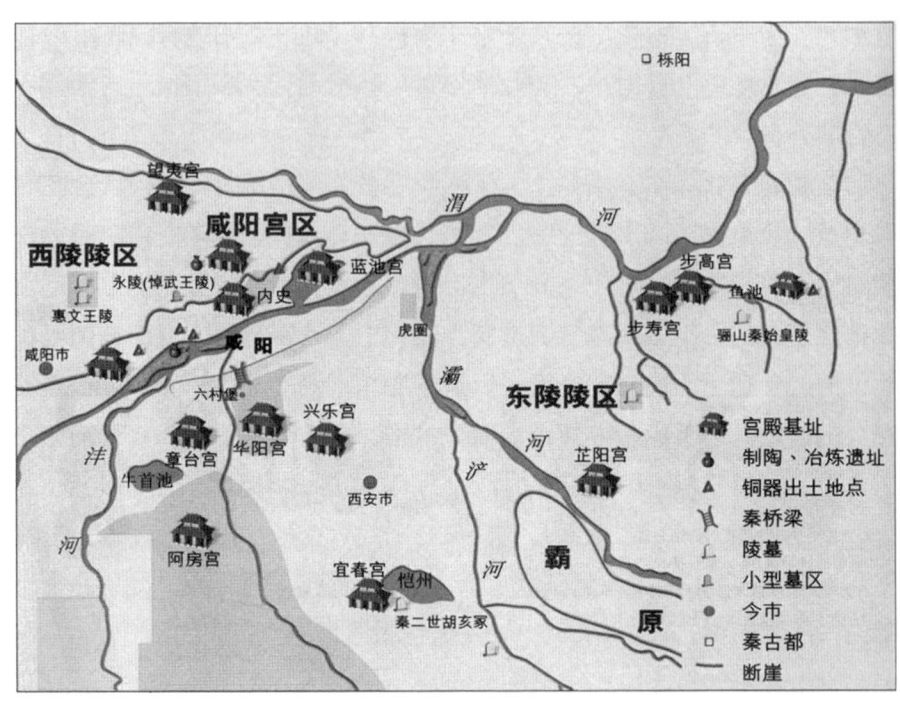

图 31　秦都咸阳周围的宫殿

央供始皇通行,列树标明,两旁的道路任人行走。据《汉书·贾山传》云:"秦为驰道于天下,东穷燕、齐,南极吴、楚,江湖之上,滨海之观毕至。道广五十步,三丈而树,厚筑其外,隐以金椎,树以青松。"[1] 这充分反映出驰道的雄伟和宽阔气势。

这些驰道都是以都城咸阳为出发点,伸向四面八方,是我国古代伟大工程之一。它对于全国政令的通达,抵御周边落后部族对内地先进地区的侵扰,加强各地文化的交流,促进统一的多民族国家的发展,有非常重要的意义。秦始皇沿驰道五次出巡,就是要从政治上慑服原东方六国的统治者和贵族。

当时从秦都咸阳通往全国各地的驰道如下。

---

[1] 班固:《汉书·贾山传》,中华书局1962年版,第2328页。

其一，从咸阳沿着渭河以南东行，出函谷关到关东。这条道路历史悠久，春秋战国时往来更加频繁。其在关中的大体路线为咸阳、灞上、豁口、斜口、零口、潼关、函谷关等。这条道路就是前面说到的"东穷燕齐，南极吴楚"，它在诸侯争霸和秦始皇统一六国的战争中起着重要作用。汉以后与东方和东南的联系基本上使用这条道路。这条道路被称为崤函古道。

其二，由咸阳向西行。这条道路叫回中道，因中途建有回中宫得名。其回程部分从陇山道返关中。这条驰道当是从首都咸阳出发，沿泾水，过今淳化县向北到甘肃省的宁县、合水、庆阳，然后向西南方向折至今渭源、陇西、天水，再东北通过陇山，沿洮河经今陇县、千阳、凤翔向东至首都咸阳。秦始皇第一次出巡就是沿着这条路行进的。他是要告慰他的祖先，他已经实现了秦人的夙愿，统一了天下，因为秦人是从这里发迹的。所经地区。

其三，从长安向东南，经蓝田、商洛，出武关，到湖北、湖南、浙江等地。因途经蓝谷关和武关，所以称作蓝武道或武关道。这条经丹江和汉江流域的交通道路在对楚国的战争中发挥了重要作用，被称为商於古道。

其四，由咸阳向东北，经栎阳、临晋（今大荔），渡黄河，到太原。秦晋间的交通，在周秦时期并不在河南的崤函附近，而是在渭河以北及涑水流域。这可从秦晋或秦魏两国间发生战争所涉及的地区得到证明。这条道路在秦与晋、秦与魏的争夺中发挥了重要的作用。

其五，由咸阳到西南，通过子午道、褒斜道、陈仓道等到达汉中、巴蜀。秦在通向南及西南的交通要道口上均设有县，如杜县、鄠屋（今周至县）、鄠县（今鄠邑区）、郿县（今眉县）、陈仓县等，这反映出交通的重要性。史念海先生在《汉中历史地理》一文中认为，秦国在秦岭上修筑的栈道至少有两条。刘邦破秦之后，受项羽封号，称汉王，王南郑各地，汉王至国，是由杜县南行。杜县在现在的长安区。这分明是后来所称的褒斜道。后来由南郑北归，却是别由故道。故道是秦汉时的县名，故址在今凤县附近。县名以故道相称，分明是取之旧道。由这条路北行，就到了秦岭之北的陈仓。①

除驰道而外，还有直道。《史记·秦始皇本纪》载：秦始皇三十五年，"除道，道九原，抵云阳，堑山堙谷，直通之"②。《史记·蒙恬列传》也云："始皇欲游天下，道九原，直抵甘泉，乃使蒙恬通道，自九原抵甘泉，堑山堙谷，千八百里。"③司马迁随汉武帝北巡时路经秦直道，他说："吾适北边，自直道归，行见蒙恬所为秦筑长城亭障，堑山堙谷，通直道，固轻百姓力矣！"④从这些记载中可以看出，直道之兴建是始皇帝下令的，而监修这条路的是镇守长城沿线的将军蒙恬。另外这条路是由云阳林光宫直抵北部边境城镇九原的一条军事性质的道路，因此需修建成一条便近的道路，以直为至上要求，这样才能缩短行程，节省时间，所以需要"堑山堙谷"，不能寻河流绕道或者盘山而行。

关于秦直道，学人多有研究和考察，恩师史念海先生对直道遗迹的一些现状和途经路线有很深入的研究，认为秦直道起由秦林光宫，沿子午岭主脉北行，经旬邑县石关、黄陵县艾蒿店、陕甘两省交界处的五里墩，至黄陵县兴隆关（沮源关）后，沿子午岭主脉西侧的甘肃省华池县东，至铁角城、张家崾岘，又直北经陕西省定边县东南，复折东北方向达内蒙古乌审旗红庆河、东胜县西、昭君坟东，至内蒙古包头市西，即秦九原郡治所九原县。这个结论是有史以来第一次给秦直道画的一个比较详尽的线路图。⑤

直道南北长约700公里，南起秦林光宫。其遗址在今淳化县的梁武帝村，它既是行宫别墅，供皇帝避暑时用，又可以说是北方防

---

① 史念海：《史念海全集》（第五卷），人民出版社2013年版，第238页。
② 司马迁：《史记·秦始皇本纪》，中华书局1959年版，第256页。
③ 司马迁：《史记·蒙恬列传》，中华书局1959年版，第2566页。
④ 司马迁：《史记·蒙恬列传》，中华书局1959年版，第2570页。
⑤ 史念海：《秦始皇直道遗迹的探索》，载《文物》1975年第10期。

图32　富县秦直道遗址

御匈奴的指挥部,由这里急行军,快马加鞭,三天三夜即可直至阴山脚下,抗击匈奴南犯。皇帝可由此线北巡边疆,来回便捷、省时。根据现在勘察情况,直道在修建时充分利用了各种有利地形,以尽可能取直。还有一些人认为秦直道并非像史念海先生说的,而是经过陕北富县、甘泉等地后,再向北经过鄂尔多斯地区,到达内蒙古包头麻池古城。

咸阳的对外交通在秦发展过程中起到很重要的作用。秦统一六国后,面临六国旧贵族势力的反抗和匈奴的侵扰两个问题,兴修驰道乃是巩固国家政权的一项重要措施。驰道经过六国的一些旧都就是为了能够及时地运兵镇压旧势力的反抗。楚国先后都于郢和寿春,从咸阳出武关的驰道可以通达郢,寿春又是彭城至衡山的驰道经过的地方。太行山东麓的驰道可以到达赵都邯郸和燕都蓟。秦始皇利用驰道巡视过许多地方,统一六国之前有三次到关东去,一次至洛阳,一次到邯郸,一次到陈(今河南淮阳)。统一六国后,五次出巡,第一次先到陇西、北地，后又到关东四次。由此可见，道路对巩固政权、保卫国都的作用非常明显。

除了以上所讲的陆路交通以外，秦时还利用关中多水的有利条件，使用水上运输，特别是利用渭河的有利条件，将东方的大量物资运至咸阳，以满足都城所需。

在咸阳都城的渭河以北，还有冀阙、仿六国宫室、兰池宫、望夷宫等宫殿。

第三章　秦封泥与秦宫殿

秦封泥中有关宫殿的资料比较多。"秦玺印、封泥中附带宫殿名称的有20余种、60余枚。文献记载的秦北宫、南宫、西宫、中宫都可以在秦玺印封泥中找到。另据西安市长安区神禾原秦大墓出土陶文'朝东宫'。可知，至少形式上的东、西、南、北宫在秦出土文献中已经全部出现。"①

秦宫殿是秦人的重要建筑之一，秦人喜好"高台榭，美宫室"。因此随着秦国力的不断增强，其离宫别馆也在不断增加。特别是秦始皇统一六国之后，秦人的好大喜功风俗使得秦的宫殿不但规模大，而且数量多，据记载，当时"关中计宫三百，关外四百余"②。秦始皇二十七年"焉作信宫渭南，已更命信宫为极庙，象天极。自极庙道通郦山，作甘泉前殿。筑甬道，自咸阳属之"③。"咸阳之旁二百里内，宫观二百七十复道甬道相连，帷帐钟鼓美人充之，各案署不移徙。"④秦始皇还欲建造历史上著名的朝宫——阿房宫。《史记·秦始皇本纪》载始皇三十五年（前212）"以为咸阳人多，先王之宫庭小，吾闻周文王都丰，武王都镐，

---

① 王伟：《秦玺印封泥所见宫殿及其分布》，载《西安财经学院学报》2011年第2期。
② 司马迁：《史记·秦始皇本纪》，中华书局1959年版，第256页。
③ 司马迁：《史记·秦始皇本纪》，中华书局1959年版，第241页。
④ 司马迁：《史记·秦始皇本纪》，中华书局1959年版，第257页。

丰镐之间，帝王之都也。乃营作朝宫渭南上林苑中。先作前殿阿房，东西五百步，南北五十丈，上可以坐万人，下可以建五丈旗。周驰为阁道，自殿下直抵南山。表南山之颠以为阙。为复道，自阿房渡渭，属之咸阳，以象天极阁道绝汉抵营室也。阿房宫未成；成，欲更择令名名之。作宫阿房，故天下谓之阿房宫"①。据《三辅黄图》记载："阿房宫，亦曰阿城。惠文王造，宫未成而亡。始皇广其宫，规恢三百余里。离宫别馆，弥山跨谷，辇道相属，阁道通骊山八十余里。表南山之颠以为阙，络樊川以为池。作阿房前殿，东西五十步，南北五十丈，上可坐万人，下建五丈旗。以木兰为梁，以磁石为门，怀刃者止之。周驰为复道，度渭属之咸阳，以象太极阁道抵营室也。阿房宫未成，成欲更择令名名之。作宫阿基旁，故天下谓之阿房宫。"②

从"以磁石为门，怀刃者止之"的记述可以看出，当时宫殿保卫的重要性和严密性，同时也反映出当时冶炼技术相当发达。另一方面，秦始皇先后平灭了六国，建立了统一的秦帝国，他知道统一只是军事上的统一，并非心理上、文化上和思想上的统一，而且六国贵族被剥夺了各种特权，积怨甚多，有许多人企图想要暗算他，因此为防备刺客，阿房宫大殿北门用巨大的磁铁做成，如果有穿铁甲或暗藏兵器潜至殿门的话，就会被磁铁大门牢牢吸住，不得动弹。

但是非常可惜，这些宏伟建筑先遭项羽三个多月的大火延烧，继经两千余年的风雨剥蚀、人为破坏，不仅地面建筑荡然无存，而且大多连位置也不能确指。历代学者对秦宫室遗址的寻觅做过不少工作，近年的考古调查又有许多收获。特别是众多秦封泥中也反映了大量秦宫殿的信息，为进一步研究秦宫殿创造了良好的条件。

---

① 司马迁：《史记·秦始皇本纪》，中华书局 1959 年版，第 256 页。
② 何清谷：《三辅黄图校释》，中华书局 2005 年版，第 49—52 页。

第一节　秦封泥与都城中的宫殿

王辉先生在《秦印探述》中指出信宫车府、北宫宦□与都城宫殿有关，还有居室、居室丞印、居室寺从等封泥。从目前的封泥发现来看，有关秦宫室的封泥众多，可以看出当时秦的宫殿遍布全国各地，考古发掘资料也可以佐证秦封泥的发现。

1. 北宫

新发现的秦封泥中，北宫屡见。北宫类封泥主要有北宫、北宫榦丞、北宫工丞、北宫弋丞、北宫私丞、北宫宦丞、北宫干官、北宫工室、北宫库丞、北宫御丞等，充分说明北宫职官机构庞大，是一处规模宏大的宫室建筑群。2017年考古工作者在咸阳宫1号建筑遗址以西发现的秦府库遗址中也发现了"北宫乐府"的石刻文字。

秦文字材料亦有证可寻。礼泉出土的秦两诏铜椭量上有铭文"北私府"，即北宫私府之省称。私府本詹事属宫。以宫命官，是秦人的习惯，北宫私府是专属于北宫的私府分支机构，专为居于北宫的皇后服务。另一件器物就是20世纪70年代发现于咸阳长陵东站南沙坑中的铜铺首，上刻"北库"二字，同时出土的有"太后"车軎、错金银铜戈镦，华丽精美，属于皇室无疑。《魏晋南北朝官印征存》有秦印"北私库印"，罗福颐以为"此或为皇后所属北宫库官印"。因而，"北库"之"北"极有可能也是北宫之省称。北宫的府库在渭北，北宫也就不可能跑到渭河以南去。

只有咸阳宫可与秦封泥中的北宫性质和地位相称。因此，笔者认为北宫即咸阳宫建筑群的代称。北宫在渭河以北，规模宏大。随着秦都咸阳向渭河以南扩展，从方位上与南宫进行区别。

2. 北宫工丞

当为北宫工室之丞，是北宫工室丞之省称，管理北宫的手工业。

图33　北宫工丞封泥

3. 北宫弋丞

《汉书·百官公卿表》云："少府，秦官。掌山海池泽之税……有六丞。属官有……左弋、居室。"此为北宫主管射猎之官吏。"弋"为佐弋或左弋之省文，秦封泥有佐弋丞印，《史记·秦始皇本纪》记载有"佐弋竭"。佐弋系佐助弋射，为少府属官。弋射是当时王室重要的娱乐活动，因此佐弋的作用就非常明显。

图34　北宫弋丞封泥

4. 北宫斡丞

此为北宫主管宫室修筑的佐吏。

图 35　北宫斡丞封泥

5. 北宫宦丞

宦者，即宦官也，在中国有悠久的历史，是中国古代社会的特色，是专制帝王的附属品。宦，原是星座名，因在帝星之侧，故用以称呼皇帝周围的亲幸。宦官两周时代已有。《周礼》中有"阍人"，《诗经·秦风》中有"未见君子，寺人之令"。春秋时有齐寺人貂、晋寺人披。杜预注："寺人，内阉官。"但从西周到秦和西汉王朝的长时期内，宦官只是作为内廷侍官的身份在皇宫供职，没有形成为政治集团。宦官作为一个特殊的政治集团，形成于东汉时期，而且对社会产生了极大的副作用。《汉书·齐悼惠王刘肥传》云："齐有宦者徐甲，入事汉皇太后。"颜师古注："宦者，奄人。"① 战国时期各国皆有宦官，赵有宦者令缪贤，秦有景监、赵高等。又《史记·李斯列传》记始皇帝驾崩沙丘后，"书及玺皆在赵高所，独子胡亥、丞相李斯、赵高及幸宦者五六人知始皇崩，余群臣皆莫知也。李斯以为上在外崩，无真太子，故秘之。置始皇居辒

---

① 班固：《汉书·高五王传》，中华书局1962年版，第1999—2000页。

辒车中，百官奏事上食如故，宦者辄从辒辌车中可诸奏事"①。秦之宦者不但人多，而且亲幸者可以参与机密大事商议。秦宦者令为少府属官。《汉书·百官公卿表》云：少府属官中有"宦者八官令丞"②。汉景帝阳陵出土了宦官陶俑，与文献资料相互补充。

图36　北宫宦丞封泥

6. 北宫私丞

此为北宫私官丞之省文，乃北宫私官佐官——北宫私官丞之官印。《汉书·百官公卿表》云："詹事，秦官，掌皇后、太子家，有丞……属官有……私府……食官令长丞。"③秦时有私官，1956年临潼县斜口乡地窑村出土鼎有铭文"私官"二字。又咸阳塔儿坡出土昭王三十六年（前271）鼎盖铭"私官"二字。

王辉先生认为，私官还见于三晋、中山及汉代铜器。《汉旧仪》云："太官尚食用黄金扣器，中官、私官尚食用白银扣器，如祠庙器云。"《战国铜器铭文中的食官》据此谓"私官应是皇后食官"④。值得注意的是，邵宫私官铭有"私工工感"。此"私"字为私官之省。由此文例看印文"私"

---

① 司马迁：《史记·李斯列传》，中华书局1959年版，第2548页。
② 班固：《汉书·百官公卿表》，中华书局1959年版，第731页。
③ 班固：《汉书·百官公卿表》，中华书局1959年版，第734页。
④ 朱德熙、裘锡圭：《战国铜器铭文中的食官》，载《文物》1973年第12期。

字也有可能为私官之省。长安区发现的战国时期神禾原秦大墓中也出土了不少的"私官"铭文，有陶文"私官"近10组，说明该机构与墓主有密切关系。私官本就是为王后、皇后、太后或其他后妃服务的部门，据此认为该墓主就是这些私官所服务的人。北宫的居住者，很可能是后、妃一类人物。① 因而考古工作者推测长安神禾原战国秦陵应为秦始皇的祖母夏太后的墓葬。

图 37 北宫私丞封泥

秦封泥有私府丞印、私官丞印。私丞为私府丞或私官丞之省文。宫置"私丞"。秦封泥中还有长信私丞。北宫私丞当为北宫私府丞或北宫私官丞之省文。《封泥拓本》中辑录有北宫私丞封泥。当时的咸阳宫是一个宫殿建筑群，包括众多的宫殿。因此秦封泥中有北宫弋丞、北宫榦丞、北宫私丞、北宫宦丞等。前者左弋、榦官为少府之属官，后者私官、宦者可能为后宫之属官。北宫是渭河以北咸阳宫的代称，是与南宫对应的方位称呼，在时人的书面语中仍称咸阳宫。《史记·秦始皇本纪》："始皇置酒咸阳宫，博士七十人前为寿……听事，群臣受决事，

---

① 丁岩：《神禾原战国秦陵园主人试探》，载《考古与文物》2009年第4期。

悉于咸阳宫。"①《史记·刺客列传》:"见燕使者咸阳宫"②。

图38　私府丞印封泥　　　　图39　私官丞印封泥

7. 南宫郎丞

南宫与北宫相对应,是指秦渭河以南的宫殿。但从相关资料来看有时是泛指,有时是特指。出土的南宫封泥有南宫尚浴、南宫郎丞、南宫郎中等。

南宫郎丞当是秦国君、皇帝居住过的南宫的宿卫官。《汉书·百官公卿表》云:"郎中令,秦官,掌宫殿掖门户,有丞。……属官有大夫、郎、谒者,皆秦官。"③《史记·吕不韦列传》也云:"齐人茅焦说秦王,秦王乃迎太后于雍,归复咸阳。"《集解》引徐广曰"入南宫"④。秦印有南宫尚浴。《临淄封泥文字》和《续建德周氏藏封泥拓影》均辑有南宫丞印封泥。《史记·高祖本纪》:"置酒洛阳南宫"《史记正义》引《舆地志》云,"秦时已有南、北宫"。⑤这应该是吕不韦被封到洛阳时建设的宫殿,东汉洛阳城中也有南北宫。西安北郊相家

---

① 司马迁:《史记·秦始皇本纪》,中华书局1959年版,第254页。
② 司马迁:《史记·刺客列传》,中华书局1959年版,第2535页。
③ 班固:《汉书·百官公卿表》,中华书局1959年版,第727页。
④ 司马迁:《史记·吕不韦列传》,中华书局1959年版,第2512—2513页。
⑤ 司马迁:《史记·高祖本纪》,中华书局1959年版,第380—381页。

巷遗址出土以及流散秦封泥中，有"南宫"文字的封泥数量比较多。

图40　南宫郎丞封泥

8. 南宫尚浴

秦有南宫尚浴铜印，藏北京故宫博物院。印面2.2厘米×2.3厘米，通高1.7厘米。方形，瓦纽。印面有阴线十字界格及边栏。印文为秦篆字体，白文。此为秦王朝官印。南宫尚浴是南宫中主管浴室的官员，秦都栎阳、咸阳均发现了宫殿中的浴室。

图41　南宫尚浴封泥　　图42　尚浴府印封泥　　图43　尚浴封泥

9. 南宫郎中

郎中是官名，即帝王侍从官的通称。其职责为护卫、随从，随时建议，备顾问及差遣。战国时期已有这一官职，就是君主身边的服务员。

这里的南宫特指秦的甘泉宫，南宫的具体位置缺乏具体记载，但是作为南宫的秦甘泉宫地望,秦汉之后的文献有所记载。

图44 南宫郎中封泥

关于秦南宫的具体地望长期以来有争论,目前学术界对秦甘泉宫的所在地有四种意见:其一在渭河以南,即现在的汉长安城遗址内;其二在淳化县甘泉山;其三在今乾县的注泔乡南孔头村;其四在今鄠邑区。笔者赞成第一种意见,即认为秦甘泉宫位于渭河以南与秦咸阳宫遗址南北相对的汉长安城内西北,具体位置就在汉长安城桂宫遗址一带。

认为秦甘泉宫在淳化县者,犯了一个致命的错误,是误把汉甘泉宫作为秦甘泉宫,因而提出在淳化县西北的甘泉山上。甘泉山上秦时虽有离宫,但名为林光宫,是秦二世修建的。《三辅黄图》云:"林光宫,胡亥所造,纵广各五里,在云阳县界。"[1] 姚生民先生认为,应建于秦始皇时期。[2] 尽管有不同看法,但林光宫修于秦时是没有问题的。云阳县,秦置,西汉因之,治所在今陕西淳化县西北。秦林光宫位于今淳化县西北约25公里的甘泉山,宫在甘泉山南坡。据考古调查,在淳化县梁武帝村、董家村、坡前头村一带,有宫城城墙夯土残迹,实测总周长5668米,当是秦林光宫、汉甘泉宫的宫城。在董家村附近出土的蟾蜍玉兔纹

---

[1] 何清谷:《三辅黄图校释》,中华书局2005年版,第62页。
[2] 姚生民:《云阳宫林光宫甘泉宫》,载《文博》2002年第4期。

瓦当和龟、蛇、雁纹瓦当，是典型的秦代动物纹瓦当，应是秦的林光宫建筑用瓦。林光宫建筑秦末幸免于火，汉沿用之，并在其旁建甘泉宫，建成庞大的甘泉苑，作为皇帝的避暑之地。名为甘泉宫、甘泉苑，就是其建在甘泉山的缘故。

至于《史记·范雎列传》上讲的"北有甘泉、谷口，南带泾、渭"，其中甘泉指甘泉山，并不是甘泉宫，因为甘泉山是秦时北边的要塞之地，"夫雎指甘泉谷为秦北面之塞，即云阳县甘泉山也"①。认为秦甘泉宫在鄠县的是南宋程大昌，他在《雍录》中指出："古以甘泉名宫者三，秦之甘泉在渭南，一也。汉之甘泉在云阳磨石岭上，二也。隋之甘泉在鄠县，三也。"又云："甘泉前殿必近上林即鄠县也，则秦之甘泉与隋之甘泉正同一地，安知隋宫不袭秦旧耶。"② 程大昌时，秦甘泉宫的所在位置已看不到了，猜测隋的甘泉宫是在秦的甘泉宫基础上建造的，这是缺乏根据的乱猜，与《史记·秦始皇本纪》中"乃迎太后于雍而入咸阳"相距甚远。

1984年咸阳市文物工作者在对全市文物进行普查时，在乾县注汃乡南孔头村发现一大型秦建筑遗址，东西长250米，南北长400米，总面积为10万平方米。遗址南部有两座东西相对的建筑基址，浅埋于耕土层之下。当地群众1988年挖坑栽树，在一个树坑内就挖出秦代瓦片及瓦当百余件，由此可知当时的堆积层之厚。遗址北部是一座坐北面南、东西成排的高台建筑台基。这座建筑遗址的台基至今还高出地面4米多。台基东西残长100米，南北宽80米。1980年文物普查时，两座11米高台被误定为两座无名冢，近年被群众挖掉2米。这两座高台，似为这个宫殿群的两座阙楼台基。整个建筑台基均用黄土夯筑而成。夯层厚6—7

---

① 程大昌撰，杨恩成、康万武校：《雍录》（卷二），陕西师范大学出版社1996年版，第38页。
② 程大昌撰，杨恩成、康万武校：《雍录》（卷二），陕西师范大学出版社1996年版，第38页。

厘米，夯径6厘米。在这座建筑台基内，群众挖土打窑时共挖出直径1.1米的陶井十多个。现已收回的文物有圆筒形水管2个，90度拐角水管2个，交龙绕璧空心砖2块，正方形铺地砖2块，另有为数不少的瓦当、瓦片。从夯层、夯径及所出土的文物情况看，这无疑是一座大型的秦代建筑遗址。据此咸阳市文物局曹发展先生认为该遗址为秦甘泉宫遗址。①曹先生在其文中提出了以下论据。其一，《史记正义》引《括地志》云："雍州云阳县西八十里秦始皇甘泉宫在焉"。曹文认为《括地志》所说的雍州云阳县，是指唐代云阳县，县治在今泾阳县口镇长街村。乾县南孔头村秦宫殿遗址正居秦咸阳宫旧址西北，唐云阳县城之西40公里，同文献记载里程相吻合。这是曹文确定乾县南孔头村为秦甘泉宫的一条最得力的材料。但我们只要认真分析一下这条材料，就会发现这条材料的来源是比《史记》晚七百多年的唐代的材料，这时的秦甘泉宫已看不到了。因此，《括地志》的作者误认汉甘泉宫为秦甘泉宫。《史记正义》引《括地志》的原文是为《史记·秦始皇本纪》中"非（韩非——笔者注）死云阳"作注的。其原文是说明云阳的所在，"云阳城在雍州云阳县八十里，秦始皇甘泉宫在焉"。从文中可明显看出，作者认为甘泉宫在云阳城，即今淳化县甘泉山上，而不在现在的乾县。其二，曹文列举汉赋中关于"其阴则冠以有九嵕，陪以甘泉"，"其远则九嵕、甘泉"，从而证明九嵕、甘泉在咸阳之北，又相距很近，这是没有问题的。但关键的是这里的甘泉并不是指的秦甘泉宫，而是指淳化县的甘泉谷、甘泉山。因秦甘泉谷的地理位置非常重要，所以秦汉时期的文献中经常提到甘泉谷。甘泉谷并非指指甘泉宫，这一点只要我们细心研究秦汉文献便不会违背作者原意。其三，曹文还列举《史记·匈奴列传》《正义》引《括地志》云"秦始皇作甘泉宫，秦皇帝以来祭天圜丘处"，推论祭天处也包括秦始皇以前的秦先帝们而不是专指秦始皇。由此曹文认为，先有秦先帝们的祭天

---

① 曹发展：《秦甘泉宫地望考》，见《陕西历史博物馆馆刊》（第4辑），西北大学出版社1997年版。

之处，后有秦始皇所建的甘泉宫，二者在一起或地望相近，再引出秦先帝们的祭天之处好畤就在离南孔头不远的阳洪乡西北，从而推论秦甘泉宫就在南孔头一带。我们首先来分析这段话，"秦皇帝以来的祭天圜丘处"，绝非指秦始皇的祖先们（曹文中称"先帝"是不确的，其祖先还未称帝，即使有与齐共称东西帝，也只是匆匆收场），而是指秦始皇以后的帝王们。至于好畤城遗址，确实在乾县的阳洪乡西北，秦孝公时建置，后又在周围修建了不少的离宫别馆，秦始皇及先人们也常在此祭祀，但和秦甘泉宫是没有关系的。其四，曹文引用了不少史料认为南孔头村附近有甘泉存在，如《地形志》云"宁夷有甘泉"，《隋书·地理志》云"礼泉有甘泉水"，《太平寰宇记·奉天县（即乾州）》云"甘泉在州东北，从永寿县温秀岭流出，至县界入礼泉合泾河"。关于各地有甘泉水的记载，史书中不胜枚举，不能因为这一点而命南孔头村的宫殿遗址为秦甘泉宫。古人的饮用水除从河里直接取来外，非靠河处大多饮用地下泉水，只要地下泉水是甜的，均可名为甘泉。秦汉时淳化县甘泉山的得名与此有关系，隋代鄠县的甘泉宫也与此有关系，礼泉的得名更不用说了。其五，曹文又以当地的地名演变来论证此遗址为秦甘泉宫。《乾县地名志》载："南孔头村，相传此处曾是秦始皇巡游停留过的行宫故址，后废宫城为村，得名'宫城村'。随着时间的推移，'宫城村'又传为'空城村'，约在宋代口传为'空头村'。民国以来村中文人将村名雅记为'孔头村'"。这段记载只能证明南孔头村的建筑遗址过去是一座宫殿，并不能说明是秦的甘泉宫。至于当地有甘泉寺名，应与此地有甘泉水有关，而非与甘泉宫有关。其六，曹文引用《乾县新志》记载（"旧志注汧里井泉寺，亦名福泉寺、甘泉寺，即甘泉宫旧址，东有始皇行宫，台基尚存。"），以及当地村长主任听其伯父的话（"当时这是甘泉宫，现在的夯土台基曾叫北门，过去的甘泉眼在沟底，后来在泉上建寺，名曰'甘泉寺'，也叫福泉寺。"）作为论据都不充分，这两段例证因为距秦代太远，为道听途说，缺乏可信性。退一步来讲，这只能证明后来当地人不忘这里的泉水之恩，便在其地建了甘泉寺、福泉寺以表纪念，由甘泉寺便讹为"甘泉宫"了。其七，曹文根据《史记·秦始皇本纪》的记载，指出秦三座宫殿有前殿，即咸阳宫、阿房宫、甘泉宫。前两宫的前殿遗址已发现，南孔头村的秦宫殿遗址有高大的夯台，又有双阙遗址，故认为这就是秦甘泉宫遗址。这个推论似有些附会。秦的建筑均为高台建筑，不少建有双阙，这在拙著《秦建筑文化》一书中已有论述，不能因为这一个建筑是高台、有双阙，便认定其为秦甘泉宫遗址。因此经过对文献资料的研究，我觉得曹先生的观点值得商榷。

笔者认为秦甘泉宫在渭水之南，隔渭河与咸阳宫相望。秦的甘泉宫修建于何时史无记载，但最晚在宣太后时已经有甘泉宫了。秦宣太后曾诈杀义渠戎王于甘泉宫。嫪毐发动叛乱后，秦始皇曾把与嫪毐勾搭成奸的母亲囚禁于离咸阳较远的雍城附近的棫阳宫中，后听从齐人茅蕉的劝说，从雍把母亲接回咸阳，"秦王乃迎太后于雍而入咸阳，复居甘泉宫"①。《史记·吕不韦列传》也有记载："秦王乃迎太后于雍，复归咸阳。"《史记集解》引徐广语："入南宫。"②综上所述，宣太后和秦始皇母亲皆居甘泉宫中，应在咸阳附近，绝不会放在距离咸阳太远的地方。因为宣太后当时握有实权，经常上朝处理国家大事，不可能离咸阳太远。昭襄王自己也讲："寡人宜以身受命久矣，会义渠之事急，寡人旦暮自请太后，今义渠之事见，寡人乃得受命。"③这明确告诉我们，宣太后在诱杀义渠王之前，住在离咸阳不远的甘泉宫，所以昭襄王才能早晚与太后相见。

南宫是相对于渭河北的咸阳宫殿而言的，在长安城相家巷村出土的封泥中也有南宫郎丞印④，是南宫中的侍吏。这说明秦甘泉宫又名咸阳南宫是对的。

---

① 司马迁：《史记·秦始皇本纪》，中华书局1959年版，第227页。
② 司马迁：《史记·吕不韦列传》，中华书局1959年版，第2512—2513页。
③ 司马迁：《史记·范雎蔡泽列传》，中华书局1959年版，第2406页。
④ 周晓陆等：《秦代封泥的重大发现》，载《考古与文物》1997年第1期。

到秦始皇时曾扩建甘泉宫，"自极庙道通郦山，作甘泉前殿，筑甬道，自咸阳属之"①。前殿是指宫殿群中最高级最高大的殿堂，如阿房宫前殿、汉未央宫前殿、汉建章宫前殿，至今都留下巨大的夯土台基，从而也说明了秦甘泉宫的规模相当大，当不亚于兴乐宫的建筑。秦二世时，李斯在甘泉宫求见二世，"二世方作角抵优俳之观"②。这说明秦的甘泉宫中专门有供皇帝娱乐的场所。史书中有关甘泉宫的记载也不少，说明甘泉宫的重要性。

那么，秦甘泉宫到底位于秦都咸阳渭河以南的何处？《太平寰宇记》卷二十五引《三秦记》云："桂宫一名甘泉宫，武帝作迎风台以避暑。"又《初学记》夏第二注引《关中记》云："桂宫一名甘泉宫，又作迎风馆、寒露台以避暑。"可见直到东汉魏晋时，仍把桂宫称作甘泉宫，但从《初学记》作者又把汉桂宫遗址下的秦甘泉宫和淳化的汉甘泉宫混淆一起，因而出现了甘泉宫可以避暑的记载，形成了自相矛盾的内容。而桂宫是汉武帝在长安城中营建的宫殿，其遗址在今夹城堡、民娄村、黄庄和铁锁村一带。汉桂宫位于未央宫以北，南临直城门大街，北以雍门大街为界，西靠西城墙，东近横门大街，说明其是在秦甘泉宫的基础上扩建的，因此汉时人们仍使用秦时的称谓。汉时在淳化已有甘泉宫，不可能再在长安城中建甘泉宫。从事汉长安城桂宫考古发掘工作的刘庆柱、李毓芳先生指出："近年在汉长安城桂宫遗址北部考古发掘的桂宫第四号建筑遗址出土有秦瓦当等遗物。在该遗址附近考古勘探和试掘发现，西汉建筑遗址的地层堆积之下，还叠压有秦代或战国晚期的地层堆积"。这为上述说法提供了有力的证据。

《史记·高祖本纪》《正义》引《舆地志》云："秦时已有南、北宫……"封泥的发现，证明《舆地志》的记载是正确的。秦都咸阳随着秦国力的不断加强、人口的不断增加而扩大，孝公时还仅限于渭河北边

---

① 司马迁：《史记·秦始皇本纪》，中华书局1959年版，第241页。
② 司马迁：《史记·李斯列传》，中华书局1959年版，2559页。

的窑店一带，到惠文王时，便不断扩大，向渭河以南发展，"诸庙及章台、上林皆在渭南"。惠文王以后，秦在渭河以南修建了众多的宫殿，如兴乐宫、甘泉宫、章台、阿房宫等。当时的咸阳包括渭北的咸阳宫和与渭北咸阳相对应的渭南秦宫殿，通过渭河上的横桥把渭河南北宫殿群联结起来，形成"渭水贯都"的秦都咸阳。

从文献和考古资料来分析，秦甘泉宫应在与咸阳宫相对应的渭河南岸一带，具体位置就在今长安城中的西北角桂宫遗址之下。20世纪90年代发现的大批秦封泥就是在秦甘泉宫遗址上发现的，也进一步证明了秦甘泉宫当时的重要性。因为国君要在此处理众多的文件，所以在宫殿旁留下了众多的封泥。史书记载当时的秦始皇很勤奋，每天要阅览120斤重的简牍才能休息。

甘泉宫在秦时的作用很大，不只是赵太后居住过，秦始皇和秦二世也居住过。秦始皇二十七年"焉作信宫渭南，已更命信宫为极庙，象天极。自极庙道通郦山，作甘泉前殿"①。秦时带有前殿的宫殿，据目前史料来看，笔者认为只有甘泉宫和阿房宫，可见甘泉宫在都城中的重要性。《史记·李斯列传》云："是时二世在甘泉，方作角抵优俳之观，李斯不得见，因上书言赵高之短曰……"②既然皇帝、皇后常居此，则臣下进奉文书、物品缄以封泥就理所当然了。

10. 章台

出土秦封泥中有章台。章台是秦都咸阳在渭河南岸的主要宫室建筑之一，是秦都咸阳的一部分。秦王的许多重要外交活动都在这里举行。历史上著名的完璧归赵的故事就发生于此，"秦王坐章台，见相如"③。《史记·楚世家》也云："楚王（怀王）至……朝章台，如蕃臣，不与

---

① 司马迁：《史记·秦始皇本纪》，中华书局1959年版，第241页。
② 司马迁：《史记·李斯列传》，中华书局1959年版，第2559页。
③ 司马迁：《史记·廉颇蔺相如列传》，中华书局1959年版，第2440页。

亢礼。"① 章台被当作秦国的象征。《史记·樗里子甘茂列传》云："昭王七年，樗里子卒，葬于渭南章台之东。"②《史记·秦始皇本纪》云："诸庙及章台、上林皆在渭南。"③《史记·樗里子甘茂列传》云："樗里子卒，葬于渭南章台之东，曰：'后百岁，是当有天子之宫夹我墓。'……至汉兴，长乐宫在其东，未央宫在其西，武库正直其墓。"④ 西汉长安城中武库遗址已找到并进行了发掘，位于长安城内中南部，即今刘寨村东。长乐宫也已勘探清楚，在武库以东。

图45　章台封泥

章台具体在渭河南岸什么地方，观点不同。笔者认为就在汉长安城内的未央宫前殿，也就是说未央宫前殿是在秦章台的基础上建造的。

现在的未央宫前殿台基南北长350米，东西宽200米。考古工作者曾在前殿遗址的汉代建筑之下发现有叠压的战国时代秦砖、瓦等遗物，当为秦章台的建筑构件。秦章台正是利用龙首原北坡的地理形势建造而成的高大建筑物。

---

① 司马迁：《史记·楚世家》，中华书局1959年版，第1728页。
② 司马迁：《史记·樗里子甘茂列传》，中华书局1959年版，第2310页。
③ 司马迁：《史记·秦始皇本纪》，中华书局1959年版，第239页。
④ 司马迁：《史记·樗里子甘茂列传》，中华书局1959年版，第2310页。

《汉书·赵尹韩张两王传》云："然敞无威仪，罢朝会，过走马章台街。"孟康注曰：章台街"在长安中"。臣瓒注曰："在章台下街也。"①章台街因章台而得名，故章台也应在长安城中。张敞朝事活动在未央宫，罢朝后走马章台街，说明章台街就在汉未央宫内及附近。汉长安城西面南数第一门为章城门。之所以城门名章，当与章台有关，由章城门向东有一东西大路横穿未央宫，从前殿南边经过，然后向南出西安门。前殿坐北朝南，罢朝后应从南出，然后走马章台街。

程大昌《雍录·汉宫及离宫图》认为，秦章台位置就在汉未央宫遗址上。但也有人根据宋敏求《长安志》所载"章台宫，在今长安建章台下街"，便推断章台为建章台的省称。建章台应在长安城西的建章宫中。其实建章宫是因为汉武帝时长安城内的土地大都被宫殿占用，再造不下大型宫殿了，遂把建章宫修于长安城外以西，而建章宫的命名要晚于章台、章城门、章台街。很可能建章宫的命名与汉长安城的章城门有关，而不是建章宫利用了秦章台的建筑基础。所以认为秦章台在长安城西是不确的。

从新近出土的秦封泥及文献记载也可以看出，过去把章台称为章台宫是不确的，因为文献中多为"章台"，而且新出土封泥中也为章台，而非章台宫。相家巷发现的秦封泥中还有章厩丞印封泥。

11. 高章宦丞、高章宦者

高章是否秦之宫室，或与其他建筑有关，史无明载。但其设宦者、宦丞，必与秦宫室所在有关，疑与章台有关。

图46　高章宦丞封泥

---

① 班固：《汉书·赵尹韩张两王传》，中华书局1962年版，第3222—3223页。

12. 信宫车府

秦有信宫车府封泥。前人多将该印中的信宫与汉代太后所居的长信宫混为一处，实际上信宫为秦宫室之一。《史记·秦始皇本纪》云：秦始皇二十七年"焉作信宫渭南，已更命信宫为极庙，象天极。自极庙道通郦山"。《史记索隐》云："为宫庙象天极，故曰极庙。"[①] 从记载可以看出，信宫修建在渭水以南。《春秋传》曰："再宿曰信。"信宫即暂宿之宫。又据《三辅黄图》云："信宫，亦曰咸阳宫。"这个记载从表面来看不对，但也可以看出信宫可以代替咸阳宫的作用，是秦始皇将都城咸阳向南扩展的具体动作之一，即信宫是可以举行重大朝事活动的。

图 47　信宫车府封泥

秦始皇二十七年（前 220）改信宫为极庙，《三辅黄图》也称"已而更命信宫为极庙"，说明信宫很短时间便改作极庙。所谓极庙，乃是宫殿的宗庙，也叫宫庙。古人关于宫、庙的界限不甚严格，宗庙也是从活人的宫室转化过来的。极庙象征天上的天极星座。天极星即北极星，是群星所拱的最为尊贵的星，秦始皇之所以将信宫改为极宫，实质上正是采用邹衍的阴阳五行学说，把天上的星座与地上的君臣相比附，为自

---

① 司马迁：《史记·秦始皇本纪》，中华书局 1959 年版，第 241—242 页。

己的中央集权制造理论根据，以表现其"德兼三皇，功过五帝"的功绩，把自己当作世俗皇帝在天宫的代表。

很明显信宫就是秦始皇为自己修建的宗庙，是秦在渭河南岸所修的诸庙之一。秦始皇驾崩后，秦二世将极庙改为始皇庙。《史记·秦始皇本纪》云："二世下诏，增始皇寝庙牺牲及山川百祀之礼，令群臣议尊始皇庙。群臣皆顿首言：'古者天子七庙，诸侯五，大夫三，虽万世世不轶毁。今始皇为极庙。四海之内皆献贡职，增牺牲，礼咸备，毋以加。先王庙或在西、雍，或在咸阳。天子仪当独奉酌祠始皇庙，自襄公以下轶毁。所置凡七庙，群臣以礼进祠，以尊始皇庙为帝者祖庙。'"①这说明秦二世时把秦始皇庙作为皇帝祖庙，以后按二世庙、三世庙向下排，建立新的七庙。

宗庙是有一定格局、一定规模的建筑。它与陵墓之间有密切的关系，因此才有"自极庙道通郦山"的记载。这里的郦山是指秦始皇陵。他迷信死后灵魂可以从丽山陵墓到信宫去接受祭祀的盛典，因而在信宫与陵墓之间筑一条甬道以便灵魂往来。既然信宫是作为始皇庙而修建的，为什么一开始不称庙而称宫呢？因为始皇帝正当英年，这是讳言死事的一种称呼，和把其陵墓称作丽山一样。《汉书·景帝纪》中也能找到类似的例子，景帝四年三月，置德阳宫。《史记集解》臣瓒曰："是景帝庙也，帝自作之，讳不言庙，故言宫。"

极庙位于渭河以南，但具体地望则仁者见仁，智者见智。何清谷师认为在汉长安城的北宫，即北宫可能是在极庙的废墟上建立起来的，相当于现在西安市北郊的南徐寨一带。《吕氏春秋·慎势》云："古之王者，择天下之中而立国，择国之中而立宫，择宫之中而立庙。"②极庙的位置南是章台，东南是兴乐宫，西是甘泉宫，北隔渭水是咸阳宫，正处在诸宫之中，符合立庙的原则。他还根据《汉书·郊祀志》所载"张羽旗，

---

① 司马迁：《史记·秦始皇本纪》，中华书局1959年版，第266页。
② 陈奇猷：《吕氏春秋校释》，学林出版社1984年版，第1108页。

设共具以礼神君"，认为北宫是奉神之宫，在极庙之上建北宫是汉承秦制的表现。①

聂新民先生认为信宫即西安北郊阎家村建筑遗址，极有可能是信宫——秦始皇七庙遗址。②刘致平在《西安西北郊古代建筑遗址勘查初记》中认为这是一处汉代建筑遗址。③王学理先生在《咸阳帝都记》一书中也持此观点。④

笔者认为极庙应在秦都咸阳渭河以南的诸庙附近。诸庙的位置，根据《史记·樗里子甘茂列传》所云："樗里子疾室在昭王庙西渭南阴乡樗里，故俗谓之樗里子。至汉兴，长乐宫在其东，未央宫在其西，武库正直其墓。"⑤樗里子是秦的著名大臣，号称"智囊"，是秦丞相中唯一的嬴秦宗室人物。他住在昭王庙的西边。秦都咸阳的渭河以南建置有长安乡、阴乡、建章乡。《雍录》云："长安也者，因其县有长安乡而取之以名也，地有秦兴乐宫，高帝改修而居之，即长乐宫也。"⑥这说明秦长安乡当在汉长安城的东南。阴乡，按水南为阴来讲，当距渭水较近，其位置北邻渭水，占有长安乡以西之地。樗里是阴乡的一个里。樗里子就住在阴乡。建章乡在长安城西边的建章宫一带。樗里子墓在汉长安城的武库之下。武库遗址已经发掘，在长安城内中南部，即今西安市西北郊大刘寨村东面的高地上。按樗里子居室在昭王庙西而言，秦昭王庙当在樗里子居室东、兴乐宫西。

秦在渭河以南诸庙有七个，贾谊《过秦论》云："一夫作难而七庙

---

① 何清谷：《三辅黄图校释》，中华书局2005年版。
② 聂新民：《聂新民文稿》，西北大学出版社2013年版，第105页。
③ 刘致平：《西安西北郊古代建筑遗址勘察初记》，载《文物参考资料》1957年第3期。
④ 王学理：《咸阳帝都记》，三秦出版社1999年版，第178页。
⑤ 司马迁：《史记·樗里子甘茂列传》，中华书局1959年版，第2310页。
⑥ 程大昌撰，杨恩城、康万武点校：《雍录》，陕西师范大学出版社1996年，第22页。

堕。"① 又《史记·秦始皇本纪》云:"子婴度次得嗣,冠玉冠,佩华绂,车黄屋,从百司,谒七庙。"② 这七庙中当然包括极庙在内。如果按照昭穆制度建置宗庙,极庙当离昭王庙不远。其所在位置在秦甘泉宫以南、兴乐宫以北。

杨宽先生认为渭河以南之诸庙是指建造于秦王陵附近的秦昭王庙、秦孝文王庙、秦庄襄王庙等。③ 这个观点值得商榷。首先这同以上我们所提到的史书记载矛盾。昭王、孝文王、庄襄王的陵墓在西安东郊的骊山西麓一带,已经得到考古勘探的证实,虽然也在渭河以南,但显然和史书记载的原意不符,因为樗里子做过秦国丞相,他的居室一定在秦都咸阳,怎么也不会到骊山西麓,因此昭王庙也不会在此。其次,七庙是被项羽火烧秦都咸阳时烧掉的,东陵地区离咸阳距离太远,不可能烧至这里。最后,在陵旁建庙始于西汉景帝时期,秦只是在陵旁建置寝殿,作为祭祀之用,并非建庙,这是两种截然不同的概念。

13. 安台丞印

图 48　安台丞印封泥正、反面

安台丞印封泥出土数量较多,历史上也曾出土过安台丞印、安台

---

① 司马迁:《史记·秦始皇本纪》,中华书局 1959 年版,第 282 页。
② 司马迁:《史记·秦始皇本纪》,中华书局 1959 年版,第 292 页。
③ 杨宽:《中国古代陵寝制度史研究》,上海人民出版社 2003 年版,第 27 页。

左墅封泥各一枚，前人释安台为县名是不对的，应是秦的宫殿台观。西周时期有灵台，秦有章台、鸿台、怀清台等，安台应该是秦时诸台阁之一，与宫殿苑囿有关系。《长安志》引《关中记》云，上林苑中有"观二十五……仙人观、霸昌观、安台观、沧沮观……在长安城外"，应是继承秦的安台而来的。因此安台丞印当是安台观之佐官。

14. 安台左墅

左墅属于安台观的属吏。墅，《说文解字》云"仰涂也"，有涂饰、修补意。左墅疑为负责修饰宫室的工官，属将作少府管辖。

15. 中宫

秦封泥中有中宫，说明秦都咸阳有中宫。中宫，指的是紫微垣，秦汉以后王后演变成皇后，则用以称皇后居住的宫室，或称皇后本身。中国古代在建设宫城时，大多将皇后的宫室建于子午线上，位于后宫的中心，因而称之中宫，如汉朝长乐宫中的长秋宫等。

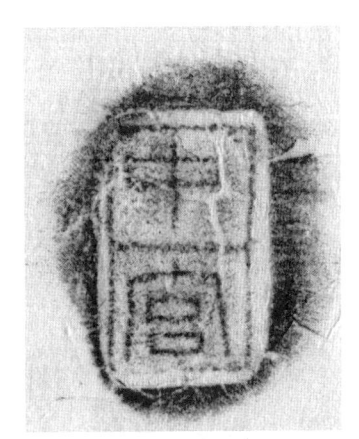

图 49 中宫封泥

第二节 秦封泥与离宫别馆

秦的宫殿甚多，早在雍城时期就宫殿林立，据《史记·秦本纪》记载："戎王使由余于秦。由余，其先晋人也，亡入戎，能晋言，闻缪公贤，故使由余观秦。秦缪公示以宫室积聚。由余曰'使鬼为之，则劳神矣。使人为之，亦苦民矣"①，《史记·秦始皇本纪》也记载秦始皇三十五年时，

---

① 司马迁：《史记·秦本纪》，中华书局 1959 年版，第 192 页。

"关中计宫三百，关外四百余"①。可见，当时宫室数量已十分巨大。正因为如此，秦封泥中有不少与宫殿有关的封泥，如宫司空印、宫司空丞。也有直接反映秦宫名称的封泥，如信宫车府、中宫、北宫榦丞、南宫郎丞、章台等，其中有关南宫、北宫的封泥比较多。这对于研究秦宫殿的分布意义重大。

秦的离宫别馆主要集中在离都城较近的关中地区，众多的离宫别馆犹如满天星斗撒落在关中平原上。正如《三辅黄图》记载："北至九嵕、甘泉，南至鄠、杜，东至河，西至汧、渭之交，东西八百里，南北四百里，离宫别馆，相望联属。木衣绨绣，土被朱紫，宫人不移，乐不改悬，穷年忘归，犹不能遍。"② 近年来，考古工作者在陕北、陕南也发现了一些秦的离宫别馆，在辽宁、河北等省也有秦的宫殿遗址。可以说，史书的记载不是虚妄的。下面依据文献和考古资料，叙述于后。

一、关中渭河以南离宫

依据文献与考古资料，有以下离宫。

1. 步寿宫

《水经·渭水注》云："酉水迳秦步高宫东，历新丰原东而北，迳步寿宫西而入渭。" 酉水即今渭南市临渭区的沈河水。从上可知，步寿宫在沈河以东。

1988 年，文物工作者在渭南市以东的崇凝乡靳尚村发现一座秦代宫殿遗址。范围东西长约 600 米，南北宽约 300 米。中心是两座东西并列的主体建筑基址，东边的长 2 米、宽 36 米，西边的长 40 米、宽 35 米，均建于平整的台地上。在其南面和西面环以深沟。基址断面的夯土层非常清晰，规整密实，显示了秦建筑的标准形制。在夯土层断面和附近地

---

① 司马迁：《史记·秦始皇本纪》，中华书局 1959 年版，第 256 页。
② 何清谷：《三辅黄图校释》，中华书局 2005 年版，第 25 页。

面发现了大批秦的建筑材料，其中有龙凤纹空心砖、几何纹方砖、云纹方砖等。据专家考证这个宫殿为秦始皇时期建造，属秦始皇的行宫。①从其所在位置和时代推测，这个离宫应为秦步寿宫的遗址。

2. 步高宫

该宫的位置，据《三辅黄图》云："在新丰县，亦名市丘城。"② 有学者认为步高宫遗址即秦始皇陵北的鱼池建筑遗址，非也。笔者认为步高宫的位置应在今渭南市临渭区南的阳郭镇张胡村东北一带，为何这样认为呢？

首先，新丰县为西汉时设立。因汉高祖刘邦的父亲思念家乡，欲南归丰邑，于是刘邦便在秦丽邑的基础上仿其家乡丰邑，建造新的丰邑，后改作新丰县。其治所在今西安市临潼区东北阴盘城，即今新丰镇西。汉的新丰县辖地很广，东到今华县与赤水交界的赤水河，南至秦岭，与蓝田为邻。因此，今渭南市渭河以南当时均归新丰县管辖。隋唐时，据《元和郡县图志》载："渭南县，本汉新丰县地。"③ 直至今天，渭南市沋河以东原地，仍称丰原，是历史地名遗留的缘故。

其次，据《水经·渭水注》云："酋水出倒虎山，合五水，迳秦步高宫东，历新丰原东而北，迳步寿宫西又北入渭。"酋水据《水经注通检今释》记载，即今渭南市临渭区的沋河。今天的沋河，从渭南的南山流出，经两原之间的沋河川向北流，注入渭河，和史书记载吻合。笔者曾经与业师何清谷及陕西师范大学、西北大学历史地理研究所若干人去阳郭镇张胡村踏查过，发现了一大片夯土台基及大量的秦建筑材料，有筒瓦、板瓦、云纹砖、云纹瓦当等。同时在此处还发现了一段高出地面的夯土墙垣，高达4米，长约30米，厚约5米，夯层厚9—11厘米。在当地，秦建筑材料砖瓦俯拾皆是。此处是一相当大的秦宫殿建筑遗址。

---

① 何清谷：《关中秦宫殿述略》，载《宝鸡师院学报》1990年第1期。
② 何清谷：《三辅黄图校释》，中华书局2005年，第34页。
③ 李吉甫撰，贺次君点校：《元和郡县图志》，中华书局1983年版，第15页。

3. 芷阳宫

该宫位于西安市临潼区韩峪乡油王村一带。考古工作者在村南发现一座古建筑遗址，夯土基址南北长29米，残宽3米；清理出一长方形水池，池底发现一片陶罐底上有阴文模印"芷"字。池西可能是一贮藏食物的地下室，内有秦器物残片甚多，当是芷阳陶窑产品的戳记。同时在此地出土4枚秦半两钱及1个半两钱铜范，证明此地是具有铸币权的官府所在。还发现十多枚动物纹、植物纹、云纹瓦当，是典型的战国时期秦宫殿图像瓦当。这说明此建筑物当为秦的离宫芷阳宫遗址。[①] 同时在此遗址还发现"长乐未央""长生无极"等文字瓦当及"延寿万年"虎纹砖等建筑材料，说明秦芷阳宫在西汉时继续沿用。

此宫殿修建于秦穆公时期。为了彰显独霸西戎的功绩，秦穆公将滋水改为灞水，并在水旁筑宫，称为"霸宫"。秦昭王时，对宫殿做了扩充，并改名为芷阳宫。芷阳宫所在地理位置十分重要，它是从武关西到咸阳的必经之地，而且秦始皇的父母、祖父母等的陵园也在此宫附近，故此宫的规模一定很大，十分壮观。只因此次考古是随工清理，宫殿的整个规模还不清楚。后来考古工作者又在附近发现了不少秦时陶作坊遗址。

4. 成山宫

该宫位于今眉县城西8公里的第五村。其遗址西临斜水，与岐山五丈原夹河相峙；南端台原高起，宛若绝壁，横扼斜谷；北去越过西（安）宝（鸡）公路南线；北为渭河；东依台原，地势舒缓。此地自然条件十分优越。遗址南高北低，西、南部由于人为取土与河水的冲刷，原面退缩很多。经调查，南起原边往北1000余米，西自原边东600余米的范围内，均有秦汉时期的遗迹遗物发现，中心区域面积达30万平方米以上。文化层堆积最厚处达2米。在部分地段发现有1米至2米的夯土遗迹和用鹅卵石铺成的散水遗迹。遗迹中出土的遗物主要有板瓦、筒瓦、瓦当、空心砖、条形砖、铺地砖、半两钱等秦汉遗物。瓦当有素面瓦当、夔凤

[①] 张海云：《芷阳遗址调查简报》，载《文博》1985年第3期。

纹半圆瓦当、文字瓦当等。特别是出土的秦式云纹瓦当及雷同于秦始皇陵园所出土的大型夔凤纹半圆瓦当，说明该建筑群始建于秦。其地下排水设施可以反映该宫殿在当时的地位相当高，多处断崖上裸露出陶水管头，显示其地下纵横交错的排水设施。一号夯土台基与二号夯土台基之间有两条排水设施，均为陶水管套接铺就，呈东南—西北走向。经解剖观察，铺设管道时，先于地面起倒梯形沟，于沟底置陶水管，大小口依次衔接，其上再覆土并稍经夯打。因东南端已遭破坏，而西北端又压在现民宅之下，其最终走向、长度已搞不清楚。在3号遗址面向斜水的断崖上，有巨型陶水管道口裸露，距现地表面约3米，管口直径在1米以上。在二号夯土台基东南6米断崖上，有一垂直向的渗井，残深约4米。自二号夯土台基而来的平行向排水管道与其相接。上部残存40厘米的绳纹陶制井圈，下部为水积土，内含纯净，土质稍硬。①

在遗址上发现带有"成山"字样的瓦当十余件，说明此建筑遗址名为成山宫，是秦宫汉葺，一直延续使用到东汉时期。成山宫出土的夔凤纹半圆瓦当，当面饰高浮雕夔凤纹一对，左右对称，图案整体线条较宽粗，凤鸟躯体上还以细棱勾出简单的羽毛状图案。当背有较粗的竖行绳纹。边沿处残留有10厘米长的筒瓦，面径78.3厘米，高53厘米，边轮宽1.9厘米，是目前所发现的最大的秦瓦当，可以称为瓦当王。这充分反映出成山宫建筑当时的恢宏气势。2013年，成山宫遗址被国务院公布为第七批全国重点文物保护单位。

图50　成山宫遗址出土的大瓦当

---

① 宝鸡市考古工作队、眉县文化馆：《陕西眉县成山宫遗址试掘简报》，载《文博》2003年第1期。

5. 萯阳宫印

秦出土封泥中有萯阳宫印。萯阳宫是秦的离宫名,曾经发生过历史上著名的秦王囚母事件。

公元前238年,秦王政在秦故都雍蕲年宫举行冠礼,准备亲政。然而,同太后私通多年且被封为长信侯的假宦官嫪毐害怕其丑行暴露、大权旁落,于是就用太后的印玺调兵遣将包围秦王嬴政的驻地蕲年宫,企图叛乱,被秦王政派兵镇压,事败后被车裂。秦王政又在太后住地搜出太后与嫪毐的两个私生子"捕而杀之",秦王政遂将赵太后迁于萯阳宫。《说苑·正谏》:"秦始皇取皇太后迁之于萯阳宫。"茅焦谏"迁母萯阳宫,有不孝之行。"后来"皇帝立驾千乘万骑,空左方,自行迎太后萯阳宫,归于咸阳"。

《汉书·地理志》右扶风"鄠"下注"有萯阳宫,秦文王起"①。《三辅黄图》云:"萯阳宫,秦文王所起,在今鄠县西南二十三里。"②西汉时仍为行宫。《汉书》载汉宣帝甘露二年(前52),"冬十二月,行幸萯阳宫属玉观"③。汉成帝元延二年冬,"行幸长杨宫,从胡客大校猎。宿萯阳宫,赐从官"④。

关于秦萯阳宫的具体位置,学术界是有争论的,但是位于今鄠邑区是没有问题的。然而在鄠邑区的哪里有两种不同的观点。明崇祯十六年(1643)张宗孟《增补鄠县志》载:"秦萯阳宫,在县西南二十有三里,秦文王所造也。秦王政九年,嫪毐作乱,灭族。迁太后于雍萯阳宫,即此。"1982年,在原白庙公社曹村东门外崇真观中,发现元延祐六年(1319)的《创建崇真观碑》,其载"秦之萯阳宫故址在焉,信夫天壤间自昔为佳处也"。经查曹村在县西南23里多,与前志所记基本相符,

---

① 班固:《汉书·地理志》,中华书局1962年版,第1545页。
② 何清谷:《三辅黄图校释》,中华书局2005年,第27页。
③ 班固:《汉书·宣帝纪》,中华书局1962年版,第270页。
④ 班固:《汉书·成帝纪》,中华书局1962年版,第327页。

由此可以推断曹村崇真观为秦萯阳宫遗址。这应该是关于萯阳宫的确切记载。曹村附近有座山叫鸡子山，其地貌符合史书记载皇家行宫设立的地形特点。附近还有个富村窑，过去的寨子就在村子附近的鸡子山顶。富村窑，老人多称萯阳，只因洪水泛滥，村落被毁，先是被迫迁址鸡子山顶，因为靠近该宫，便改称萯阳。只是由于年代久远，人们只知读音，不懂字意，加上该字生僻，宫殿早毁，人们以讹传讹，先叫萯阳，依次叫成富阳、富尧，以至现在叫成富村窑。综合这些因素推断，史书记载的萯阳宫遗址可能就位于鸡子山上。2002年在此地发现秦汉瓦当残片3件，其中秦汉云纹瓦残片2件，文字瓦当残片1件。其中，秦云纹瓦当为一半圆残片，直径16厘米，与秦咸阳遗址出土的秦瓦当无异。另外，还发现带绳纹的各类板瓦、筒瓦，回形纹、雷云纹地砖，青绿釉兽纹陶鼎残片及建筑装饰残件等。①

另一种观点认为在今鄠邑区西三里的渼陂。"渼陂说"起于明洪武年间，据原立于陂头萯阳宫小学内的《创建渼陂东岳宫记》碑文记载："渼陂有萯阳宫，为秦文王所建，后毁于火，今于其旧址创建渼陂镇东岳宫。"该碑镌于明洪武十七年（1384），新中国成立前陂头村民及萯阳宫小学师生均亲眼见过，但是该碑在解放初遗失。清康熙二十一年（1682），康如琏编修的《鄠县志》曰："秦萯阳宫，在县西三里，秦文王所造也。秦王政九年，嫪毐作乱，族，迁太后于萯阳宫，即此。父老相传，今陂头东岳宫即其旧址。旧志西南二十三里，误矣。"清末民初，与渼陂东岳宫一墙之隔的村民吴孝春打后院墙挖地基时，挖出铜鼎，上面刻有字迹，现场目睹者皆目不识丁，亦未解其意。吴因家贫，就把这个铜鼎背到西安卖了，当时很多人都知道此事。时过七八十年，《文物》杂志刊发此鼎照片，知情的后人们才若有所悟。据周晓先生发表于1995年第11期《文物》上的《萯阳宫鼎跋》称："早年得自西安古董市场。此鼎为平沿，敛口，子口，双耳高出口沿外侈，扁圆腹，腹上有凸弦纹一周、

---

① 李彪：《秦萯阳宫遗址到底在哪》，载《华商报》2005年10月25日。

圜底，三蹄足。鼎盖已失。通体呈'黑漆古'，黝然发亮。鼎保存完好，只右耳与身相接处开裂。通高15.7，口径14.8，耳高5.5，足高7.1厘米，重1690克，容水2174毫升，容粟米2217毫升，此鼎与战国秦十六年私宫鼎、中敀鼎的形制极为相似，应为战国晚期秦器。"该鼎子口下刻有篆隶两体铭文，共48字："李卿"，"萯共，六年十二两，过"，"六年十一两"，"槐里，容一斗一升"，"百工廿七"，"鄠萯共鼎，容一斗一升，重六斤七两，第百卅七"。字迹略有不同，刻痕深浅不一，估计不是一次所刻。据周晓先生考证，这件青铜鼎为战国秦器秦铭，初置于战国秦萯阳宫中，到西汉早期，仍在萯阳宫中，加以汉铭，"共"古时与"供"通用，即为鄠县萯阳宫供用之意。据《汉书·宣帝记》载："甘露二年冬十二月，行幸萯阳宫属玉观。"《汉书·成帝纪》载："行幸长杨宫，从胡客大校猎。宿萯阳宫，赐从宫。"可知西汉宣帝、成帝时萯阳宫仍在使用。萯阳宫在今鄠邑区西北，渭河之南、涝河西侧的渼陂，汉时上林苑"包涝水而对废丘"（秦废丘，汉高祖三年更名槐里县，即今兴平市），萯阳宫一带地属槐里，也有可能。《水经注》曰"渭水又东合甘水，水出南山之甘谷，北经秦文王萯阳宫西，又北经五柞宫东，又北经甘亭西"，"涝水北注甘水，而乱流入渭，即上林故地也"。

在渼陂湖东岸有一高地，那里出土过大量的汉代瓦当、板瓦、筒瓦等建筑材料，说明此处也是一汉代建筑遗址。这里是宜春观旧址，关于这一遗址的性质，《雍录》中已有辨证。

这两种观点孰是孰非，目前还难以评判。但笔者认为第一种观点是可信的，其地理环境更利于游猎。期待有新的考古发现。

萯阳宫印封泥印文紧结，笔画较细，体势与秦铭刻文字相类，并施加界格，应为秦代遗物。《封泥考略》著录"参川尉印"，据地理沿革及文字特征可确知为秦物。此萯阳宫印乃行宫署印，为罕见之例。萯阳宫秦末免于项羽兵火，因此在汉时继续被作为上林苑中的离宫使用，后来史书再未提及，很可能在西汉末年毁于兵燹战火。

□阳苑丞　　　　　　　　　　　　蘵阳苑丞

图51　蘵阳苑丞封泥

二、关中渭河以北离宫

1. 林光宫

该宫为秦二世时修建,据《三辅黄图》云:"林光宫,胡亥所造,纵广各五里,在云阳县界。"① 从记载可看出此宫规模很大。其遗址在今淳化县西北约25公里的甘泉山,宫在甘泉山南坡,从林光宫沿慢坡北行就是通往子午岭的直道。为何在此建宫呢?我认为这与当地优越的自然环境有关,地理位置也非常重要。这里山水环境俱佳,夏天气候凉爽,是理想的避暑之地,也是防御匈奴的前哨阵地。

林光宫一直沿用至汉,《雍录》云:"秦之林光,至汉犹存,汉武元封二年始即磨盘岭山秦宫之侧作为之宫,是为汉甘泉矣。"孟康注《郊祀志》曰:"甘泉一名林光。师古曰:汉于秦林光旁起甘泉宫,非一名

---

① 何清谷:《三辅黄图校释》,中华书局2005年版,第62页。

也，师古之说是也。"① 即林光宫与汉甘泉同时并存，直到汉武帝时还"行幸林光宫"，成帝时"震电灾林光宫门"。这说明林光宫至汉末仍自成一体，作为汉的一个离宫别馆。汉甘泉苑便是在秦林光宫、汉甘泉宫基础上营建的。

2. 高泉宫

《汉书·地理志》云："美阳有高泉宫，秦宣太后起。"② 宣太后是秦惠文王的妃嫔，在后宫中位阶为八子，又被称为芈八子。公元前325年，芈氏生下公子稷（即秦昭襄王），另有两子公子市和公子悝。公元前311年，丈夫秦惠文王逝世。公元前306年，秦武王因举鼎而死。由于秦武王无子，他的弟弟们争夺王位。赵武灵王派代郡郡相赵固将在燕国作为人质的公子稷送回秦国。在宣太后异父弟魏冉的帮助下，公子稷继位，即秦昭襄王。魏冉随后平定王室内部争夺君位的动乱，诛杀惠文后、公子壮及公子雍。因秦昭襄王年幼，由宣太后以太后之位主政，魏冉辅政。宣太后主政期间，内政外交均有建树，特别是诱杀义渠王，对秦的后续发展意义重大。马非百先生对宣太后评价很高，他认为宣太后以母后之尊的地位牺牲色相与义渠王私通，然后设计将之杀害，一举灭亡了秦国的西部大患义渠，使秦国可以一心东向，再无后顾之忧，其功劳不逊于张仪、司马错攻取巴蜀。

高泉宫在今陕西扶风县东北10公里的法门镇，城垣遗址至今犹存。

3. 棫阳宫

该宫遗址在今宝鸡市凤翔县。1962年有人曾在此地拣到云纹瓦当，上有一"棫"字，应是棫阳宫的残当。近几年又在凤翔县南东社遗址采集到一个完整无缺的"棫阳"云纹宫当，《汉书·苏武传》载有"从至雍棫阳宫"，《小校经阁金文》中也有"雍棫阳宫共厨鼎"，可见此宫

---

① 程大昌撰，杨恩成、康万武点校：《雍录》，陕西师范大学出版社1996年版，第38页。
② 班固：《汉书·地理志》，中华书局1962年版，第1547页。

应在雍城南郊一带。此宫汉时修葺沿用,《汉书·文帝纪》记载文帝"二年夏,行幸雍棫阳宫"①。关于此宫营建时间,《汉书·地理志》雍县注有"棫阳宫,昭王起"。《雍录》认为此宫为秦穆公所作。笔者认为《汉书·地理志》的记载符合实际。

4. 橐泉宫

该宫为秦孝公时建造,其位置据《三辅黄图》引《皇览》云:"秦穆公冢,在橐泉宫祈年观下。"②《汉书·刘向传》也云:"秦穆公葬于雍橐泉宫祈年馆(观)下。"馆与观在汉代通用,说明橐泉宫与祈年观距离不远。而据考察祈年宫在今凤翔县长青乡孙家南头。那么橐泉宫应在此地不远处。与此同时,考古工作者还在祈年宫遗址附近发现一古泉,水质甘美,四季常涌,宫因此而得名。

此宫汉时经过修葺、扩建,继续沿用,后世发现的橐泉宫当,当为此宫之物,还在此设橐泉厩,以养马匹。

5. 蕲年宫与年宫

该宫又叫蕲年馆(观)。蕲即祈,有祈祷之义。祈年即祈祷丰收之年。关于此宫修建的时间,有云德公起,有云穆公建,有云惠公造。根据考古调查资料,此宫可能建于秦惠文王时期。

此宫曾发生过秦史上非常重要的事件——蕲年宫之变。这是秦国历史上规模较大又直接震动王族上层的一次罕见的内部动乱。嬴政因嫪毐政变事涉及吕不韦,以吕布韦用人不当为由,免去了其丞相之职,秦始皇十二年(前235)又迫使吕不韦自杀。嬴政果断的处置方式,显示出他非同寻常的政治才具。其后他全面掌控了国家权力。秦王政的加冕礼能在此举行,说明此宫的重要。

蕲年宫位于何处呢?史书记载众说纷纭。考古工作者曾在雍城西南30余里、千河东岸的凤翔长青乡孙家南头堡子壕发现蕲年宫当。这是秦

---

① 班固:《汉书·文帝纪》,中华书局1959年版,第129页。
② 何清谷:《三辅黄图校释》,中华书局2005年版,第32页。

汉时期的蕲年宫建筑遗址，面积达 2 万平方米。遗址的耕土层下，为汉代建筑夯土层，厚约 1.2 米。再下为厚 70 厘米的秦文化层，其中靠上部的 20 厘米为五花填土，内含战国时期的绳纹陶片、云纹瓦当碎片等；下部为大约 50 厘米的夯土层，夯土纯净，夯层 8 至 12 厘米，夯层上半部暴露出一口径为 29 厘米的陶水管。

蕲年宫的用途与祭祀有关，是秦惠文王为祭祀后稷、祈求丰年而修建的专用建筑。在雍城南郊也曾拣到"年宫"瓦当，有人认为年宫是蕲年宫的省略，但也有人认为并非一回事，而是另外一个宫。究竟是否为一个宫，还有待以后的考古发掘来证明。

6. 虢宫

据《汉书·地理志》云："虢宫，秦宣太后起也。"① 宣太后是秦昭王母亲，是中国历史上第一个垂帘听政者，也是中国历史上第一个被称为太后的人，在秦史上是一个比较重要的人物。秦昭王在位时年龄尚小，实权掌握在她的手中。在她统治时期秦国力有了增强，内政外交均有进展。她曾诈杀义渠戎王于甘泉宫，解除了秦东进道路上的后顾之忧。虢宫在她统治时期修建完全符合情理。

关于其具体位置，当在今宝鸡市的虢镇一带。

7. 回中宫

回中在古安定高平，其地在萧关以南，雍县之西北，甘泉之西南。按《史记·秦始皇本纪》云：秦始皇二十七年，第一次出巡西行，"巡陇西、北地，出鸡头山，过回中"②。《括地志》云："秦回中宫在岐州雍县西四十里。"③ 可见这是秦时的一处行宫。此宫到汉文帝时，被匈奴骑兵烧毁。秦始皇统一后的次年就出巡西北，其政治目的就是要告慰他的祖宗，统一天下的大业已经完成。

---

① 班固：《汉书·地理志》，中华书局 1962 年版，第 1547 页。
② 司马迁：《史记·秦始皇本纪》，中华书局 1959 年版，第 241 页。
③ 李括等撰，贺次君辑校：《括地志辑校》，中华书局 1980 年版，第 34 页。

8. 黄山宫

该宫位于兴平市田阜乡侯村北,是 1987 年发现的一处兼有多种文化的重要遗址,采集了大量的瓦当、建筑材料,特别是"黄山"瓦当的出土,为找到黄山宫遗址提供了十分重要的证据。该遗址东西长 1000 米,南北宽 400 米。根据考古工作者的调查,当地家家都有用遗址建筑材料砌成的厕所、猪圈等,建材多为铺地砖、板瓦残片,院内排水均用排水管道,有五角形、圆形两种,特别是巨型夔龙、夔凤纹瓦当。① 五角形下水道和夔凤纹瓦当的发现证明这里就是秦的黄山宫遗址。过去文献记载黄山宫汉惠帝时期修建的宫殿,实质上这个记载是错误的,考古资料证明秦已经修建了黄山宫,汉代加以修缮沿用。遗址出土的巨型夔龙凤纹瓦当还被送到中国国家博物馆、美国参加秦汉文明展。

9. 羽阳宫

此宫为秦武王修建,据《汉书·地理志》陈仓县下注:"有羽阳宫,秦武王起。"② 后来多发现带"羽阳"字样的瓦当,《渑水燕谈录》卷八载:"秦武公作羽阳宫,在凤翔宝鸡县界,岁久不可究知其处。元祐六年正月,直县门之东百步,居民浚氏得古筒瓦五,皆破,独一瓦完。面径四寸四分,瓦面隐起四字曰'羽阳千岁',篆字随势为之,不取方正,始知其羽阳宫旧址也。其地北负高原,南临渭水,前对群峰,形势雄壮,真胜地。"关于其地望,陈直先生认为在今宝鸡东关外火车站对岸,宋时即有羽阳瓦出土。③ 凤翔县长青乡马道口行政村在 1973 年 11 月平整土地时,发现 4 件铜器,其中有"羽阳宫"鼎,上有铭文:"雍羽阳宫鼎容一斗二升,并重六斤七两,今汧共厨。"由此可见它确是羽阳宫中所用之鼎。④ 王光永先生认为该鼎出土地为一宫殿遗址,这个遗址应该是史书中的"羽

---

① 陕西省考古研究所:《陕西兴平侯村遗址》,三秦出版社 2004 年版,第 7 页。
② 班固:《汉书·地理志》,中华书局 1962 年版,第 1547 页。
③ 陈直:《汉书新证》,见《陈直著作三种》,三秦出版社 2012 年版,第 129 页。
④ 李仲操:《羽阳宫鼎铭考释》,载《文博》1986 年 6 期。

阳宫"。该遗址距雍城约17.5公里，距秦武公所属的平阳城约30公里。[①]
笔者认为羽阳宫遗址在今陕西宝鸡市陈仓区渭河边，《新编秦汉瓦当图录》中有"羽阳临渭"瓦当一品。"羽阳"瓦当的发现可表明其宫殿所在，而作为青铜器出现的羽阳宫鼎可能是羽阳宫的铜器。此宫也是秦宫汉葺。

三、秦直道上的行宫遗址

秦统一全国后，为对付北方匈奴，秦始皇派大将蒙恬率30万大军用两年时间修筑了一条从咸阳北林光宫向北直达九原的军事高等级公路。公路长达700多公里，最宽处达50米，是由咸阳通往北境阴山间最近的道路，大体南北相直，故称直道。这是一条非常重要的道路，在道路两旁一定修有不少离宫别馆。迄今为止，考古工作者已发现了多个宫殿遗址。道路大体上每30公里就有一处行宫。目前已经发现全线共有20余处行宫。

图52 马连沟直道行宫遗址

---

① 王光永：《凤翔县发现羽阳宫铜鼎》，载《考古与文物》1981年第1期。

陕北富县行宫遗址上，发现秦青铜箭镞。秦直道每15公里就有一处兵站，全线有30余处兵站。在陕甘交界调令关秦直道发现大型兵站遗址，有足球场那么大。另在旬邑、淳化交接的秦直道沿线还发现神秘崖居壁画，在甘泉县发现秦直道渡河桥墩遗址。

位于陕西志丹县永宁乡任窑子村的行宫遗址，在直道左侧，东西宽80米，南北长350米，高出地表15米左右。土台全部用夯土筑成，夯层厚7—15厘米，在这里发现了大量秦建筑材料，有云纹瓦当、板瓦、筒瓦、铺地方砖、回纹砖以及陶水管、水管弯头、柱础石和陶井圈等，可以看出该行宫规模不小。

位于陕西安塞县化子坪乡红花院的行宫遗址，在秦直道东侧10米处。遗址东西长1000米，南北宽500米，中间高，四周低，现存大量夯土台基，以坚实细密的夯土构成，夯层厚10—30厘米，夯窝直径6厘米，夯土最高处达10米。在遗址地表分布着大量的秦代筒瓦、板瓦、瓦当残片。板瓦、筒瓦外饰整齐的绳纹，制作规整。瓦当大部分残缺难辨，只有卷云纹瓦当较完整。瓦当图案均为阳文，线条圆润流畅。此外该遗址中央放置两块基石，一块为长方形，一块为圆形，且从外地运来，这是继志丹行宫之后的又一发现。

甘肃直道上也发现了一些行宫遗址。

四、有遗址而不知宫名的宫殿

秦离宫别馆达700多处，但留下宫名的不多，因而许多现在发现的秦宫殿建筑遗址，秦时不知为何名。下面就是一些有遗址而佚名的宫殿。

1. 洛南秦宫殿遗址

位于陕西洛南县西部，旧传为李密冢，主体为一长方形高台基，西高东低，分为两阶，东西长55米，南北宽45米，面积2400平方米。西部最高处高于地表11米，台基表面有少量绳纹瓦砾，表土之下存有一层厚40厘米的红烧土层，其下为倒塌的建筑堆积及建筑地面。在遗址上采集到不少具有战国晚期至秦代特征的瓦当、板瓦、筒瓦、铺地砖、空心砖等残块。墙皮为淡紫色和白色两种，发现有土坯块。该断面暴露出的建筑地面系多次处理而成，结构复杂，最上为一层硬壳结构。这种地面经过打磨，平整光滑，十分豪华。地面发现于台基中下部，高于地表3米多，据推测此建筑至少有3层，系多层台级建筑。

台基四周均有秦瓦砾分布，其中东西延伸最远，东侧可达百米，西侧延伸250米。台基周围还发现有础石一类的巨石，一般距地表0.5米，平面向上。这些现象表明该处是一大型秦宫殿建筑遗址，其主体台基与已发掘的秦咸阳宫1号建筑遗址相似，应是一处等级较高的离宫。在该遗址上未发现汉代遗物，说明其建筑毁于秦末战乱之中。

2. 渭河北岸秦宫殿群遗址

这是文物工作者进行文物普查时发现的。距咸阳城15公里的兴平市田阜乡侯村就建在一规模巨大的秦汉宫殿遗址上，后文物工作者沿渭河向西探去，发现每隔7.5至10公里便有一宫殿建筑遗址区，共发现6处，联结兴平、武功、杨凌，距渭水1公里至2.5公里。这是秦时由咸阳往雍城进行宗庙祭祀的必经之地，也是当时从咸阳通往西北的交通要道。文物工作者认为，新发现的6处行宫遗址区有几处就包含或属于秦汉皇帝行宫。现在规模最大的侯村遗址，主体部分东西长1100米，南北宽400米，气势雄伟。2000年前的石柱础、不同规格的陶质水管道历历在目。在遗址上发现了饕餮纹、虎纹等秦汉皇室级别使用的空心砖、瓦当等，还发现了龙纹空心砖。6处遗址均建在高大的夯土台上。

3. 凹里遗址

1986年，在东距秦雍城20公里的横水乡凹里村发现一处秦汉遗址，现仅存遗址西北一隅，面积约650平方米。遗址中除发现夯土基址和一条南北长约200米的地下排水管道外，还出土有鱼鸟、双獾、云纹等战国秦瓦当和"长生无极"、"大宜□子"、云纹等汉代瓦当及大量秦汉瓦片。

4. 良周遗址

位于陕西省澄城县刘家洼乡良周村北。遗址北依壶提山和社公山，源出社公山的县西河从遗址东流过。据《澄城县志》记载，县西河又名甘泉。遗址西为良辅河。两河之间有一平坦开阔的高地，宫殿正好在这块高地上，地理位置优越。遗址东西长1000米，南北宽800米，总面积达80万平方米。中心区域呈东西向长方形，四周有壕沟环绕。中西区建筑遗迹密集，东部偏北有面积达4500平方米、平面呈曲尺形的大型夯土建筑基址，上有一长方形夯土台基，高4米，南北长17米，东西宽12.8米，夯层厚6—7厘米。遗址区内文物丰富，出土有大型石础，部分陶器上有陶文，如"栎市""犬亭""大匠"等，有瓦当、铺地砖、空心砖、板瓦、筒瓦等。这些瓦当既有秦的云纹瓦当和筒瓦、板瓦，又有汉代的文字瓦当、云纹瓦当和粗绳纹板瓦。瓦当上的文字有"宫""貌宫""千秋万岁""与天无极"等。该遗址为秦宫汉葺，现为国家重点文物保护单位，笔者前不久专程去考察，遗址保存现状较好。①

图53 良周宫殿遗址

图54 貌宫瓦当

---

① 《陕西文物志》，陕西人民出版社2016年版，第107页。

5. 旬邑沟老头秦宫殿遗址

2006年，咸阳市文物考古研究所、咸阳市文物钻探管理处和旬邑县博物馆联合对旬邑县沟老头秦汉宫殿遗址进行了为期10天的抢救性钻探、发掘清理，取得了重要收获。沟老头秦汉遗址位于陕西省咸阳市旬邑县排厦乡沟老头村附近，面积达150万平方米。此次共发掘210万平方米，清理出1处建筑基址和1条长27米、宽2.4米的道路。建筑基址由夯土、础石和排水管道等组成。出土的遗物中，以绳纹瓦片最多，遗址内遍地皆是。瓦当可分文字瓦当和云纹瓦当。文字瓦当有"长乐未央""长生未央"，以前者常见，瓦当直径16.5厘米。云纹瓦当以云朵形、蘑菇形比较常见，当面中心或为米字、方格和菱形网状纹，或为双十字线交叉状，基本为秦时的风格；也有个别外圆饰一周网状纹、中心饰乳丁和连珠纹的云纹瓦当，属于西汉时期。另外还有五角形下水道、素面及几何纹铺地砖块、柱础石等。遗址中发现有廊庑式建筑基址、柱石、多种规格的成组的五角形排水管道。其中出土大量具有秦代风格的云纹瓦当、瓦片和排水管道等遗物，表明其始建于秦，西汉时期又加以修葺和扩建。①

6. 三原惠家宫殿遗址

2007年第三次全国文物普查中，文物工作者在三原县新兴镇惠家发现秦汉宫殿遗址，面积达40万平方米。普查人员在该遗址上发现了疑似夯土地点两处，普查标本30多件，包括大型几何纹空心砖、方砖、瓦当等等，规格很高，其中有的瓦当形式还是首次发现。② 该遗址可能是秦都通往淳化秦林光宫、汉甘泉宫的一处重要的行宫遗址。

7. 周至西峪宫殿遗址

西安市文物工作者2009年在周至县竹峪乡西峪村村东的台地上，

---

① 刘卫鹏、张永超、何一平：《陕西旬邑沟老头秦汉宫苑遗址清理取得收获》，载《中国文物报》2006年8月23日第2版。
② 李彪：《三原发现大型秦汉宫殿遗址　面积达40万平方米》，载《华商报》2007年11月1日。

发现一处秦汉时期的大型遗址，为研究汉代上林苑宫殿分布提供了重要资料。

该遗址南北长约 500 米，东西宽约 400 米，面积达 20 万平方米。遗址范围内暴露有多处断面，文化层堆积厚约 1.5 米。在遗址东部沿竹峪沟断崖处发现现存长度约 300 米、高约 2 米的城墙一段，城墙系分层夯筑而成，极为坚硬，夯土内夹杂有细碎的陶片、石块等。遗址内散落有大量的绳纹板瓦、绳纹筒瓦和少量的麻点纹筒瓦，一些地方还发现有少数排水管道的残片、几何纹铺地砖及底部有圆球形装饰的铺地砖残片。此外，在附近的村民家中还收藏有遗址中出土的长 0.78—0.81 米完整的五角形排水管道和云纹、葵纹瓦当。据文物工作者介绍，麻点纹应为战国时期筒瓦特征，绳纹板瓦和筒瓦则为汉代遗物，大型夯土城墙、五角形排水管道、云纹瓦当等多见于秦汉时期的大型建筑中，所以西峪遗址应当为一处秦汉时期的大型宫殿遗址。今周至、鄠邑区一带为西汉时期的上林苑所在地。西峪遗址的发现为研究汉代上林苑宫殿分布提供了重要资料。①

8. 千阳宫殿遗址

宝鸡千阳宫殿遗址在第三次全国文物普查时发现。遗址位于千阳县南寨镇一处台塬边，地势北高南低，呈阶梯状，南北长约 400 米，东西宽约 300 米，面积约 12 万平方米。遗址北部断面上暴露有夯土层，长约 23 米，高约 0.9—1.5 米。夯土层采用平夯法夯筑，土质坚硬，每层厚 5 厘米左右。这是一处战国时期行宫遗址，同时发现的还有壁厚达 7 厘米的陶水管，以及板瓦、筒瓦、空心砖残片等物。有关专家认为，此处遗址规模大、内涵丰富，是宝鸡地区罕见的战国行宫遗址，属宝鸡地区首次发现，对研究战国时期的行宫分布、建筑材料等有重要价值。②

---

① 都红刚：《陕西周至发现一处秦汉时期大型城址》，载新华网 2009 年 9 月 4 日。
② 孙秉志：《陕西宝鸡现战国行宫遗址　面积超 10 个足球场》，载《西安晚报》2008 年 12 月 4 日。

9. 尚家岭宫殿遗址

位于陕西千阳县南寨镇冯家堡村，东为汧河支流涧口河，南临蜿蜒开阔的汧河河湾台地。遗址所在地属南寨原，山清水秀，风景宜人。该遗址始建于战国，沿至西汉时期，具有离宫与驿站的属性，总分布范围约 22 000 平方米，布局结构、内涵及时代沿革清晰。这是继陇县磨尔原、凤翔孙家南头、宝鸡魏家崖等处发现秦汉大型聚落遗址之后，在汧河流域的又一次重要发现。早在 2006 年，当地村民在取土时发现大范围夯土和陶质井圈，遂引起当地文物主管部门的重视，并采取保护措施；2008 年全国第三次文物普查时曾对该遗址周边区域进行调查，确认为秦汉建筑遗址；嗣后的关中地区秦汉离宫别馆调查项目进行时，再次对该遗址的性质进行认定。遗址规模较为宏大、等级较高，其所处的位置在古代陇东至关中地区东西通行大道沿线，也正好处在汧河水道与回中道之间。战国时期，这条通道是秦国战胜西戎，逐步走向强盛的最重要交通线路；秦代至西汉时期，两代皇帝西行巡察与郊祀活动也主要是走这条线路。遗址首次发掘出土了大量陶质柱础，其在建筑基址上的位置摆布及建筑物的本体特征对进一步了解秦汉时期离宫别馆及相关建筑内涵提供了重要的实物资料。①

五、辽宁、河北秦离宫

近年来，在辽宁、河北沿海一带陆续发现了很多秦汉时期的宫殿建筑遗址，均表现出规模宏大、豪华壮观的特色。

1. 辽宁绥中秦宫殿遗址群

位于辽宁省绥中县，共发现了 6 处建筑遗址，都在渤海边，分别是石碑地、黑山头、止锚湾、瓦子地、周家南山、大金丝屯。从其建筑特

---

① 田亚岐、刘军社、田森等：《陕西千阳尚家岭秦汉建筑遗址发掘简报》，载《考古与文物》2010 年第 6 期。

色和建筑材料来看，当属秦代皇宫建筑无疑，汉时继续修葺沿用，为秦汉时期的离宫。这几个遗址均为多级夯土台，下面分别予以介绍。

①石碑地遗址。位于万家镇墙子里村的海岸边，这里地势高敞开阔。在长570米，宽250米，高2.5米，面积达14.25万平方米的范围内发现了一些大小不同的夯土台基，以南端的大夯土台为中心，分东西两行向北排列。夯土台上有瓦、柱础石等建筑遗物，四周地下分布着类似围墙的夯土墙基，分为1号和2号夯土台。

1号夯土台，即遗址南端突起于海边的方形大土台，是这组建筑群址中的主体建筑。台基南侧边长40米，高8米，版层夯迹清楚，每层厚4—9厘米不等。台基雄踞海边，正面对海中巨石——姜女坟。台面之上的房屋至少分三级，每级高差0.5米左右，形成阶梯式建筑。在台基坍毁的断崖边露出一建筑房址，地面平坦，残长1.8米，利用夯土台基作北壁，发现有扁圆形白色大理石柱础，顶面略平。据当地人讲，像这种柱础，以前还发现过几块，推测是排列成行。发现的一道墙用长方形小花砖镶面，单行卧立砖。

2号夯土台位于1号夯土台的东北，两台相距150米，南北长15米，东西略宽。墙壁用灰黑砂护面，北壁下半部有大面积锤打痕迹。墙用土坯砌成，还发现一组三级式阶梯，当是踏步。

从对整个遗址上的钻探得知，石碑地遗址四周有宫墙。遗址出土了大量建筑遗物，其中有一树纹半瓦当，直径17厘米。瓦当外面有浅绳纹，纹样与战国晚期秦瓦当上的树纹相同。遗址还发现高浮雕夔纹巨形瓦当8件，当面作大半圆形，边轮出平沿，面上饰高浮雕夔纹，蜷曲盘绕，两相对称，状如山峦；当背连接筒瓦，筒瓦顶面拍印浅细绳纹，内面无纹饰，通长68厘米；当面直径52厘米，高37厘米，厚2.5厘米。这类巨形瓦当与秦始皇陵出土的相似。这里还出土有变形夔纹瓦当、云纹圆瓦当、"千秋万岁"字样瓦当、花面小砖、大型空心砖、双孔长筒瓦当。

根据出土文物特征推测，该遗址的建筑时代当在战国时，秦始皇和西汉初年继续扩修。也有人持反对意见，认为树叶纹瓦当的准确年代是秦代，不能早到战国时期。

②黑山头遗址。位于石碑地遗址西2公里，是岸边突起的海岬。因基建施工破坏较大，发现了60多个础石，大半被推移失位。露于现地表的建筑件有成排的础石、陶井窖、空心石和大面积的瓦砾、红烧土等。经抢救清理，建筑布局基本清楚，主体建筑位于山头南侧，夯筑土台坚实。从对遗址的清理来看，主体建筑为结构复杂的多层建筑，地面上露出一些纵横交错的黄土夯带，宽约70厘米，很像墙基。该建筑可分为三组十个单元。

第一组分四个单元。一单元位于东部，平面呈曲尺形，南北长15米，东西宽4.5米，北部边缘和西墙北端有两个水管沟，由筒瓦接成。二单元位于一单元的西部，平面呈长方形，东西长11米，南北宽3.5米，四角各有1块础石。三单元位于一单元的西侧，平面呈长方形，南北长8米，北半部有一口井式窖穴，用大型陶井圈接成，口径1.1米，深1.6米。四单元位于第二单元的南侧，平面正方形，边长4米，西墙中部有一水管沟。在三、四单元之间有一条黄色杂花夯土带，北端接第二单元豁口，像一条小甬道。

第二组建筑为长方形，唯东南角缺损，东西长20米，南北宽12米，东西两边有墙基。北边有1.5米宽的夯土带，南边有9块础石和3块空心砖。中间两道南北向墙基将第二组建筑分成三个单元，每个单元的南部分布3块础石和1块空心砖。北半部有一"土"字形墙基，墙宽0.9米，将北半部分隔成四个小室，各小室均有豁口相通。东南角的小"室"内都有一口式井窖。在此遗址上发现大量的筒瓦、板瓦、瓦当、砖等。在一、二组建筑之间，有一道2.5米宽的杂花黄土带，当是通道。

第三组分三个单元。台基的北部边缘是一条较宽的夯土带，宽1.1—1.5米，东西长45米。中部发现6块础石，分三级两两相对，据推测当为走廊。台基北侧有3条斜坡路，宽3米至4米，长7米，路两侧有瓦片堆积，当是阶道。

图 55　姜女石秦宫殿遗址

从以上情况可看出，黑山头也是一处具有多级台阶的高台建筑。关于其时代，简报作者认为是西汉初年的建筑，是汉的望海台遗址。这是不确的。其实这个遗址也是秦始皇时建造的，西汉初年继续修葺沿用，和石碑地及后面要谈的止锚湾、南金丝屯等遗址同属一个时期，是一个建筑群体的不同部分。

③止锚湾遗址。位于石碑地东 1 公里处，东南两面面向海洋。这里自古以来就是一处重要海岸，古称止锚湾。遗址位于海岸高地上，面积约 1 万平方米，中心区在县水产招待所院内，考古工作者经过钻探，发现了大量的秦汉建筑材料。

④瓦子地遗址。位于石碑地北 1 公里处的杨家村西侧，因碎瓦多，故称为瓦子地。这里地势高敞开阔，四周稍低，中部为高岗，现在是一片果园。遗址主要分布在果园内，面积 10 余万平方米。据当地农民称，在果园西北曾出土过陶井圈，形制与黑山头一带一样，经试掘，发现大量的秦汉时期建筑构件。

⑤周家南山遗址。位于瓦子地遗址北 2 公里的周家村南山上。遗址

南北长250米，面积约2万平方米，发现大量的碎瓦片，拣到一云纹瓦当，与黑山头遗址出土的相同。

⑥大金丝屯遗址。位于周家村南山遗址西2公里，黑山头北4公里，山海关东北8公里，遗址东西长400米，面积约10万平方米，发现了大量建筑构件。

以上6个建筑遗址的始建年代是秦始皇时期，延续到汉初。这些遗址位于14平方公里的沿海区域内，是一个大型的宫殿建筑群，当属秦在关外的离宫，为秦始皇东巡寻求长生不老药而修，秦始皇后来的几次东巡，都在此长住。①

2. 北戴河宫殿遗址

继辽宁绥中发现大型秦宫殿遗址后，河北省文物工作者在秦皇岛市北戴河发掘出秦始皇及其子东巡渤海湾时的行宫建筑群遗址。

文物工作者已清理出一组较大的四合院建筑群中部分房屋的基址，其中一座6间的东配房，通长30.5米，宽8.2米，墙厚近2米，屋内地面经夯打；一座宏大的正殿遗址东西长57米，南北宽13米，四壁厚2.3米，中间隔墙厚为1米，东西两个大厅各有横排三行巨大的柱础石，每行4块，柱础石直径1.3米，横向间隔5.7米，竖向间隔4米。据探查，这座建筑的范围东西长100余米，南北宽100余米，各组建筑有明显的高差之分，和秦咸阳、辽宁秦宫殿相同。

以后又在中心建筑的西南部揭露出一座南北长40米，东西宽11米的西配房。西配房围墙宽1.5米，残存高度30—40厘米，房内用两条隔墙把这座建筑分成三大间，每间西墙中部设一宽1.1米的门，并在门房用4块石础分两组对称置门柱，门道用方砖铺地。这里未发现柱础，有很多建筑构件，包括板瓦、筒瓦、半瓦当等。

文物工作者还在横山之南200余米的高地上发现另一组大型建筑群的遗址，初步认为是秦皇行宫的主体建筑群。在该遗址范围内，先后收

---

① 《姜女坟建筑群址的年代、性质及其相关问题》，载《北方文物》1991年第4期。

集到遗址出土的秦代夹贝卷云纹瓦当、半瓦当、空心砖、大型刻雕夔纹半瓦当等宫殿建筑陶构件，还发现结构独特的陶井遗址。

鹰角石附近，古文化遗存丰富，在隔海往北约1.5公里林场内高丽庙和东联峰前的剑秋路两侧，地面有秦汉时期的建筑瓦砾。这里发现有直径50多厘米的大型刻雕夔纹瓦当，有直径40厘米的夹贝双云纹瓦当，有直径20厘米的饕餮纹瓦当及长1.3米的菱格纹空心砖。

在北戴河联峰山的南山顶上，清理出一座秦汉时期的建筑遗址，室内面积17平方米，地面经过夯筑。屋中间有一个用素面砖和小菱格纹砖铺砌的深47厘米的方形池子，池内有一个用四层陶圈及素面砖铺底的陶井，口径1.22米，深1.43米。陶井中出土遗物有宽48厘米、长56厘米的绳纹筒瓦及铁器。在遗址及其周围还发现许多卷云纹加贝圆瓦当、空心砖残块。这些建筑构件规格大，具有秦汉宫廷建筑的风格和特点。文物工作者还在遗址的东南两侧山坡上发现了当时通向山顶的甬道和石踏步，根据遗址所处的地理位置、周围环境风貌及出土遗物，认为是秦汉时皇帝祭祀和登临观海之所。① 秦皇岛宫殿建筑群的发现，证明秦皇岛的得名确实与秦始皇在这里长期居住有关系。

辽宁绥中和秦皇岛北戴河秦代建筑遗址，大家普遍认为属于同一个宫殿建筑群体，是秦始皇东巡时的离宫别馆。因为这两处遗址都位于渤海边，且相距仅40公里，而且所出建筑材料基本一样。同时专家们断言，在石碑地和北戴河之间沿海还应有秦的宫殿遗迹。

据《史记·秦始皇本纪》记载：秦始皇在统一全国后，曾五次出巡，有四次是往咸阳以东，其目的何在呢？其一，秦的统一是通过军事武力实现的，所以山东六国在兼并战争中虽然降服了，但人们并没有真心诚服。特别是六国旧贵族是不会真心归服的，因为他们的特权被剥夺了。为宣扬秦始皇的声威，他便大规模视察边疆防条，用以威慑山东六国，

---

① 邸和顺：《为碣石研究提供新资料——秦皇岛发掘一处秦汉建筑遗址》，载《中国文物报》1992年7月5日第1版。

加强其对全国的统治。其二，秦始皇一生最害怕死，于是便有方士儒生骗其说，东海中有仙岛，上有仙药，吃后就可长生不死，这也是秦始皇东巡的一个原因。其三，也有遍游全国欣赏大自然美景之意。

秦始皇三十二年（前215），"至碣石，使燕人卢生求羡门高誓，刻碣石门"①。关于碣石，学术界有争论，有人认为是山，有人认为是石。认为碣石是山者，认为其指现在河北省昌黎县的碣石山；认为碣石是石者，则认为现在发现的辽宁、河北秦汉大型宫殿建筑遗址为碣石门。苏秉琦、俞伟超两先生均认为新发现的绥中、秦皇岛遗址群，就是碣石宫的所在地。

渤海边的秦代大型建筑遗址群，是我国古代建筑史上的一大杰作，具有重要的历史价值，是研究秦代建筑的主要资料。

综上所述，秦在全国各地修建了众多的离宫别馆。从现在的资料来看，秦的离宫别馆西至甘肃，东至海边，北至辽宁，犹如满天星斗撒落在全国各地。从现在的遗址来看，规模都很大，气势均雄伟壮观，有些宫殿竟成为皇帝的办公理政之处，这充分说明了其重要性。之所以会有如此多的离宫别馆，一方面是秦始皇在统一全国后，奢侈享受，好大喜功；另一方面是秦始皇受迷信思想影响，欲做"真人"，而"真人"则要"居宫毋令人知"，这样，秦始皇便要修许多离宫别馆，来回穿梭于各宫殿之间。为了更严密，在关中的众多宫殿之间，还修了阁道、复道、甬道。秦始皇一生中五次出巡，除过一次去西北外，其他四次都与求仙寻药有关。他想长生不老，便被方士所骗，到处找仙药，而所到地区，皆修了很多离宫别馆，作为他路途休息之地。特别是辽宁、河北的秦宫殿，明显是秦始皇为了到东海中寻找神山、仙药而修建的。秦始皇当时非常执着，为达目的有时在此居住长达几个月。

秦的离宫别馆，据记载关中有宫殿300处，关外有400余处，单咸阳近旁100公里内宫观就有270处，其中许多遗址至今还没有发现。近

---

① 司马迁：《史记·秦始皇本纪》，中华书局1959年版，第251页。

几年，随着全国性的文物普查，一些遗址才得以揭示。

秦的离宫别馆和秦都城的宫殿一样，也都建在高大的夯土台上，雄伟壮观，建筑结构等同都城中的宫殿一样。

从建筑史的角度来看，先秦时期由于各诸侯国的面积不大，所以离宫别馆较少。秦统一后，由于统治范围的扩大，统治者便要到全国各地巡幸，以维护其统治，这样便需要在全国各地建许多行宫。秦始皇开了修建离宫别馆开端，后来的汉及其他朝代均沿袭这种建筑，在全国为皇帝建众多的离宫别馆。汉代的很多离宫，就是秦宫汉葺，即汉代沿袭秦宫使用。到后来，离宫别馆越建越大，皇帝每年要定期住一段时间，在那里处理政事。汉代的甘泉宫、清代的避暑山庄便成为皇帝夏天的办公场所。

第四章 秦封泥与苑囿

秦的苑囿融山水、花木、建筑等为一体,是中国古典园林的雏形。我国素有"世界园林之母"的称号,说明我国是世界园林的故乡,而我国古典园林的奠基时期在秦汉时期。研究秦的苑囿对于研究秦的建筑史、文化史、园艺史均有重要的意义。

秦人以善于养马和驾车闻名遐迩,并因此获得了周天子的青睐。这成为秦发展史上的重要节点。马和车是当时国君与贵族出行和日常生活中重要的组成部分,因此贵族以上的墓地一般都会有车马坑作为陪葬。也正因为如此,秦封泥中关于马政和厩苑的内容比较丰富,1975年发现的云梦睡虎地秦简中专门设有《厩苑律》《公车司马猎律》《牛羊课》等,记载了战国至秦代厩苑管理组织、制度、饲养等多方面

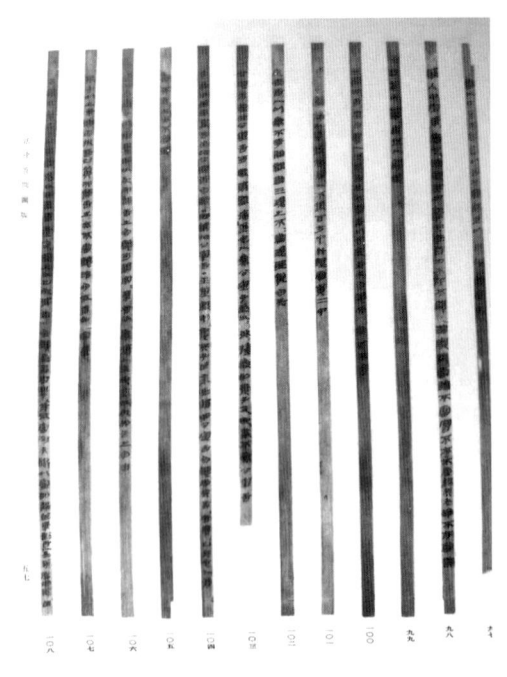

图56 云梦睡虎地秦简

的马政内容，再结合封泥等其他的文献资料，可以对秦苑囿有比较完整的认识。

1989 年，云梦龙岗六号秦墓出土了一批秦简牍，其内容多与秦苑囿相关，但保存状况较差。刘信芳、梁柱两位先生根据内容将其分为《禁苑》《驰道》《马牛羊》《田赢》《其他》等五类。其中尤以《禁苑》类律令最为详备，可与云梦睡虎地秦简所见相关律令互为参证，也可以补文献记载之不足。龙岗秦简的内容以禁苑管理为主，是有关禁苑管理法律条文的摘抄，具体内容可分为三类：一是直接涉及禁苑的；二是间接与禁苑有关的；三是可能与禁苑有关的。墓主人应该是一个职掌云梦禁苑管理具体事务的官吏。

苑囿的修建是为了王室和贵族休闲与狩猎，是古代皇帝和贵族的一种豪华享乐方式，因此，苑囿的修建也是都城建设中必须规划的部分。历朝历代都是如此，在都城附近均会修建庞大的苑囿。

苑或囿的起源甚早，在《山海经》就记载了有关黄帝苑囿的内容。①甲骨文中已经出现了"囿"字。古代的苑囿相当于现在的园林。我国的园林，如从历史上溯源的话，当推古代的苑和囿。"苑，所以养禽兽也"，"囿，苑有垣也"。我国有文献记载的第一个囿出现于商纣王时，"厚赋敛以实鹿台之钱，而盈巨桥之粟，益收狗马奇物……益广沙丘苑台，多取野兽飞鸟置其中"②。商代以后，囿的建造专门化了，除了射猎活动外，还在其中建宫设馆，并增添了帝王寝居及供观赏的动物、植物、山水等自然景色。据《孟子》记载：周文王在丰京修了灵沼、灵台、灵囿，范围达"方七十里"。《周礼》中载有"囿人"一职，"掌囿游之兽禁，牧百兽"③，到周代已有专门的官职机构管理禁苑。

---

① 刘歆：《山海经·西山经》，中华书局 2011 年版，第 41 页。
② 司马迁：《史记·殷本纪》，中华书局 1959 年版，第 105 页。
③ 《周礼·地官·司徒下·囿人》，见许嘉璐主编：《文白对照十三经》（上），陕西人民教育出版社 1995 年版，第 28 页。

春秋战国时各国国君竞相建筑苑囿，以供国君游乐。齐有戏马台、鹿囿。《孟子·梁惠王下》云："臣闻郊关之内，有囿方四十里。"①楚有放鹰台、钓台、五乐台、云梦狩猎区等。据《大清一统志》云："放鹰台在湖广安陆州城东南五十里薮泽间，四望空阔，极目千里，而台居其中，昔楚王游猎放鹰于此。"又《襄阳耆旧记》云："楚王好游猎之事，扬镳驰逐乎华容之下，射鸿乎夏水之滨。"

赵国有鹿苑、赵囿。《大清一统志》云："鹿苑在山西辽州和顺县西二里，相传为赵襄子养鹿苑。"《韩非子·外储说右下》云："赵王游于圃中，左右以菟与虎而辍之，虎盼然环其眼。"②

魏国有梁囿、温囿。郭宝钧先生认为：辉县赵固墓中所出现的燕乐射猎图案刻纹铜鉴，刻绘了贵族游园图案，以中间的一座建筑物中心，上层鼓瑟投壶，下层姬妾环侍。左悬编钟，二女乐且击且舞，磬后有射之囿，磬前有洗马之池。右悬编钟，二女乐歌舞如左，侧有鼎豆罗列，炊饪酒肉。墙外松鹤满园，三人弯弓射，迎面张网罗以受逃。池沼中有荡舟者，亦搭弓矢作驱策浴马的姿势。这些都近于当时贵族园游生活的写实，可以窥见他们奢侈生活的一斑。

韩国有鸿台之宫、桑林之苑。《战国策·韩策一》载张仪说韩王曰："秦下甲据宜阳，断绝韩之上地，东取成皋、荥阳，则鸿台之宫，桑林之苑，非王之有也。"③

诸侯国的这些苑囿对秦是有一定影响的，有些在秦统一后仍沿用。秦统一后既然能将六国的宫殿建筑仿筑于秦都咸阳，因此六国在苑囿建设中的经验也会被秦始皇用于上林苑的建设。兴乐宫中的鸿台疑即依照韩国的鸿台而修筑。

---

① 《孟子·梁惠王下》，见许嘉璐主编：《文白对照诸子集成》（上），陕西人民教育出版社1995年版，第8页。
② 《韩非子·外储说右下》，见许嘉璐主编：《文白对照诸子集成》（中），陕西人民教育出版社1995年版，第169页。
③ 刘向：《战国策·韩策一》，上海古籍出版社1985年版，第934—935页。

秦的苑囿从传统文献记载与目前所见出土文物看已经达到空前的程度，禁苑的设置不仅普遍，而且管理制度也已经成熟。"秦在战国晚期及统一后，大筑苑囿，其数量、规模，非商周所能比拟。其苑囿、职官、制度，亦远较前代完备。"①特别是从出土的《云梦睡虎地秦简》《龙岗秦简》中有关秦苑囿的法律条文可知秦禁苑的构成及相关管理环节。

秦的苑囿不仅数量多，而且规模大，秦昭王时已有五苑。当时，"秦大饥，应侯请曰：'五苑之草著，蔬菜橡果枣栗，足以活民，请发之。'"②到了秦始皇时期，由于国力的强大，加之秦始皇好大喜功，因此他"欲大苑囿，东到函谷，西到陈仓，优旃曰：'善哉，若寇从东来，令麋鹿触之。'始皇乃止"③。因优旃的谏言始皇才改初衷。

苑囿范围广大，故而在其内还修建有驰道、甬道、复道、阁道等道路系统，为皇帝休闲狩猎服务，就像当时秦在关中的宫殿都有各种道路系统一样。《龙岗秦简》简31：诸弋射甬道、禁苑外卅里，去甬道、禁苑。简59：骑作乘舆御，骑马于它驰道，若吏［徒］。甬道是筑有隔墙的专供皇帝车辆行走的大道。驰道和甬道在咸阳城中都有，是为了皇帝行车方便、快速和安全。苑囿中驰道、甬道的功能也是如此，特别是甬道，是为了打猎的安全。《龙岗秦简》中对于甬道或驰道的管理要求相当严格。距甬道外15公里范围内是不能随便弋射的，否则立即拘留。对于胆敢在苑囿驰道当中行走的人，不仅要被流放，还没收其所骑乘的车、马、牛。由于禁苑中的通道纵横相交，所以如果有横穿驰道的，或私自骑马在驰道上乱跑的，都要受到相应的惩处。甚至一时疏忽，把骑马用来给皇帝驾车，也要受处罚。如有人在苑囿驰道上行走，官吏未能察觉处置，相

---

① 王辉：《出土文字所见之秦苑囿》，见雷依群、徐卫民主编：《秦都咸阳与秦文化研究》，陕西人民教育出版社2003年版，第76页。
② 《韩非子·外储说右上》，见许嘉璐主编：《文白对照诸子集成》（中），陕西人民教育出版社1995年版，第168页。
③ 司马迁：《史记·滑稽列传》，中华书局1959年版，第3202页。

关机构的管理者也要受到连累,既针对犯事者,也针对管理不力的官吏。可见法律对苑囿的管理相当具体全面。

相家巷出土的封泥中提到的苑囿有十多个,比传统文献记载的秦苑囿要多。其中有些是过去史书中没有记载的,还有不少是关于养马的封泥,从而大大丰富了人们对秦苑囿的认识。

第一节　秦封泥与秦都城附近的苑囿

秦都城附近是秦苑囿的集中之地,便于统治者的狩猎休闲。秦的都城比较多,但目前只有在雍城和咸阳有相关苑囿资料,其他都城则尚未发现。

一、雍城附近苑囿

雍城是秦的都城中时间最长的,在其附近曾有不少的苑囿。石鼓文唐初出土于陕西省宝鸡市石鼓山,即今宝鸡市东南十余里的渭河南岸陈仓山(现名鸡峰山)之北阪。它用四言诗记述春秋时秦国国君的猎祭活动,也称"猎碣"。《诗经》中也有不少关于车马游猎的记载。但目前我们在史料中仅能看到弦圃、中囿、北园等苑囿。

1. 弦圃

弦圃又称弦囿,也叫弦圃薮,位于今陕西省宝鸡市陇县西南的陇山中。山中有一条由西南向东北流的蒲谷水,从窄狭的河谷中潺潺流出,汇入汧水。在远古时期,河谷两岸山崖崩塌,堵塞河道,形成堰塞湖,一片汪洋,深不可测。薮,是古代湖泽的通称。其形成过程据《水经·渭水注》卷十七云:汧水"出汧县之蒲谷乡,弦中谷,决为弦圃薮"。"其水东流,历涧注以成渊,潭涨不测,出五色鱼。"弦圃在周秦时期是关中地区有名的大型湖泊之一。

弦圃的位置，据《周礼·夏官·职方氏》云："正西曰雍州，其山镇曰岳山，其泽薮曰弦蒲。"贾公彦疏："弦蒲在汧。"《汉书·地理志》云：汧县"北有蒲谷乡弦中谷，雍州弦蒲薮"①。弦圃在汧城西南。秦国君把弦圃作为渔猎游乐之地，十分方便。其在弦圃的渔猎活动石鼓文中有描述。如《汧沔》叙述贵族在弦圃薮捕鱼的情景，"汧殹（也）沔沔，烝皮（彼）淖渊"，意为汧水爆满，进入那清澄的深渊。淖渊，郭沫若先生认为就指的弦圃薮。次叙贵族前去捕鱼，看到弦圃中有很多鲤鱼、鳑鲏、白鱼等，游得逍遥自在。再述"君子"用牺肉饲鱼，鱼群争来吞食，于是捕到很多鱼，把鲢鱼、鲤鱼用柳条穿上带回家。《霝雨》写的是在落雨的时候，从汧水上游而下，河水虽涨但流急成浅，"涉马口流，汧殹泊凄"，水可涉马，人也可履石而渡，所见都是汧源风物，再下行，水极深只能"隹（唯）舟以行"，"驾舫舟"才能达到彼岸，即"于水一方"。这"极深"之处应该就是弦圃薮。当时的捕鱼并非全为生活所用，而具有渔猎游玩的性质。

2. 中囿（具囿、具园）

位于弦圃与北园之间的苑囿，其范围大约包括今宝鸡市陈仓区贾村镇以北千河（即汧河）西岸和凤翔县长青乡千河东岸一带。其名见于石鼓文《吴人》中的"中囿孔庶"。《吴人》这首猎歌，郭沫若先生认为："叙猎归献祭于畤也"，大意是守护中囿的吴人极为负责，从早到晚把猎物作为祭品献上，太祝主持在中囿举行的对天帝的郊祭。吴人即虞人，周官名，掌管山泽苑囿，此指管理中囿的官。秦人把祭祀五帝的处所叫畤，当时在雍城附近有不少的畤，以至于到汉代时皇帝还要常来此地进行祭祀活动。近年来考古工作者在雍城附近山上发现了汉代的大型祭祀遗址——北畤。中囿里的畤可能是秦文公十年建的鄜畤，位于秦都汧渭之会所在地汧水东岸的魏家崖一带。

---

① 班固：《汉书·地理志》，中华书局1962年版，第1547页。

其名中囿是因为西面有弦圃，东面有北园，它位于两者之间。这名字可能是秦武公建北园后取的，当时还有什么名称不得而知。但《左传·僖公三十三年》记载：皇武子对秦帅言，"郑之有原圃，犹秦之有具囿也，吾子取其麋鹿，以间敝邑，若何？"① 具囿和中囿之间到底有无关系尚需探讨。笔者认为秦封泥中有具园，应该是古文献历代传抄过程中导致的错误。

图57　具园封泥

3. 北园

位于雍城南面。园，《说文解字》云："所以树果也。"四周围以篱笆或围墙，种植蔬菜花果，畜养禽兽，供国君及王公贵族游赏打猎，与苑囿同。《毛诗序》云："《驷驖》，美襄公也。始命，有田狩之事，园囿之乐焉。"这是叙述秦君带着儿子，乘四匹黑马驾的车子在北园打猎的故事。诗云："游于北园，四马既闲。"

考古工作者在凤翔县城南高庄一座洞式墓陪葬品中，发现一种名为缶的陶制容器，肩部刻"北园吕氏缶容十斗"。又有一件烧后朱书，文字相同。另一件肩部刻"北园王氏缶容十斗"。文字基本属隶体，同墓陪葬品有半两钱、弩机、铁剑、铁铣、铁釜等。简报作者认为是早到昭襄王，晚到秦始皇的墓葬。② 由此可见，北园从春秋到秦朝一直沿用。

---

① 《左传·僖公三十三年》，见许嘉璐主编：《文白对照十三经》（下），陕西人民教育出版社1995年版，第98页。
② 吴镇烽、尚志儒：《陕西凤翔高庄秦墓地发掘简报》，载《考古与文物》1981年第1期。

从墓内陪葬的兵器来看,墓主可能是北园的守园官吏。其墓在北园内。

在高庄秦墓西北的东社村,发现大片战国秦汉建筑遗址,采集到鹿纹瓦当、猎人斗兽瓦当,为秦的建筑材料;还有"棫阳"残瓦当,应为西汉时修葺棫阳宫的遗物。① 此地当为秦汉棫阳宫遗址。棫阳宫是北园中的离宫,供统治阶级游园休憩之用。

高庄墓地和棫阳宫遗址均在今凤翔县城以南6公里的雍水河南岸。北岸则为秦都雍城。"北园最理想的地域应在雍水河的南岸,即后来称为三畤原的地方。就其范围来说,可能东起阳平北原,西到汧河北岸,广袤约几十里,高庄亦在其中。这里地势平坦,当时林木葱郁,百草丰茂,是狩猎的最好地方。"② 北园既然在今三畤原上,三畤原在秦都雍城之南,应称"南园",却为何称"北园"?韩伟先生认为:"北园修造大约是武公十一年以后的事。"秦武公时建都平阳,平阳故城据考古调查在今宝鸡市陈仓区杨家沟乡到阳平乡秦家沟之间。此原虽是雍城的南原,却是平阳的北原。"平阳原城在南,苑囿在其北,原有'北原'之称。秦德公迁雍后,该园虽在都城以南,仍以习惯称呼之。"韩伟先生的解释是有道理的。

石鼓文《作原》可能就是叙说开辟北园之事。原指的也就是三畤原。园为原的一音之转。诗的大意是,为了把这块原改造成苑囿,派司徒和阪尹率徒隶整治道路,铲除杂草,在三十里的范围内,道路果木纵横交错,像只渔网。园中有栗树、柞树、棫树、棕榈、箸竹等,供国君游猎休闲。

二、咸阳附近的苑囿

咸阳既是战国时期秦的都城,也是秦统一后的都城,随着秦国力的

---

① 马振智、焦南峰:《蕲年、棫阳、年宫考》,见《考古与文物》编辑部编:《考古与文物丛刊》第3号,1983年。
② 韩伟:《北园地望及石鼓诗之年代小议》,载《考古与文物》1981年第4期。

强大和统一战争取得胜利，秦的苑囿较之以前有很大的发展，集中了全国的财力、人力、物力为帝王建造苑囿，供帝王享乐。

苑囿是人们对自己所居处和游玩的自然环境的选择和创造，它离不开原有的环境，因而许多苑囿建在天然形胜之地。秦代的苑囿大多建在关中地区，因为关中地区秦时的自然条件优越，又处于都城附近。

首先，关中有优越的气候。秦汉时关中地区温暖湿润，据竺可桢研究，秦汉时关中的气候比现在年平均气温要高出 1.5℃—2℃左右。① 清初学者张标根据《吕氏春秋》一书提供的物候材料，指出秦时春天的来临要比清初早 3 个星期。若以《吕氏春秋》和《淮南子》等书提供的节气物候与现在西安的节气物候做比较，可以发现当时桃始花和燕始见的时间比现在要早 1 个月左右，因此那时南方的一些植物可以在秦都咸阳所在的关中地区生长，南方的动物也可以在此繁衍。

其次，关中有地理环境优势。关中地区南有秦岭山脉，北有甘泉山、九嵕山等山脉。苑囿中有山表现出崇高之美，因其高峻，容易引起人们注意，人们可以登上顶峰，极目四望，借来各处远景，在有限中看到无限，扩大了整个苑囿的空间，使人心旷神怡。有山即有谷，谷中的风景也是妙趣横生。特别是南面的终南山，气势高大雄伟，林木繁茂，雨后天晴，站在山下遥望，层峦叠嶂，苍翠无际，是著名的风景区。正因为如此，秦上林苑则以终南山为南边的界址。

再次，关中一带水源充足。水为苑囿中不可或缺的因素。水面能产生倒景，将四周亭榭楼台观映现在水中。水是万物生长之本，苑囿之中之所以有茂盛茁壮的花草、林木，飞禽走兽，都与水有不可分割的关系。"荡荡乎八川分流"，东有灞河、浐河，西有沣河、涝河，南有潏水、滈水，北有渭水、泾水，从而造就了"上林十池"的景观。

最后，关中有许多高而平的原，如白鹿原、铜人原、龙首原、乐游

---

① 竺可桢：《中国近五千年来气候变迁的初步研究》，载《考古学报》1972 年第 2 期。

原、凤栖原、鸿固原、少陵原、细柳原、高阳原、咸阳原等，这些原有许多美丽的传说。原与原之间形成条条川道，水流而过，风光旖旎。其中以长安城南的樊川最为有名，秦汉时就是著名的风景胜地，长30余里，河纵贯其中，清流沃野，风光明丽，极富情趣，怪不得秦阿房宫"络樊川以为池"。

总之，当时的关中地区正如《荀子·强国篇》所云"山林川谷美，天材之利多"①。正因为关中地区自然环境优越，因而秦都咸阳及其附近苑囿众多，主要有上林苑、宜春苑、骊山苑、梁山苑、白水苑等。

秦出土封泥所见秦禁苑的资料有：上林苑、杜南苑、东苑、鼎胡苑、宜春禁（苑）、东苑丞印、息园、华阳禁印、庐山禁、圹禁丞印、白水之苑、□原禁、东苑、云梦禁、哭原禁丞、平阿禁印等。尚有一些苑囿我们现在还无从得知其具体位置所在。

1. 上林苑

秦上林苑是秦时期壮大的苑囿，影响深远。关于其修建的确切时间不得而知。《三辅黄图》云："阿房宫，亦曰阿城。惠文王造，宫未成而亡。"②又据《史记·秦始皇本纪》云："营作朝宫渭南上林苑中。先作前殿阿房。"③阿房宫即朝宫，秦始皇时修建，因此至迟在秦始皇时即有上林苑。笔者认为，秦的上林苑是一个不断修建和扩大的苑囿，其时间大体可以到秦昭王时期。秦始皇时期，秦的上林苑已经相当完善。

秦上林苑的范围究竟有多大，宋代程大昌认为："秦之上林其边际所抵，难以详究矣。"④这说明到宋代时上林苑的确切四至已无法搞清，我们只能根据旁证材料推测其大概四至。据《秦封宗邑瓦书》（现藏陕

---

① 《荀子·强国篇》，见许嘉璐主编：《文白对照诸子集成》（上），陕西人民教育出版社1995年版，第95页。
② 何清谷：《三辅黄图校释》，中华书局2005年版，第49页。
③ 司马迁：《史记·秦始皇本纪》，中华书局1959年版，第256页。
④ 程大昌撰，杨恩城、康万武点校：《雍录》，陕西师范大学出版社1996年版，第182页。

图 58　上林丞印封泥

西师范大学教育博物馆）记载："割取杜县丰邱到于沣水的一块土地为右庶长歇（即寿烛）的宗邑。"看来秦上林苑的西边可能到沣河。南边到终南山，这是因为阿房宫在上林苑中，而阿房宫表南山之巅以为阙，络樊川以为池，南山即终南山。北到渭水，一则因为阿房宫的北边已近渭河边，二则可以借助渭河增加自然之美。东边最远到宜春苑，因为秦时在今曲江池一带有宜春苑。从其四至来看，秦上林苑的规模很大。汉上林苑即在秦上林苑基础上扩建而成。

　　秦上林苑既是皇家游猎之所，也是统治者的理政之所。苑中宫殿、台观众多。朝宫就是秦始皇在上林苑中修建的规模最大的宫殿群，是阿房宫宫殿建筑群的又一名称。修建朝宫除了由于国力强大、人口增多、咸阳宫太小的原因外，与秦始皇为了装饰上林苑有关。正因为如此，史书均记载朝宫在上林苑中。这样一个富丽堂皇的建筑群为上林苑增辉不少，皇帝既可在此狩猎，又可在此会见朝臣，处理国家大事。四周有阁道，向南直抵终南山，规模宏伟，离宫别馆弥山跨谷。仅阿房宫前殿"东西五百步，南北五十丈，上可以坐万人，下可以建五丈旗"[①]。据《三辅黄图》云："阿房宫，亦曰阿城。惠文王造，宫未成而亡。始皇广其

---

① 司马迁：《史记·秦始皇本纪》，中华书局1959年版，第256页。

宫，规恢三百余里，离宫别馆，弥山跨谷，辇道相属，阁道通骊山八十余里。表南山之颠以为阙，络樊川以为池。"①按照秦始皇的设想，要以阿房宫为中心，把咸阳及其周围三百里的离宫别馆用辇道、阁道连接起来，形成一个规模空前的帝都。从秦始皇三十五年（前212）开始扩建，当时参与这项工程和修秦始皇陵的人数共计达70万人，即使各占一半，也达35万人。尽管如此，到秦始皇死亡时，阿房宫前殿工程还未竣工，由秦二世胡亥继续营建，但仍未完工，成为"烂尾楼"。

阿房宫目前留在地面上的建筑已经很少了。阿房宫中最重要的建筑——前殿遗址的巨大夯土层仍在，东起聚驾庄、赵家堡，西至大小古城村，东西长1270米，南北宽420余米，台高12米，总面积约达60万平方米，是一略呈长方形的大夯土台基。经过钻探，在遗址北边，有东

图59　秦阿房宫前殿遗址

---

① 何清谷：《三辅黄图校释》，中华书局2005年版，第49页。

西走向宽约 15 米的凸起土梁，略似城墙残垣。1975 年曾在遗址上发现一个直径 50 厘米的凤纹巨型瓦当，可反映出该建筑的规模。同年在距前殿遗址约 1 公里的小苏村，出土了铜制的柱础门帖和户枢。① 可见该建筑的豪华。

在阿房村南附近，即从东边的聚驾庄、赵家堡直到西边的古城村，夯土透迤不断，形成一长方形台地，被称为郿坞岭。前殿东北 200 米处，有一"北司"建筑遗址，发现大型石柱础，排列有序，达 100 多个，并有螺旋形环道遗迹。绳文瓦片上陶文有"北司""右宫""左宫""宫甲""宫寅""宫戏""宫辰"等小篆文字。这些陶文，应是宫名或宫室编号，由此可知阿房宫内之宫室是按天干编号的，可见其宫室之多。在阿房宫村正北高窑村发现了高奴禾石铜权。同时在前殿北约 3 公里的后围寨，村北有一座三层高台建筑遗址，高达 6 米，出土有用花纹空心砖筑的踏步，衔接长达一二十米的下水道及排列有序的柱础石。②

近年来，中国社会科学院考古所与西安市考古所联合组队对阿房宫遗址进行勘探和发掘，取得了不少的成果。考古工作者在阿房宫前殿遗址周围发现了 6 个建筑遗址，均被认为是战国时期秦上林苑中的建筑遗迹。

1 号建筑遗址位于阿房宫前殿遗址西 1150 米处，该遗址分为南、北两部分。南部为宫殿区，其部分夯土台基在现地表以上尚存高 7 米，自秦代地面以上现存高 9 米。台基已惨遭破坏，现存东西最大长度 250 米，南北最大宽度 45 米，面积为 11250 平方米。1 号建筑遗址北部为园林区，因破坏严重，其范围已不可考。南部宫殿区在西部边缘进行了发掘，发现散水东西宽 0.67 米，其东西沿有拦边砖，内为板瓦残片栽置，板瓦内面大部朝南。北部园林区因破坏严重，仅发掘了一处流水景观遗存，现存长 31.2 米，呈曲尺形分布。现选取中部东西向的一段来说明其结构。

---

① 韩保全：《秦阿房宫遗址》，载《文博》1996 年第 2 期。
② 王学理：《秦都咸阳》，陕西人民出版社 1985 年版，第 201 页。

该段流水遗存为东西向石渠（距地表1.1米）。石渠东西通长11米，南北范围通宽2.9米（即包括渠外南北3排卵石宽度）。石渠内长8.9米，内宽0.4米，内深0.12—0.15米。渠底铺装2层卵石。上层卵石较小，下层卵石较大。石渠南壁、北壁为大卵石砌成，卵石呈东西向垒砌，朝渠内一面均较平整，卵石最大者东西32厘米，南北23厘米，厚12厘米；最小者东西18厘米，南北24厘米，厚12厘米。卵石间距4—12厘米。渠南、北壁垒砌卵石之下面垫铺一层大卵石。其大小与上面垒砌卵石相同。石渠南壁、北壁外侧均铺装南、北3排大卵石，其布局以渠北壁外侧3排铺装卵石为例说明。北壁北侧南数第1排卵石位于渠北壁北22—31厘米（与渠北壁卵石间距7—20厘米），分布较密，间距为3—12厘米。该排卵石与北壁卵石间加铺零散小卵石。南数第2排卵石与南第1排卵石间距8—17厘米。卵石分布较稀，其间距30—40厘米。南数第3排卵石与第2排卵石间距11—15厘米，第2排卵石南北呈"品"字形分布。南数第3排卵石间距20—42厘米。渠北壁至南数第3排卵石北沿南北通宽1.25米。渠南壁南面3排卵石东、西部分已无存。石渠东端南拐之拐角处已遭破坏，卵石被扰动，但还能看出大概形状，即垒砌大卵石为渠壁，渠底铺装小卵石，下面垫一层大卵石。石渠东端南拐呈南北向渠，经钻探和试掘了解到，石渠遭破坏严重，仅存零散大小卵石，排列无规律，现存南北长17.4米。石渠西端北拐呈南北向渠，拐角处亦遭破坏。通过勘探了解到，石渠南北向现存长4.9米。通过勘探资料了解到，1号建筑遗址夯土台基的北面，在生土上面普遍垫铺了一层较纯净的土，厚约0.4米，且对其进行了稍加工。石渠应是在垫土过程中垒砌、铺装卵石而构成。该遗址出土遗物以砖、板瓦、筒瓦、瓦当等建筑材料为主。铺地砖有几何形纹和绳纹2种。拦边砖2件，均为长条形。纹饰可分为细密方格纹和顺长粗绳纹2种。板瓦表面均为细交错绳纹，内面为素面，一般厚1.2—1.8厘米。筒瓦均表面为细直绳纹，内面为粗大麻点纹（个别筒瓦内面有手抹成的明显凸棱，而没有麻点纹），泥条盘筑痕迹显著。瓦当5件，制作粗糙，背面凹凸不平，绳切痕迹特别显著。

此外，还出土 1 件凤纹瓦当残块（仅见凤头上端），厚 3 厘米。探沟第 3 层建筑倒塌堆积层内还出土了一些草泥墙皮碎块（已被大火烧成粉红色），一般通厚 5 厘米（由粗草泥、细泥和白灰面组成）。根据发掘资料，对上林苑 1 号建筑遗址的结论为：该遗址有被大火焚烧的痕迹。该遗址建筑倒塌堆积层内建筑材料中板瓦、筒瓦、瓦当都有被大火烧过的痕迹，此外还有大量被火烧毁的墙皮残块出土，这些现象都说明该建筑遗址曾经遭遇过很大的火灾。从该遗址出土的板瓦、筒瓦形制来看，板瓦表面为细密交错绳纹，筒瓦表面皆为细绳纹、内面为麻点纹或手抹成的凸棱、泥条盘筑痕迹显著，出土拦边砖之纹饰为顺长绳纹和细密小方格纹，这些均具战国时代的特征。此外，出土瓦当当面纹饰及瓦当制法，亦具战国时代特征。总之，从上述出土的建筑材料来看，无论从纹饰特征或从制作粗糙、表面不光滑，纹饰较浅、纹路不清晰来看，均与秦都咸阳之咸阳宫出土建筑材料相同。又因该遗址出土的板瓦和筒瓦瓦片明显早于阿房宫前殿遗址北墙顶部倒塌的瓦片，故该建筑应早于阿房宫的建筑；该遗址地处渭河以南的秦上林苑中，故该遗址应为战国秦上林苑建筑遗址之一，与阿房宫的建筑毫无关系。①《光明日报》也予以报道：两千多年前战国时期秦人就在自己的后花园中建有楼阁亭榭，修了小桥流水。

　　上林苑 2 号建筑遗址位于 1 号建筑遗址正南 500 米、阿房宫前殿遗址西南 1200 米，是传说中的阿房宫烽火台遗址。该建筑分为两部分，上部为建筑，下部为夯土台基。台基又分为 2 层，上层南北 42.1 米、东西现存 73.5 米，下层比上层南边沿向南延伸 3.3 米，夯土厚 2 米。同样台基下层比上层北边沿亦向北延伸 3.3 米。低于台基上层现存顶面 1.6 米、厚 2 米。台基下层南北 48.7 米，东西现存 73.5 米。台基夯土通厚 3.6 米，夯层厚 5—7 厘米。在台基上层南沿南 2 米处，发现东西向建筑物

---

① 阿房宫考古队：《咸阳上林苑 1、2 号建筑遗址考古发掘取得重要收获》，载《中国文物报》2005 年 12 月 9 日。

图 60　秦上林苑内的高台建筑遗迹

倒塌的瓦片带，宽约 3 米。台基上面为建筑物，据知情者回忆，中华人民共和国成立初期该建筑还保存较大，后来因群众拉土盖房、垫圈、平整土地等原因，该建筑不断缩小，现还残存一部分，位于台基中部偏南，距台基南沿北 5.5 米，距台基现存东沿西 27 米。该建筑物亦夯筑，夯层厚 5—7 厘米。其底部大（东西 13.2 米，南北 28 米），顶部小（东西 5.5 米，南北 9 米），现存高 4.1 米。在其底部和中部残存一些未扰过和扰动过的花岗岩质的础石。从下往上，1 号础石（扰动）位于建筑物南侧底部，长 0.7 米，宽 0.65 米，厚 0.25 米；2 号础石（扰动）位于建筑物东北侧底部，长 1.4 米，宽 0.65 米，厚 0.22 米；3 号础石（扰动）位于建筑物东北侧底部、2 号础石北侧，长 0.8 米，宽 0.7 米，厚 0.2 米；4 号础石（未扰动）位于该建筑南部，自底部向上 1.4 米处，长 0.7 米，宽 0.92 米，厚 0.3 米。根据这些础石的位置推测，该建筑底部和中腰应有房屋和回廊一类的建筑。该建筑遗址出土遗物以板瓦、筒瓦等建筑材料为主。此外，还采集了一些残砖块。从它们的制法和形制来看，板瓦片表面均为细密交错绳纹，筒瓦片表面均为细绳纹，内面为麻点纹，且泥条盘筑痕迹明显。不管是板瓦片还是筒瓦片，均制作粗糙，与上林苑 1 号遗址出土的板瓦、筒瓦相同。从该遗址内采集的绳纹铺地砖和绳纹拦边砖残块来看亦与上林苑 1 号遗址出土的铺地砖和拦边砖完全相同。故该建筑遗址的时代与上林苑 1 号遗址的时代一致，即为战国秦上林苑中的一座建筑遗址。①

上林苑 3 号建筑遗址在西安市未央区后围寨村北，位于阿房宫前殿遗址北约 3800 米处。遗址已惨遭破坏，建筑物仅残留在北部。遗址为一座高台宫殿建筑遗址，多年来，由于当地农民取土、平整土地，遗址已遭到严重破坏。遗址分为上部建筑和下部夯土台基两部分。下部夯土台基现存南北长 92 米，东西宽 84 米，厚 1.2—2 米。台基偏南部向西延伸长 59 米，宽 15—20 米。在台基西北部遗留一被扰动过的础石，花岗岩石质，长 0.73 米，宽 0.65 米，厚 0.34 米。在所发掘的探方内，夯土台基北面为加工过的院子地面。上部建筑仅存于遗址西北部，其形状现呈不规则状，通高 7 米，夯层厚 0.06—0.1 米，分为顶部、中部和底部建筑。底部建筑现亦呈不规则状，现存东西最大长度 54 米，南北最大长度 42 米，原建筑物已无存。中部建筑亦呈不规则状，现存基址南北最大长度 28 米，东西最大长度 24 米。其上残存部分廊房建筑遗迹。北部廊房进深约 5.1 米，其南壁尚存一壁柱痕迹，壁柱北 2.8 米处有一明柱痕迹，柱洞呈圆形。廊房北面为廊道，宽约 2.6 米。 在所发掘的探方南部，有一廊房内未扰动的壁柱础石。在中部建筑之西部还存一廊房内的未扰动明柱础石。 从中部建筑倒塌堆积出土的草泥墙皮残块和朱红地面残块中可知，草泥墙皮通厚 3.71 厘米，其中一残块中还有壁画痕迹，朱红地面通厚 4.3 厘米。因该遗址上部已被取土近 2 米，故顶部建筑物没有留下

---

① 阿房宫考古队：《咸阳上林苑 1、2 号建筑遗址考古发掘取得重要收获》，载《中国文物报》2005 年 12 月 9 日第 1 版。

痕迹，现存基址南北最大长度 21 米，东西最大长度 19 米。该遗址出土砖、瓦和瓦当等建筑材料、少量的货币、钱范残块。上部建筑之中部廊房的倒塌堆积内出土大量制作粗糙的板瓦片和筒瓦片，其特征与战国秦上林苑 1 号建筑遗址出土瓦片基本相同。又在底部建筑倒塌堆积中发现不少战国时期的绳纹铺地砖和山形云纹及素面的半瓦当，与秦都咸阳宫建筑遗址所出土的铺地砖和半瓦当基本相同。从建筑形制来看，该遗址与秦咸阳宫 1 号建筑遗址的形制基本相似，为一座典型的战国高台宫殿建筑。在该遗址底部建筑倒塌堆积中还出土包含不少汉代表面饰粗绳纹、内面为素面板瓦片和表面饰中粗绳纹或粗绳纹、内面均为粗布纹的筒瓦片。此外，在中部倒塌堆积中还出土西汉五铢钱。由此看来，这座建筑遗址在西汉时期沿用并被改建或翻修过。据文献记载，西汉武帝时，在秦上林苑的基础之上又扩建成为汉上林苑。故该座建筑遗址原应为战国秦上林苑的建筑，后来又为汉代上林苑所沿用。从该遗址出土遗物来看，未见比西汉更晚的东西，故该建筑应该毁于西汉末年。①

图 61　秦上林苑内 3 号建筑遗迹

---

① 阿房宫考古工作队：《陕西西安发掘上林苑 3 号和 5 号建筑遗址》，载《中国文物报》2006 年 11 月 1 日第 2 版。

上林苑4号建筑遗址（传说为秦始皇上天台）位于阿房宫前殿遗址东500米，是以一座高台宫殿建筑为核心的宫殿建筑群。战时这里曾挖过战壕。20世纪50至70年代，人们曾在遗址上取土、修梯田，进行过大规模土地平整等等，该宫殿建筑群的遗址已惨遭破坏。该遗址中部偏西为高台宫殿建筑，以此为核心，其东面、西面、北面均有附属建筑，南面未见建筑遗迹。通过勘探了解到，高台宫殿建筑北面的附属宫殿建筑结构复杂，面积较大，位于高台宫殿建筑北30米，其范围东西长240米，南北宽118—148米。高台宫殿建筑东侧附属建筑位于高台宫殿建筑东62米，其范围东西长85米，南北宽21米，面积1785平方米。高台宫殿建筑西侧附属建筑紧临高台宫殿建筑西边缘，其范围东西长122米，南北宽15—23米，面积约1830平方米。高台宫殿建筑南侧及东南侧均为沙地（古代或为河道、湖泊、沼泽等，勘探中发现在表土下0.5—1米为沙土，其下为细沙、粗沙，有的地方在粗沙下面为淤土）。为了彻底搞清以高台宫殿建筑为核心的宫殿建筑群的时代，考古队选择三处建筑遗迹进行了发掘。

第一处建筑遗迹即高台宫殿建筑遗址，为宫殿建筑群的核心。该遗址下部为高台宫殿建筑的夯土台基，现存东西111米，南北74米，夯土厚2.5米。从勘探资料看，其西部向西伸出东西25米，南北36米；东北部伸出东西30米，南北40米。该遗址上部为宫殿建筑，通高15.2米，可分为三层建筑。底部建筑已无，现存基址东西50—73米、南北62米，基址高8.1米；中部建筑现存长5.1米，宽1.9—2.5米、高0.9米（仅发现一花岗岩础石，应为廊房地面上的明柱暗础础石）；顶部建筑无存，现存基址东西21米，南北13米，高6.2米。从勘探和发掘来看，该建筑没有发现火灾痕迹。从该建筑遗址形制来看，下部为夯土台基，上部为宫殿建筑（可分为底部、中部和顶部三层建筑）。这与秦都咸阳宫1号宫殿建筑遗址的形制基本相同，是较典型的战国高台宫殿建筑。从出土的板瓦和筒瓦片来看，均与战国秦上林苑1号建筑遗址出土的板瓦和筒瓦的制法、形制和纹饰相同。故该建筑应为战国秦上林苑内的一座高

图 62　秦始皇上天台遗迹

台宫殿建筑，它建在秦统一以前，比秦始皇建筑的阿房宫的时代要早，故民间传说所谓的"秦始皇望想台"，俗称上天台，应是千百年来的误传。

　　第二处建筑遗迹位于高台宫殿建筑北面 30 米，是以高台宫殿建筑为核心的宫殿建筑群的一座附属建筑，建筑遗迹基本被破坏无存。考古队对该座遗址进行了局部发掘。发掘部分位于该座建筑物基址的拐角处（该建筑基址由东西向建筑基址和南北向建筑基址构成），上面的建筑遗迹绝大部分都在平整土地时被破坏。东西向建筑基址长 91 米，宽 75 米，现存高出南侧廊道地面 0.82 米，这应为宫殿建筑殿址的基址。南北向建筑基址南北长 65 米，东西宽 7.5 米，现存高 0.2—0.82 米，这应为宫殿建筑内的一条通道基址。限于树木繁多，考古队对该座建筑遗址西部进行了发掘。揭露的宫殿建筑部分基址东西长 8 米，南北宽 1.74 米。通道基址现揭露长 4.24 米，东西宽 1.1 米。宫殿基址南壁夯土外面还残存部分草泥墙皮，自里向外分为粗草泥、细草泥、细泥、白灰面，厚 7 厘米，有的墙皮厚 6 厘米。宫殿基址南侧有用木坎墙封闭的廊道，宽 0.8 米，木墙墙基厚 0.1 米，廊道地面存不少黑木灰。封闭廊道南侧为开放式廊道，宽 1.3 米，上面残存铺砖地面。完整的砖，一面为密集小方格纹，一面为素面，长 36.2 厘米，宽 34 厘米，厚 3.3 厘米。从勘探和发掘来看，该宫殿建筑遗址曾遭受大火焚烧。遗址出土了大量制作极为粗糙的筒瓦片，表面均饰细密绳纹、内面为麻点纹，泥条盘筑痕迹明显。还出土了大量的素面瓦当及少量的葵纹瓦当，当背绳切痕迹清晰，所连筒瓦均与出土筒瓦的制法和纹饰完全相同。另外还出土了一定数量的表面为细密交错绳纹、内面为素面的板瓦残片。上述出土物都明确无误地显示了早期瓦的特征，与上林苑 1 号和 5 号建筑遗址出土的瓦和瓦当基本相同，故该建筑应建于战国时期。此外，还有大量的汉代表面为粗绳纹板瓦片和少量厚的素面铺砖残块出土，也有汉代的五角水管残片、汉半两钱和汉代建筑物中常见的铁直角钉出土，说明该建筑沿用至汉代。故此应为战国时期秦国上林苑的建筑，后成为汉上林苑的一部分。

第三处建筑遗迹位于高台宫殿建筑东面 19—32 米，现存东、西两组排水管道。东组排水管道现发掘南北长 23 米，通过勘探了解到水管道向南延伸 4 米后无存，即水管道残存长 27 米。发掘表明，管道铺于一条沟中，排水管道沟系在生土中挖成，在地表以下 0.7 米。在沟底部铺好陶水管道后，沟内填土稍加夯筑，大部分被扰动。水管道由竖直管道和平铺管道组成，均为陶质。竖直管道套接一水管弯头连接平铺的水管道。竖直管道、水管弯头和平铺水管道均为东、西两行并列铺就。竖直管道东西两行各残存一节，残高 43—33 厘米，壁厚 1.2 厘米。东西二水管弯头高 24 厘米，长 12 厘米，厚 1.3 厘米。平铺水管道东行残存 41 节水管，西行残存 37 节水管。水管一头粗一头细，每节长 58—62 厘米，粗端径 28—35 厘米，细端径 24—26 厘米。水管表面饰细直、交错及斜绳纹，内面为麻点纹，有泥条盘筑痕迹。竖直管道上面的渗水井和漏斗等设施均无存。根据发掘情况判断，排水管道水流方向应为自北向南。该排水管道的形制与上林苑五号建筑遗址水管道的形制相同，应为战国时期宫殿建筑铺设的排水管道。它与上林苑 4 号遗址战国高台宫殿建筑的时代一致，应为上林苑 4 号遗址以高台宫殿建筑为核心宫殿建筑群内的排水管道。西组排水管道位于东组排水管道遗迹西20—28米，呈东南—西北方向。从勘探可知，排水管道还断续向南、向北延伸，现发掘水管道长25米。通过勘探和发掘了解到，西组排水管道水流大方向应从南向北流（该段长152米）后西折（该段长58米），再向北折（该段现存长210米），即现存水管道通长420米。所用水管与秦都咸阳宫内排水管道水管形制相同，与上林苑5号建筑遗址排水管道所用水管相似，应为战国时期铺设的水管道，是上林苑4号遗址内以战国高台宫殿建筑为核心的宫殿建筑群内的排水管道。从上述三处建筑遗迹的发掘资料来看，上林苑4号建筑遗址应是战国时期的秦国在渭河以南建设的上林苑中的一座以高台宫殿建筑为核心的宫殿建筑群，从遗址中出土遗物来看沿用到了汉代。[1]

5号建筑遗址位于阿房宫前殿遗址东北角以外500米处，向东与4号建筑遗址连为一体。战国文化层内含战国时期的建筑倒塌堆积物，出土砖、瓦和瓦当等。该建筑遗址主要为排水管道遗迹。经过进一步钻探发现，该遗址的房屋建筑遗迹破坏殆尽，仅在厂房废墟的深坑北壁上残留少许夯土。发掘的排水管道遗迹，第1组由东西向和南北向的管道组成，呈曲尺形。东西向段，其东端继续向东延伸，西端与南北向段呈直角相连接（拐角处设置拐角弯头水管）。东西向管道长59，南北管道长10米，其北端向北继续延伸。该组管道为在生土中挖沟后铺设水管而成，管道上面垫土为五花土夯筑。第1组水管道南北向段经勘探，北端向北延伸30米后继续向前延伸，因其上为某化工厂水泥地面，故已无法进行考古勘探和发掘。第2组水管道位于第1组南北向部分的西侧，间距21.5米。现发掘水管道长18米，亦为在生土中挖沟铺设水管而成，管道上面垫土未经夯筑。该组管道向南、向北延伸，向南61.7米后继续延伸，但因上面为建筑物，故无法再做勘探工作。从土层来看，管道向北

---

[1] 李毓芳、王自力：《西安秦汉上林苑四号、六号建筑遗址发掘》，载《中国文物报》2007年7月6日第5版。

延伸部分钻入了生土洞。土洞宽 0.7 米，高 1 米。因土洞上面为建筑物，亦已无法再勘探和试掘。水管道均由 3 条圆筒形陶水管套接而成，横剖面呈"品"字形。水管道所用水管长 0.57—0.58 米，一端粗，一端细，粗端直径 0.32 米，细端直径 0.23 米，水管壁厚 0.08—0.1 米。水管表面周身饰细绳纹、中粗绳纹和粗绳纹，绳纹分直绳纹、斜绳纹和交错绳纹，内面为麻点纹，有泥条盘筑痕迹。第 1 组水管道每条管道现存水管 105 节。第 2 组水管道上层水管已被压成碎片，下面两条管道保存尚好，各存留水管 33 节。该遗址内出土了一些砖、瓦和瓦当等建筑材料。所出土的铺地砖残块上面为几何纹和密集小方格纹，砖较薄，且几何纹砖背面还有绳纹。其他出土的瓦和瓦当制作均特别粗糙，其特点与秦都咸阳宫遗址出土遗物相似，且所出土葵纹、连云纹和蘑菇形纹等纹饰均为早期瓦当特征。此外，排水管道所用水管亦与秦都咸阳宫出土水管相同。因该遗址处于秦国渭南上林苑遗址中，故认为这是一座战国秦的上林苑建筑遗址。该建筑遗址的房屋建筑遗迹早在 20 世纪 80 年代建钢厂时就被破坏，仅留下了排水管道遗迹。通过勘探和试掘发现排水管道还再继续向东、向南、向北延伸，故认为该处排水管道只是战国秦上林苑中排水系统的一部分管道遗迹。①

上林苑 6 号建筑遗址在阿房宫前殿遗址东北 2000 米（位于今武警工程学院校园内），传说这里是阿房宫磁石门遗址。通过考古勘探了解到，该遗址是一处南北长、东西窄的高台宫殿建筑遗址，分为下部夯土台基和上部宫殿建筑两部分（夯层一般厚 5—8 厘米）。下部夯土台基形状不规则，现存南北最大长度 57.5 米，东西最大宽度 48.3 米，自现地表向下，夯土厚 3.7 米。上部宫殿建筑原建筑物已无存，现仅存基址，形状不规则，现存南北最大长度 45 米，东西最大宽度 26.6 米，高出现地表 1.5—2.4 米。从建筑物倒塌堆积中出土了大量建筑材料板瓦、筒瓦及少量瓦当。板瓦、

---

① 阿房宫考古工作队：《陕西西安发掘上林苑 3 号和 5 号建筑遗址》，载《中国文物报》2006 年 11 月 1 日第 2 版。

筒瓦均为灰色。从该建筑遗址出土物看,既有战国时期的板瓦、筒瓦出土,又有属于西汉前期的板瓦、筒瓦、瓦当出土,应为战国时期所建,而又沿用到了西汉时期。从该建筑遗址的建筑结构来看,它应为一座高台宫殿建筑,而不是一座门址(没有门道遗迹及相关设施)。因该建筑处于渭河以南秦国所修建的皇家公园上林苑中,故它应为战国时期秦国上林苑中的一座高台宫殿建筑。①

除了上述已经考古发掘的6个建筑遗址外,根据文献记载,上林苑中还有长杨宫、长杨榭、射熊馆等宫观。

据《三辅黄图》云,长杨宫"在今盩屋县东南三十里。本秦旧宫,至汉修饰之以备行幸,宫中有垂杨数亩,因为宫名,门曰射熊观,秦汉游猎之所"。长杨榭"在长杨宫,秋冬校猎其下,命武士搏射禽兽,天子登此以观焉"。②《汉书·地理志》亦云:"盩屋有长杨宫,有射熊馆,秦昭王起"。③这说明秦昭王时已在此建宫,筑射熊馆,作为秦王游猎之所。

关于长杨宫、射熊馆遗址有"秦长杨宫在县(盩屋)东南三十三里"④的记载。《三辅黄图》亦云"长杨宫在今盩屋县东三十里"⑤。何清谷师经过实地考察,认为遗址在今周至县终南镇东南的竹园头村南。此地名圪垯顶,原有3米多高的大型夯土台基,平整土地时被挖平,在此地发现大量秦汉砖瓦。⑥《雍录》云"长杨宫在上林苑中"。从其地理位置看,当在秦上林苑范围内,是秦专为狩猎而修建的离宫别馆。狩猎是古代皇帝一种豪华的享乐方式,"强弩弋高鸟,走犬逐狡兔,此其为乐也"⑦。

---

① 李毓芳、王自力:《西安秦汉上林苑四号、六号建筑遗址发掘》,载《中国文物报》2007年7月6日第5版。
② 何清谷:《三辅黄图校释》,中华书局2005年版,第37、290页。
③ 班固:《汉书·地理志》,中华书局1962年版,第1547页。
④ 李吉甫撰,贺次君点校:《元和郡县图志》,中华书局1983年版,第31页。
⑤ 何清谷:《三辅黄图校释》,中华书局2005年版,第37页。
⑥ 何清谷:《关中秦十宫觅踪》,载《陕西师范大学学报》1988年2期。
⑦ 《淮南子·原道训》,见许嘉璐主编:《文白对照诸子集成》(中),陕西人民教育出版社1995年版,第4页。

秦时，无论皇帝、大臣或者平民，射猎均是生活中的一项重要活动。早在秦文公时，"三年，文公以兵七百人东猎，四年，至汧渭之会"①。可以看出当时狩猎的规模相当可观。到秦昭王时，据《云梦睡虎地秦简·公车司马猎律》载："射虎车二乘为曹，虎未越泛藓，从之，虎环（还），赀一甲，虎失（佚），不得，车赀一甲。虎欲犯，徒出射之，弗得，赀一甲。豹旞（遂），不得，赀一盾。"②由此看出秦昭王以后，王室为了打猎，发明了一种既安全又能游猎的专用工具射虎车，虽名射虎车，但狩猎其他野兽时也可以用之，而且制定了很详细的法律。国王出猎由公车司马随从。所谓公车司马，据《汉官仪》云为汉时国王的卫队，汉承秦制，秦时也应该如此，常随秦王出外游猎，一则保卫王的安全，二则打猎供皇帝欣赏。《史记·秦始皇本纪》云："如始皇计。尽征其材士五万人屯卫咸阳，令教射狗马禽兽。"③材士即有技艺的兵士。秦始皇、二世皇帝时出猎的规模更大，次数更多，为了保证王室田猎的猎源，《睡虎地秦墓竹简·田律》《吕氏春秋》等都做了明确规定，不准任意射猎弋鸟。

相家巷出土封泥中有狯士之印。狯即狗。狯士是管理狗的人。还有尚犬封泥，足以证明当时行猎时狗的作用。

图 63　狯士之印封泥

---

① 司马迁：《史记·秦本纪》，中华书局 1959 年版，第 179 页。
② 睡虎地秦墓竹简整理小组编：《睡虎地秦墓竹简》，文物出版社 1990 年版，第 85 页。
③ 司马迁：《史记·秦始皇本纪》，中华书局 1959 年版，第 269 页。

图 64　尚犬封泥　　　　　图 65　弄狗厨印

  上林苑还专门为禽兽修圈，并在旁筑观，供人观赏射猎。秦兽圈，据《三辅黄图》记载："《烈士传》云：'秦王召魏公子无忌，不行，使朱亥奉璧一双，诣秦，秦王怒，使置亥于兽圈中，亥瞋目视兽，皆血溅于兽面，兽不敢动。'"①既云兽圈，里边肯定有各种野兽。《长安志》引《汉宫殿疏》云："秦故虎圈，周匝三十五步，去长安十五里"。其位置据《水经·渭水注》记载：昆明故渠"北分为二，渠东迳虎圈南而东入灞，一水北合渭"。其具体位置当在灞河以西，昆明渠址以北，在今北辰堡一带②，是为帝王观赏而专门修建的。狼圈与虎圈相近，它们与其他野兽之圈共同组成了兽圈。

  相家巷出土封泥中有麋圈封泥。麋鹿在秦汉上林苑中皆有饲养。《史记·滑稽列传》载："始皇尝议欲大苑囿，东至函谷关，西至雍、陈仓。优旃曰：'善。多纵禽兽于其中，寇从东方来，令麋鹿触之足矣。'"③《史记·司马相如列传》："兽则㺎旄貘犛，沈牛麈麋，赤首圜题，穷奇象犀。"④又《三辅黄图》载，上林苑中多池沼，则麋圈池当为秦上林苑中失载的池沼。

---

① 何清谷：《三辅黄图校释》，中华书局 2005 年版，第 350 页。
② 王学理：《秦都咸阳》，陕西人民出版社 1985 年版，第 54 页。
③ 司马迁：《史记·滑稽列传》，中华书局 1959 年版，第 3202—3203 页。
④ 司马迁：《史记·司马相如列传》，中华书局 1959 年版，第 3025 页。

 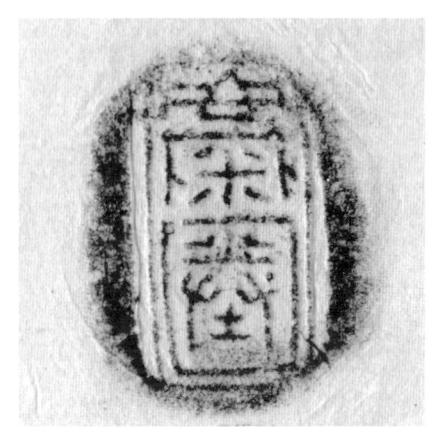

图 66　麋圈封泥图、麋圈封泥拓印

关于秦苑囿中禽兽的来源，一方面我们从文献资料中可以看出，秦禁苑都用围墙或篱笆圈起来，而苑囿中林木繁茂，花草众多，沟壑纵横，为禽兽的栖息繁衍创造了条件。另一方面是专门豢养的。从苑囿外捕捉一些，放入兽圈、狼圈、射熊馆，以供观赏射猎取乐。加之当时关中一带气候温暖湿润，南方的动物也可在此繁衍，更增加了秦苑囿中禽兽的种类。

秦专门设有佐弋官，掌弋射事宜。发现的秦封泥中有佐弋丞印，是少府属官，目前共发现八品佐弋丞印秦封泥。

图 67　佐弋丞印封泥、佐弋瓦当

秦上林苑中有许多水池。上林十池指初池、麋池、牛首池、蒯池、积草池、杀陂池、西陂池、当路池、犬台池、郎池等。秦酒池，在长安故城中。《庙记》曰："长乐宫中有鱼池、酒池，池上有肉炙树，秦始皇造。汉武帝行舟子池中，酒池北起台，天子子上观牛饮者三千人。"水池的修建应该是利用了当时的水环境，既改善了苑囿中的环境，也增加了苑囿中的景色。出土的秦封泥中有都水丞印、都船丞印、都船等与水有关的封泥，说明苑囿中水环境的重要性。

上林苑林木繁茂，鸟语花香，秦统治者"穷四方之珍木"于苑中，可谓遍地花草，浓香布野，繁花似锦，鸟语花香。关于秦上林苑中的花

图 68　都水丞印封泥正、反面

图 69　都船封泥　　　　　　　图 70　都船丞印封泥

木缺乏记载，但我们从汉代上林苑可以看出秦上林苑中的情况。"林麓泽薮连亘"①，林木品种有木本、草本，木本中有观花、观叶、观果、观枝干的各种乔木和灌木，草本中又有大量的花卉和草坪植物。宏伟的建筑物与自然的山水、花木融为一体，构成一幅自然和谐的优美画面。《三辅黄图》云："帝初修上林苑，众臣远方，各献名果异卉三千余种植其中。"②从《西京杂记》记载可看出当时苑中有梨十、枣七、栗四、桃十、李十五、柰三（苹果的一种）、椑三（柿子的一种）、查三（即山楂）、棠四、梅七、杏二、桐三（以上均为种）。林檎十、枇杷十、橙十、安石榴一、梻十、白银树十、黄银树十、槐六百四十、千年长生树十、万年长生树十、扶老木十、守宫槐十、金明树二十、摇风树十、鸣风树十、琉璃树七、池离树十、离楼树十、柟四、枞七、白俞、杜、陶桂、蜀漆树十、栝十、楔四、枫四等（以上均为株）。③从上所言，苑中花木真是不胜枚举。

出土秦封泥中有桑林丞印，说明秦时有专门管理桑林的官员。桑当时在人们生活中有不可替代的作用，既是丝绸制作的原料，同时也是园林绿化的重要植物。

图71　桑林丞印封泥

---

① 何清谷：《三辅黄图校释》，中华书局2005年版，第244页。
② 何清谷：《三辅黄图校释》，中华书局2005年版，第230页。
③ 葛洪撰，周天游校注：《西京杂记》，三秦出版社2006年版，第52页。

秦统治者把全国各地能够在关中栽植的林木均移植到上林苑中，因而形成"竹林果园，芳草甘木，郊野之富，号为近蜀"①，"郁蓊薆荟"，"苯䔿蓬茸，弥皋被岗"②，呈现一派草木茂盛景象。《上林赋》中记载着当时各种花木的名称。

上林苑中的树木，有原来留下来的森林。《三辅黄图》云："林麓泽薮连亘"，"长千仞，大连抱"③，"长安城东南有楸林"④。同时又有人工栽植的树木，见于记载的人工栽植树种有松柏、桐、梓、杨、柳、榆、槐、檀、楸、竹等用材林，以及桃、李、杏、枣、栗、梨、柑桔果木和桑漆等经济林木。"于是乎卢桔夏熟，黄甘橙楱，枇杷橪柿，樗柰厚朴，梬枣杨梅，樱桃葡萄，隐夫薁棣，罗乎后宫，列乎北园，贬丘陵，下平原……沙棠栎槠，华枫枰栌，留落胥邪，仁频并闾，欃檀木兰，豫章女贞。"这些树木"长千仞，大连抱……垂条扶疏，落英幡纚，纷溶箾蔘，猗狔从风……被山缘谷，循阪下隰，视之无端，究之无穷"⑤。苑中有许多以树木命名的宫殿台观，如长杨宫、五柞宫、葡萄宫、青梧观、棠梨宫、梨园、细柳观、椒唐观、柘观等。这说明其旁必有此种植物。

上林苑中竹林很多，鄠县、杜县、盩厔县是当时著名的竹子产地，还在盩厔县特设竹圃，后来关中竹林迭受称道，竹圃甚至成为一地的专名。⑥ 西汉王朝在甘泉宫中专门用竹子修建竹宫。

为了保证上林苑四季常绿，苑中种植许多四季不落叶树木花草，如沙棠、栎槠、豫章、女贞等，又从南方移植一些树。上林苑中的扶荔宫

---

① 班固：《西都赋》，见萧统编、李善注：《文选》，上海古籍出版社1986年版，第9页。
② 张衡：《西京赋》，见萧统编、李善注：《文选》，上海古籍出版社1986年版，第65页。
③ 司马相如：《上林赋》，见萧统编、李善注：《文选》，上海古籍出版社1986年版，第368页。
④ 班固：《汉书·东方朔传》，中华书局1962年版，第2853页。
⑤ 司马相如：《上林赋》，见萧统编、李善注：《文选》，上海古籍出版社1986年版，第368—370页。
⑥ 史念海：《历史时期黄河中游的森林》，见史念海：《河山集》（二），生活·读书·新知三联书店1981年版，第249页。

专门种植南方的奇花异草，如菖蒲、山姜、甘蔗、留求子、龙眼、荔枝等。可谓遍地皆花香，浓香布野，繁花似锦。

马彪先生根据秦禁苑律复原了当时禁苑的基本结构，并通过与同时期秦占领地楚云梦狩猎区演变为秦"云梦禁中"事例的比较研究发现：秦上林苑所在地域至春秋时期还存在着具有祭祀、狩猎功能的邑制国家共同体的所有山川泽地，至战国秦孝公商鞅变法之后，上林苑的部分土地向人民开放；随着咸阳都与四十一县的建立，上林苑中还形成了县邑。另一方面，至迟从秦惠文王开始，上林苑中已经建造了蕲阳宫、阿房宫等王室的离宫禁苑。①

上林苑有一套严密的管理系统，然而缺乏史料记载，相家巷出土的秦封泥为我们留下了管理上林苑的相关资料，为我们了解秦上林苑的管理提供了帮助。西汉初年，上林苑由少府管辖。到汉武帝时扩大了上林苑的规模，其管理由少府转入水衡都尉。《汉书·百官公卿表》云："水衡都尉，武帝元鼎二年初置，掌上林苑，有五丞，属官有上林、均输、御羞、禁圃、辑濯、钟官、技巧、六厩、辨铜九官令丞，又衡官、水司空、都水、农仓，又甘泉上林都水七官长丞，皆属焉，上林有八丞十二尉。"②

2. 禁圃

《封泥考略》卷一有禁圃左丞封泥。既然有禁圃左丞，应该还有禁圃右丞，可以看出禁圃当有两丞进行管理。

目前在西安鄠邑区和周至县发现了两枚"禁圃"文字瓦当。从鄠邑区发现瓦当的遗址来看，此地秦时即有宫殿建筑了。一般来说，关中地区

图72　禁圃瓦当

---

① 马彪：《从秦简禁苑律重新认识秦代上林苑》，载《唐都学刊》2016年第6期。
② 班固：《汉书·百官公卿表》，中华书局1962年版，第735页。

的宫殿大多是秦宫汉葺,特别是距离秦都咸阳稍远的地方,没有受到项羽焚烧的破坏。周至发现的禁圃瓦当在长杨宫遗址,鄠邑区发现的禁圃瓦当在甘河镇坳子村。文字瓦当往往反映其真实意义,包括宫殿的名称及用途。这两枚"禁圃"文字瓦当就是针对用途而言的。《汉书·百官公卿表》记载了上林苑中的管理系统,有上林、均输、御羞、禁圃等。其中"上林有八丞十二尉,均输四丞,御羞两丞,都水三丞,禁圃两尉,甘泉上林四丞"①。那么如何理解"禁圃两尉"呢?张天恩先生认为:"瓦当出土于两个相距较远的地方,究其原因,当与汉官职中禁圃设有两尉有关。既置两尉,则应是各有官署,职司亦应有不同。户县坳子村东北和周至竹园村附近,分别为禁圃两尉(或两丞)的官署所在地,已经清楚。"②禁圃的设置有何作用?圃,《说文解字》谓"种菜曰圃"。狭义来讲,"为禁苑中种植菜蔬之圃"。然而如果真的将禁圃仅仅理解为种植蔬菜的圃园显然不符合情理。因为两个禁圃官署之间的距离已有12.5公里,仅用来种菜显然太大。所以,在禁圃区内,除了种植蔬菜外,定当会栽植更多为皇室服务的有用之物,以备宫廷内府的不时之需,因而瓜果的种植是必要的。司马相如在《上林赋》中描写:"于是乎卢橘夏熟,黄甘橙楱,枇杷橪柿,亭柰厚朴,梬枣杨梅,樱桃蒲陶,隐夫薁棣,答沓荔枝,罗乎后宫,列乎北园。貤丘陵,下平原。"③相家巷秦封泥中有橘

图73 橘官封泥

---

① 班固:《汉书·百官公卿表》,中华书局1962年版,第735页。
② 张天恩:《"禁圃"瓦当及禁圃有关的问题》,载《考古与文物》2001年第5期。"户县"即今鄠邑区。
③ 司马迁:《史记·司马相如列传》,中华书局1959年版,第3028页。

监、橘印、橘官、桑林丞印,也许从侧面说明了这一问题。《三辅黄图》也记载:"帝初修上林苑,群臣远方,各献名果异卉三千余种植其中。"①这些名贵果树、奇异花卉,应由禁圃负责栽培,然后罗列于后宫、北园,以备宫廷享用,当是禁圃献纳供奉。

秦的苑囿百姓只有修建维护之权利,而无出入享受之权利,秦二世时,"入上林斋戒,日游弋猎,有行人入上林中,二世射杀之"②。秦苑囿有许多管理制度。关于苑囿的修建,据《睡虎地秦墓竹简·徭律》载:"县葆禁苑、公马牛苑,兴徒以斩垣离散及补缮之,辄以效苑吏,苑吏循之,未卒岁或坏决,令县复兴徒为之,而勿计为徭。卒岁而或决坏,过三堵以上,县葆者补缮之;三堵以下,及虽未盈卒岁而或盗决道出入,令苑辄自补缮之。县所葆禁苑之傅山、远山。其土恶不能(耐)雨,夏有坏者,勿稍补缮,至秋毋雨时而以徭为之,其近田恐兽及马牛出食稼者,县啬夫材兴有田其旁者,无贵贱,以田少多出人,以垣缮之,不得为徭。"③其意思是说,县应维修禁苑,也应该有牧养牛马的苑囿,征发徒众为苑囿建造堑壕、墙垣、藩篱,并加以补修,修好即上交苑吏,由苑吏加以巡视,不满一年而有毁缺,令该县重新征发徒众建造。同时《睡虎地秦墓竹简·田律》规定:"百姓犬入禁苑中不追兽及捕兽者,勿敢杀,其追兽及捕兽者杀之。"④

对自然环境的保护,秦做了很多规定。先秦时期,人们对生物资源的保护已经由不自觉的、模糊的阶段逐渐地发展到自觉的、比较清楚的阶段。春秋战国时期,对生物资源的保护已具有明确的目的和具体的规定,范围也相当广泛,并始终同经济发展相联系,达到了前所未有的水平。当时,诸子百家对生物资源保护的认识也不一样,产生了不同学派

---

① 何清谷:《三辅黄图校释》,中华书局 2005 年版,第 230 页。
② 司马迁:《史记·李斯列传》,中华书局 1959 年版,第 2562 页。
③ 睡虎地秦墓竹简整理小组编:《睡虎地秦墓竹简》,文物出版社 1990 年版,第 47 页。
④ 睡虎地秦墓竹简整理小组编:《睡虎地秦墓竹简》,文物出版社 1990 年版,第 20 页。

之间的争论，从而促进了资源保护思想的深化和提高。其中以春秋时齐国人管仲的观点最具代表性和影响力。管仲在齐国为相，他从发展经济、富国强兵的目标出发，十分注意山林川泽的管理及生物资源的保护，形成了一整套保护环境的思想。他认为，山林川泽是"天财之所出"，是自然财富的产地，政府应当把山林川泽保护起来。"为人君而不能谨守其山林菹泽草莱，不可以立为天下王。"① 管仲在总结前代帝王处置山林川泽的经验教训的基础上，明确提出并实行了保护生物资源的政策。他主张采用法律手段保护生物资源，建立管理山林川泽的机构。他认为，保护生物资源，并不是要把山林川泽封禁起来，不让人们利用，而是按照规定的季节开放，有计划地利用。"山泽各以其时而至，则民不苟。"② 管仲还制定严厉刑法，"苟山之见荣者，谨封而为禁。有动封山者，罪死而不赦。有犯令者，左足入，左足断，右足入，右足断"③。即便是皇宫贵人也必须遵守法令，"山林虽近，草木虽美，宫室必有度，禁发必有时"④。这实质是在告诉君王，山林虽然靠得近，草木虽然长得好，但建造房屋皇宫必须有一定限度，封禁与开发必须有时间限制。管仲保护环境的思想和措施是从发展经济、富国强兵的目标出发的，其保护山林川泽的禁令非常严厉。可见保护环境必须以法律的手段来实施才可有效。

荀子作为这一时期的大思想家，也提出了一些保护环境的理论。他指出："圣王之制也，草木荣华滋硕之时，则斧斤不入山林，不夭其生，

---

① 《管子·轻重甲》，见许嘉璐主编：《文白对照诸子集成》（上），陕西人民教育出版社1995年版，第268页。
② 《管子·小匡》，见许嘉璐主编：《文白对照诸子集成》（上），陕西人民教育出版社1995年版，第88页。
③ 《管子·地数》，见许嘉璐主编：《文白对照诸子集成》（上），陕西人民教育出版社1995年版，第258页。
④ 《管子·八观》，见许嘉璐主编：《文白对照诸子集成》（上），陕西人民教育出版社1995年版，50页。

不绝其长也；鼋鼍鱼鳖鳅鳝孕别之时，网罟毒药不入泽，不夭其生，不绝其长也；春耕夏耘秋收冬藏，四者不失时，故五谷不绝，而百姓有余食也；污池渊沼川泽，谨其时禁，故鱼鳖优多，而百姓有余用也；斩伐养长不失其时，故山林不童，而百姓有余材也。"① 荀子认为环境的好坏，直接关系到物种的生死存亡。"川渊者，龙鱼之居地；山林者，鸟兽之居地"；"川渊深而鱼鳖归之，山林茂而禽兽归之"；"川渊枯则龙鱼去之，山林险则鸟兽去之"。② 他又指出："山林泽梁，以时禁发。"③ 荀子将尊重生态环境、重视自然资源可持续利用思想视为"圣王之制"的一部分。这一思想后来在历代统治者的法制中都继承下来了。先秦时期的著作《商君书》中就提出"壹山林"的做法。"壹山林"虽然更多的是一种国家对资源垄断的行为，但其中也含有由国家对山林进行保护的思想。

吕不韦是这一时期杂家思想的代表，他集三千门客撰写的《吕氏春秋》一书中也有许多保护环境的内容。《吕氏春秋·序意》中写道，有人问这部书中《十二纪》的思想要点，吕不韦有明确的回答。他说："尝得学黄帝之所以诲颛顼矣，爰有大圜在上，大矩在下，汝能法之，为民父母。盖闻古之清世，是法天地。凡十二纪者，所以纪治乱存亡也，所以知寿夭吉凶也。上揆之天，下验之地，中审之人，若此则是非可不可无所遁矣。天曰顺，顺维生，地曰固，固维宁，人曰信，信维听。三者咸当，无为而行。行也者，行其理也。行数，循其理，平其私。"也就是说，要调整天、地、人的关系，使之和谐，要点在于无为而行。吕不韦的这段话，很可能是为了说明《吕氏春秋·十二纪》的写作宗旨，全

---

① 《荀子·王制》，见许嘉璐主编：《文白对照诸子集成》（上），陕西人民教育出版社1995年版，第43页。
② 《荀子·致仕》，见许嘉璐主编：《文白对照诸子集成》（上），陕西人民教育出版社1995年版，第82页。
③ 《荀子·王制》，见许嘉璐主编：《文白对照诸子集成》（上），陕西人民教育出版社1995年版，第43页。

书的著述意图自然也可以因此得到体现。《吕氏春秋》的《十二纪》系统地说明了一年十二个月的天象规律、物候特征、生产程序及应当分别注意的诸多事项。其中涉及生态保护的内容，特别值得我们重视。例如，孟春之月，"命祀山林川泽"，又"禁止伐木"。仲春之月，"无焚山林"。季春之月，"无伐桑柘"。此外又有仲夏之月不许烧炭，季夏之月禁止砍伐山林等规定。

《吕氏春秋·孟春纪》："孟春行夏令，则风雨不时，草木早槁，国乃有恐。"《季春纪》："季春行冬令，则寒气时发，草木皆肃，国有大恐。"《仲夏纪》："行秋令，则草木零落，果实早成，民殃于疫。"《仲秋纪》："仲秋行春令，则秋雨不降，草木生荣，国乃有大恐。"《淮南子·时则训》："孟春行夏令，则风雨不时，草木早落，国乃有恐。一季春行冬令，则寒气时发，草木皆肃，国有大恐。仲秋行春令，则秋雨不降。草木生荣，国有大恐。"可以看出，违背"时序""时政"，会导致山林草木的生命秩序被破坏，由此甚至可能危及国家的发展。

先秦关于保护生物资源的思想对后世产生巨大的影响，并在以后的历史进程中得到一定的发展。到了秦汉时期，保护生物资源的行动已由自发阶段进入相当自觉的阶段，在理论上也达到相当高的水平。

1975年出土的云梦睡虎地秦简有《田律》，这是中国迄今发现最早的环保法律条文。《田律》明确地规定了对森林资源的保护。"春二月，毋敢伐材木山林及雍（壅）堤水。不夏月，毋敢夜草为灰，取生荔……到七月而纵之。……邑之近皂及它禁苑者，时毋敢将之以田。百姓犬入禁苑中而不追兽及捕兽者，勿敢杀；其追兽及捕兽者，杀之。河禁所杀犬，皆完入公；其他禁苑杀者，食其肉而入官。"[①] 其意为，早春二月时，不能到山林中砍伐树木；不到夏季七月，不能烧草以及摘取刚发芽的植物；不许捕捉幼鸟幼兽，不能毒杀水生动物，也不能用陷阱或网捕捉野生动物及鸟类。同时，对进入皇家禁苑内的狗，若不伤害动物则予以保护，

---

① 睡虎地秦墓竹简整理小组编：《睡虎地秦墓竹简》，文物出版社1990年版，第20页。

若伤害动物，则毙之不怠，直至食其肉而仅留其皮毛。可见，秦时对动物的保护法令相当完备。睡虎地秦简《日书》中有关于民间传统禁忌形式的内容，其中有的涉及当时人对林木的观念。例如，在睡虎地秦简《日书》甲种中《除》题下写道，"外阴日—不可以之壄外"（一〇正贰）。整理小组释文为"不可以之野外"①，李家浩释文为"不可以之壄（野）外"②。王子今先生认为，所谓"之壄外"，大约是说至于未垦辟的自然山林。③又如关于"十二支害殃"的内容中，可见"毋以木斩大木，必有大英"（一〇九正贰）文句。"大英"即"大殃"。"毋以木斩大木"，整理小组释文为"毋以木〈未〉斩大木"④。《史记·律书》："未者，言万物皆成，有滋味也。"《汉书·律历志》载"昧薆于未"，"未"字像林木枝叶繁茂之状，在《说文·未部》中写作"木重枝叶也"。段玉裁注："老则枝叶重叠。"当"万物皆成"之时，"斩—枝叶重叠"浓荫"昧薆"之"大木"，从象征主义的视角看，自有消极的意义。在《门》题下，又有"入月七日及冬未、春戌、夏丑、秋辰，是胃（谓）四敫，不可……伐木"（一四三背至一四四背）的内容，也体现出保护山林的规则。⑤

如果说这些秦代法律条文还比较简单的话，那么近几年在甘肃省悬泉置遗址发现的西汉《四时月令五十条》不仅记载更为详细⑥，同时还有大量的司法解释。《四时月令五十条》颁布于元始五年（5），这是一份以诏书形式颁布的法律，是以当时在位的汉平帝时的太皇太后的名义向全国发布的。这部法律规定，孟春（一月）禁止伐木，不能破坏鸟巢和鸟卵，勿杀幼虫、怀孕的母兽、幼兽、飞鸟和刚出壳的幼鸟，同时

---

① 睡虎地秦墓竹简整理小组编：《睡虎地秦墓竹简》，文物出版社1990年版，第181页。
② 湖北省文物考古研究所、北京大学中文系：《九店楚简》，中华书局2000年版。
③ 王子今：《睡虎地秦简〈日书〉甲种疏证》，湖北教育出版社2003年版，第34页。
④ 睡虎地秦墓竹简整理小组编：《睡虎地秦墓竹简》，文物出版社1990年版，第197页。
⑤ 王子今：《睡虎地秦简〈日书〉甲种疏证》，湖北教育出版社2003年版，第503页。
⑥ 甘肃省文物考古研究所：《敦煌悬泉汉简释文选》，载《文物》2000年第5期。

要做好死尸及兽骸的掩埋工作。而且在"禁止伐木"条令后特别注明:"谓小大之木皆不得伐也",即无论树木大小,都不得砍伐。仲春(二月)不能破坏川泽,不能竭泽而渔,不能焚烧山林。另外,在季春(三月),则要修缮堤防沟渠,以备春汛将至,并且不能设网或用毒药捕猎。孟夏(四月)勿砍伐树林,不要搞土木工程。仲夏(五月)不能烧草木灰。季夏(六月)要派人到山上巡视,察看是否有人伐木。在基本上同时期的居延汉简中还发现,每个季度地方政府必须逐级向上汇报这些法规的执行情况,但遗憾的是至今没有发现违反法律条文受到惩罚的记载。悬泉置和居延都处于西北地区,远离当时全国的政治、经济、文化中心。法律在这些地区尚能得到良好的执行,一方面表明当地百姓具有相当的自然保护意识;另一方面也表明,统治者意识到只有在春夏季节保护好生态环境,才能确保秋季的丰收和社会的可持续发展。因为当时毕竟是农业社会,《四时月令五十条》最突出的思想是"不违农时",但人与自然和谐相处和可持续发展的主题贯穿法令全书,这种环保观念主要来自于人们的生活实践和当时盛行的"天人合一"的儒家思想。

《岳麓书院藏秦简(伍)》记载:"廿六年四月己卯丞相臣状、臣绾受制相(湘)山上:自吾以天下已并,亲抚晦(海)内,南至苍梧,凌涉洞庭之水,登相(湘)山、屏山,其树木野美,望骆翠山以南树木□见亦美,其皆禁勿伐。臣状、臣绾请:其禁树木禁如禁苑树木,而令苍梧谨明为骆翠山以南所封刊。臣敢请。制曰:可。"①

禁苑中也并不是对一切野兽都禁取,如"诸取禁中豺狼者毋(无)罪"(《龙岗秦简》简258)。这是因为豺狼是对人、家畜具有很强攻击性的猛兽,故秦律不禁猎取。不过于禁中取豺狼,恐怕也是有一定的时地条件才不致犯禁令,只是目前对这些附加条件尚不十分清楚。

3. 御弄尚虎

秦苑囿有养虎以供玩赏之风习。秦时供皇帝游乐射猎的上林苑等苑

---

① 陈松长主编:《岳麓书院藏秦简(伍)》,上海辞书出版社2017年版,第57—58页。

囿，专门为虎、狼、狮子等修圈，并在旁筑观，供人观赏。《汉书·郊祀志》记载建章宫西有虎圈。《长安志》引《汉宫殿疏》："秦故虎圈，周匝三十五步，长二十步，西去长安十五里。"又《水经注·渭水》："今霸水又北迳秦虎圈东。"《三辅黄图》："禽兽圈，《列士传》曰秦王召魏公子无忌，不行，使朱亥奉璧一双诣秦，秦王怒，使置亥於兽圈中。亥瞋目视兽，眦血溅于兽面，兽不敢动。"①

相家巷秦封泥中除了御弄尚虎外，还有虎□之□，补全或许是虎圈之印。

图74　御弄尚虎封泥

4. 狡士之印、狡士将犬、尚犬、弄狗厨印

传世秦印有弄狗厨印。"弄狗"即玩狗之意，为狗监官署之名称。从上面如此多与狗有关的封泥来看，当时狗的用途很多，用于游猎很普遍。《睡虎地秦墓竹简·法律答问》云："可（何）谓'宫狡士'、'外狡士'？皆主王犬者殹（也）。"②狡士是掌管秦国君用狗的官职。《里耶秦简牍校释》8-461号简："王犬曰皇帝犬。"③《汉书·萧何曹参传》记载："'诸君知猎乎？'曰：'知之。''知猎狗乎？'曰：'知

---

① 何清谷：《三辅黄图校释》，中华书局2005年版，第350页。
② 睡虎地秦墓竹简整理小组编：《睡虎地秦墓竹简》，文物出版社1990年版，第138页。
③ 陈伟：《里耶秦简牍校释》（第一卷），武汉大学出版社2012年版，第157页。

之。'上曰：'夫猎，追杀兽者狗也，而发纵指示兽处者人也。今诸君徒能走得兽耳，功狗也；至如萧何，发纵指示，功人也。'"①高祖刘邦大封开国功臣，诸人都认为自己功大，于是刘邦以狩猎用狗为例，从而让众多功臣明白自己的功劳大小，足见狗狩猎的用途为时人所接受。

声色犬马是形容统治者奢侈的生活。《三辅黄图》云："犬台宫，在上林苑中，长安西二十八里。《汉书》'江充召见犬台宫'。"②在长乐宫内设置"走狗台"，而且以狗命名宫殿名，充分说明帝王对狗的重视。汉代还专设有"狗监"一职，《史记》载："居久之，蜀人杨得意为狗监，侍上。"③狗监是宫廷内管理帝王玩乐用狗的机构，属宫廷内少府之下钩盾管辖。钩盾令是汉朝少府属官，秩六百石，管理苑囿游观。

5. 麋圈

秦封泥中有麋圈，是秦上林苑中的动物苑囿之一，并非特指麋，盖鹿之类也。《史记·滑稽列传》云：秦始皇尝议欲扩大苑囿，优旃讽谏曰："多纵禽兽于其中，寇从东方来，令麋鹿触之足矣。"④始皇以故辍止。麋鹿，雄的有角，角似鹿非鹿，头似马非马，身似驴非驴，蹄似牛非牛，从整体来看和哪一种动物都不像，性温驯，以植物为食。它原产我国，是一种稀有的珍贵动物，亦名"四不像"。野生种目前已绝迹。

6. 鹿□禁□

禁为禁苑之省称，当为帝王之苑囿。相家巷秦封泥有阳陵禁丞。《汉印文字征》卷一有"宜春禁印"，《善斋吉金录·玺印录》载有"宜春禁丞"。相家巷封泥中有麋圈，当为养鹿之所。鹿是吉祥动物，又是秦

---

① 班固：《汉书·萧何曹参传》，中华书局1962年版，第2008页。
② 何清谷：《三辅黄图校释》，中华书局2005年版，第194页。
③ 司马迁：《史记·司马相如列传》，中华书局1959年版，第3002页。
④ 司马迁：《史记·滑稽列传》，中华书局1959年版，第3202页。

人非常重视的动物，麋为鹿的一种。"鹿□禁□"，当为秦帝王养殖鹿之禁苑。秦都雍城发现的瓦当中就有不少鹿纹图像瓦当。

图 75　秦子母鹿纹瓦当

7. 兰池苑

此苑因在兰池宫旁而得名，是秦时国君常游幸之地，据《三秦记》云："秦始皇作长池，引渭水，东西二百里，南北三十里，刻石为鲸鱼二百丈。"① 这是当时秦在咸阳宫以东修建的一个苑囿景观，湖面可以荡舟游览，其中有蓬莱山、鲸鱼石等景观。兰池中蓬莱山的修筑是对秦始皇东巡求长生不老药的一种补偿，因而成为秦始皇时常游幸之地，有时甚至夜宿兰池宫。据《史记·秦始皇本纪》：秦始皇三十一年，"始皇为微行咸阳，与武士四人俱，夜出，逢盗兰池，见窘，武士击杀盗，关中大索三十日"②。兰池宫具体地望位于何处？据《元和郡县图志》云："秦兰池宫在（咸阳）县东二十五里。"③ 按里程推算，其具体位置即今咸阳宫遗址以东的杨家湾，这儿现在是一呈簸箕形的大湾，北、西、东三面有高约 5 米的岸畔，南面开阔平坦与渭河之滨相连。杨家湾在 20 世纪 50 年代平整土地

---

① 刘庆柱辑注：《三秦记辑注》，三秦出版社 2006 年版，第 8 页。
② 司马迁：《史记·秦始皇本纪》，中华书局 1959 年版，第 251 页。
③ 李吉甫撰，贺次君点校：《元和郡县图志》，中华书局 1983 年版，第 13 页。

时发现淤泥层甚厚,在渭河发电厂扩建时钻探得知,秦汉以来覆盖有 20 个文化层,浅处 30 米可见生土,深处 70 米才见生土层,可见当时的兰池宫水深可达 70 米左右。据考古调查,在杨家湾西面的原上柏家嘴一带采集到大量秦铺地砖、空心砖、瓦当、陶片等,其形状、纹饰与秦咸阳宫一样,显然是一处秦建筑群遗址。而此地又在兰池的西岸,当为秦兰池宫,秦末被项羽焚毁。考古工作者在此处钻探发现了 6 处大小不等的夯土建筑遗址。据这一带的村民讲,在以往的打井中,曾发现淤土中出有一尺多长的鱼骨遗骸。20 世纪 80 年代末,陕西省渭河发电厂在此扩建厂房时,于 8 米深处出土已腐朽的圆木 3 根,直径均在 15.6 厘米左右。①

汉也有兰池宫,位于秦兰池宫的东南。汉时,兰池陂渐遭破坏,后因周勃父子葬于兰池之北,遂改兰池为周氏陂。《长安志》云:"周氏曲在咸阳东南三十里,今名周氏陂,陂南一里,汉有兰池宫。"后来发现的兰池宫当,是汉兰池宫的建筑构件。有人认为汉兰池宫是在秦兰池宫基础上建筑的,这是不对的,实质是同名而异地。

8. 宜春苑

图 76　宜春禁丞封泥正、反面

---

① 陕西省考古研究所:《秦都咸阳考古报告》,文物出版社 2004 年版。

宜春苑修建于今西安东南的曲江池地区。这个地区秦时称为隑州，风景秀丽，秦二世死后，就埋葬在此地，二世皇帝"葬宜春"①。司马相如在经过秦二世墓时描写了宜春苑的景色："登陂陁之长阪兮，坌入曾宫之嵯峨，临曲江之隑州兮，望南山之参差……观众树之蓊薆兮，览竹林之榛榛，东驰土山兮，北揭石濑。"②这里有巍峨壮丽的宫殿，有茂密的山林竹木，有曲江水景，山水俱佳，景色秀丽，地形优越，是理想的苑囿之地，因而秦汉两代皇帝均在此修宫殿，造苑囿，游玩狩猎。宜春宫就是作为游猎的歇息地而建的，在此基础上再修建宜春苑。秦封泥中的曲池当为秦时的曲江。

图 77　曲池封泥拓印

宜春苑遗址，据《三辅黄图》云："宜春宫，本秦之离宫，在长安城东南杜县东，近下杜。"③《括地志》云："秦宜春宫在雍州万年县西南三十里，宜春苑在宫之东，杜之南。"④陈直先生在《汉书新证》中指出："在春临村西南的秦汉建筑遗址上采到一瓦，筒部有'十二月令'五字刻款，还有'富贵毋央'瓦当一品，可能就是秦汉宜春宫建筑用瓦。"宜春苑是在宜春宫的基础上建造的。出土秦封泥中有宜春禁丞、

---

① 司马迁：《史记·秦始皇本纪》，中华书局1959年版，第290页。
② 司马迁：《史记·司马相如列传》，中华书局1959年版，第3055页。
③ 何清谷：《三辅黄图校释》，中华书局2005年版，第206页。
④ 李泰等著，贺次君辑校：《括地志辑校》，中华书局1980年版，第8页。

宜春左园。

9. 梁山苑

梁山苑以梁山宫而建。宫因梁山而得名，梁山即现在陕西乾县之梁山，此宫建于秦始皇时期。《元和郡县图志》云："古公亶父踰梁山至于岐下，及秦立梁山宫，皆此山也。"①此宫建造富丽堂皇，因而《三秦记》云："梁山宫城，皆文石，名织锦城。"②

关于梁山宫的位置，据《水经·渭水注》云："莫水出好畤县，梁山在岭东南，迳梁山宫西，故《地理志》曰：好畤有梁山宫，秦始皇起，水东有好畤县故城。"莫水即今天漠西河，穿越梁山两峰之间而流。由此看出，梁山宫在漠西河东边。《括地志》云："梁山宫俗名望宫山，在雍州好畤县西十二里，北去梁山九里。"③看来此宫建在梁山脚下。

梁山宫所在地山形水胜，环境优美，而且夏季凉爽，是一处避暑胜地，宫与山之间有9里远。当时秦始皇在此修梁山苑，因而皇帝和大臣常去这里游玩。据《史记·秦始皇本纪》云：秦始皇三十五年"幸梁山宫，从山上见丞相车骑众，弗善也。中人或告丞相，丞相后损车骑"④。由此看出，当时秦始皇游猎梁山苑时，还亲登梁山进行游乐射猎，大臣亦可在山下游玩，因而此地一定有梁山苑存在。梁山宫幸免于项羽的一把火，西汉时犹存。在梁山周围有几个秦离宫遗址，当与梁山苑有关。1988年咸阳市文物普查队在乾陵西北瓦子岗发现一秦宫遗址，当时认定为梁山宫遗址，此地有一高大夯土台基，高约5米，东西长37.4米，南北宽25米，其夯土厚度和夯涡与秦咸阳宫一致。此外，文物工作者在此发现了交龙绕璧空心砖、龙凤纹空心砖、腾龙玉璧空心砖，线条流畅，神采飞扬，不失为艺术珍品。瓦子岗遗址和史书记载位置相符。这个遗

---

① 李吉甫撰，贺次君点校：《元和郡县图志》，中华书局1988年版，第9页.
② 刘庆柱撰，贺次君点校：《三秦记辑注》，三秦出版社2006年版，第11页。
③ 李泰等著，贺次君辑校：《括地志辑校》，中华书局1980年版，第26页。
④ 司马迁：《史记·秦始皇本纪》，中华书局1959年版，第257页。

址是秦的离宫，但并非梁山宫的遗址。梁山宫的遗址据《中国文物报》刊载：陕西乾县何汝贤先生在乾县西郊的鳖盖秦宫遗址处，从群众栽果树时挖出的成千上万的秦汉瓦片中，发现了数块压印有篆体"梁宫"二字的秦代筒瓦和板瓦。该遗址东西长约1000米，南北宽约600米，总面积达60万平方米。这才是真正的梁山宫遗址。这个秦宫殿遗址，我曾实地考察过。该遗址处在一个较宽阔的龟背形缓坡台地上，北正好对着乾陵，至今仍留下一大型夯土建筑遗址。笔者认为这个遗址就是梁山宫遗址。其一，是因为这儿发现了很多带"梁宫"字样的板瓦和筒瓦，梁宫即梁山宫的省称，这种简称在秦汉时期屡有发现。其二，遗址和史书记载的梁山宫地望相符。其三，在遗址所在地发现较多的文石，与史书中的"梁山宫皆文石，名织锦城"也相符。

在西安博物院藏有梁山宫蒸炉一件。盖腹各有铭文，盖3行8字，腹5行10字。铭文为："梁山宫元凤五年造，梁山宫口蒸炉并重二斤半，元凤五年造。"这是汉昭帝刘弗陵元凤五年制作的。在梁山周围有几个秦离宫建筑遗址，当与梁山苑有关。

10.䭿蹏苑

《秦会要订补》云："秦时有䭿蹏苑。"①《尔雅·释畜》郭璞注："蹏如趼而健上山，秦时有䭿蹏苑，䭿蹏即䭿蹏，良马名。"由此看来，䭿蹏苑乃秦代专为养马而设置的苑囿，具体位置不详。秦以养马获封邑，故对马的重视可想而知。因而秦文献资料和考古发掘中经常见到马。秦俑坑中既有马拉车，又有专为骑兵配备的马，在秦始皇陵附近发现有大型车马坑、马厩坑。这些马形体高大。"秦马之良，戎兵之众，探前趹后，蹏间三寻腾者，不可称数也。"②"七尺曰寻"，即马一跃而为两丈，合今天4.83米。汉代在西北地区设置牧师三十六苑，可能就是仿秦䭿蹏苑而建成的。

---

① 孙楷著，徐复订补：《秦会要订补》，中华书局1959年版，第401页。
② 刘向：《战国策·韩策一》，上海古籍出版社1985年版，第934页。

11. 骊山苑

骊山自古及今都以它那雅秀的山峰加上山下著名的温泉，形成了独特的风格。这里苍柏翠松，花卉遍野，自然景观异常优美，加之离都城咸阳很近，因而秦始皇时期筑离宫——骊山汤，建造骊山苑，经常来此沐浴、狩猎、游玩。

《三辅黄图》云："阿房宫，亦曰阿城。惠文王造，宫未成而亡。始皇广其宫，规恢三百余里，离宫别馆，弥山跨谷，辇道相属，阁道通骊山八十余里。"[1] 从上记载可看出，秦始皇扩建阿房宫时，专门修了一条阁道通往骊山。据《三秦记》云："秦始皇作阁道，至骊山八十里，人行桥上，车行桥下，今石柱犹存。"[2] 秦骊山汤早已荡然无存了。考古工作者在发掘华清池内唐华清宫遗址时发现，在唐文化层下有一层很厚的黑褐色文化层，内含大量粗细绳纹秦汉板瓦、筒瓦和细绳纹条砖、小方格纹方砖及房屋坍塌的檩条，其木质保存完好，卯榫清晰可见。同时还发现鹅卵石和砖铺路面遗存，秦代五角形水道和直径30多厘米的秦汉圆形绳纹水管道及用不规则石砌成长约50米的水道。瓦片上有陶文"骊"字及其他大量的秦汉建筑材料。[3] 这用事实证明了秦始皇时有秦离宫的存在。骊山苑即在骊山汤的基础上建成的。骊山周围有沟壑纵横的土地、茂密的森林、优越的环境、能治病防病的温泉，是秦始皇狩猎、沐浴、游玩的好地方。

12. 鼎胡苑丞、鼎胡苑印

鼎湖苑为秦苑囿之一，位于今天西安市蓝田县焦岱镇，汉时又有扩展，成为西汉上林苑的一部分。《三辅黄图》指出："《汉书》云：'武帝建元三年开上林苑，东南至蓝田宜春、鼎湖、御宿、昆吾，旁南山而西，

---

[1] 何清谷：《三辅黄图校释》，中华书局2005年版，第49页。
[2] 刘庆柱辑注：《三秦记辑注》，三秦出版社2006年版，第60页。
[3] 唐华清宫考古队：《秦汉骊山汤遗址发掘简报》，载《文物》1996年第11期。

至长杨、五柞，北绕黄山，濒渭水而东。周袤三百里'"①。出土秦封泥中有鼎胡苑丞、鼎胡苑印，鼎胡苑丞当为鼎湖苑之辅佐官。

图 78　鼎胡苑丞封泥

鼎胡为地名，其得名与一则神话传说有关。《史记·封禅书》云："黄帝采首山铜，铸鼎于荆山下。鼎既成，有龙垂胡髯下迎黄帝。黄帝上骑，群臣后宫从上者七十余人，龙乃上去。余小臣不得上，乃悉持龙髯，龙髯拔，堕，堕黄帝之弓，百姓仰望黄帝既上天，乃抱其弓与胡髯号，故后世因名其处曰鼎湖，其弓曰乌号。"②《汉书·地理志》京兆尹"湖"县下班固自注"有周天子祠二所，故曰胡，武帝建元元年更名湖"③。王先谦《汉书补注》："范雎传王稽载雎入秦，过湖关。《索隐》云：'湖，京兆县。'先谦按：秦时因其地有鼎胡以名关耳。初县名胡，《索隐》语未晰。"又《三辅黄图》云："鼎湖宫，在湖城县界。昔黄帝采首山铜以铸鼎，鼎成，有龙下，迎帝仙去，小臣攀龙髯而上者七十二人。汉武帝于此建宫。"④《西京赋》云："上林禁苑，跨谷弥阜。东至鼎湖，

---

① 何清谷：《三辅黄图校释》，中华书局 2005 年版，第 230 页。
② 司马迁：《史记·封禅书》，中华书局 1959 版，第 1394 页。
③ 班固：《汉书·地理志》，中华书局 1959 版，第 1544 页。
④ 何清谷：《三辅黄图校释》，中华书局 2005 年版，第 214 页。

图 79　鼎湖延寿宫遗址

邪界细柳。"[1] 细柳在今长安区西北，鼎湖距离不应过远。又《三辅黄图》"鼎湖宫"条下有中唐以后无名氏所做旧注"又一说在蓝田，有亭"，陈直先生为此注所加按语云鼎湖宫遗址在今蓝田县焦岱镇，原注文"在蓝田"，极为正确。

1956 年，蓝田县焦岱镇附近农民平整土地，发现"鼎胡延寿宫"瓦当三品，著录于《周秦汉瓦当》。鼎湖延寿宫遗址于 1958 年发现，位于蓝田县焦岱镇西南，面积为 1500 米 × 1000 米，厚 1—4 米，出土有泥质红、灰陶绳纹布板瓦、筒瓦、条砖、方砖、字母砖等文物。1989 年，陕西省考古研究所对该遗址曾做试掘，定为秦汉宫殿遗址。试掘中又得"鼎胡延寿宫"瓦当三品，著录于《新编秦汉瓦当图录》中。

笔者曾多次去该地进行实地踏查，遗址保存现状尚可，附近有一大面积低洼地，是过去湖泊的遗存，也有大量的秦汉瓦片等建筑材料。有建筑遗址，有洼地，周围地形错落，是一个理想的苑囿所在地。先有鼎湖宫，后扩大为鼎湖苑。这个苑囿秦时是独立的，汉代成为上林苑中的一部分，也是西汉上林苑中的最东边界。汉武帝曾经在这里居住游猎。《史

---

[1] 张衡：《西京赋》，见严可均辑：《全后汉文》，商务印书馆 1999 年版，第 540 页。

记·孝武本纪》:"文成死明年,天子病鼎湖甚,巫医无所不致,至不愈。"①

13. 华阳禁印、华阳丞印、华阳禁丞、华阳尚果

秦出土封泥中又有华阳禁印、华阳禁丞等,当知其为利用华阳宫而形成的华阳苑囿。关于华阳宫的所在地,学术界争议比较大。《史记·白起列传》云:"昭王三十四年,白起攻魏,拔华阳,走芒卯而虏三晋将,斩首十三万。"②《史记·穰侯列传》亦云秦武王母宣太后有同父弟芈戎,被封为"华阳君"。《史记索隐》认为:"华阳,韩地,后属秦。华戎后又号新城君。"《史记正义》引司马彪语云:"华阳,亭名,在洛州密县。"③后者指亭名,似前者为是,即秦取魏地华阳置县,地在今陕西商商洛市商州区。秦并六国前后,其地为内史属县,丞为县令之佐官。

图80　华阳禁印封泥

秦有华阳太后,《史记·秦始皇本纪》云:"十七年……华阳太后卒。"此华阳太后原为昭王太子安国君夫人,安国君后立为孝文王,华阳夫人为王后。孝文王薨,子楚被立为庄襄王,尊华阳后为太后。又《陕西通志》

---

① 司马迁:《史记·孝武本纪》,中华书局1959年版,第459页。
② 司马迁:《史记·白起列传》,中华书局1959年版,第2331页。
③ 司马迁:《史记·穰侯列传》,中华书局1959年版,第2323—2324页。

《富平县志》说秦始皇有女华阳公主，下嫁名将王翦。马非百《秦集史》云："其事不知何出，而两书皆言之凿凿。"今陕西洛南有传说的李密冢，调查者以为当是秦华阳宫。华阳丞印当是华阳宫的佐官。

王辉先生认为：秦时华阳有两处。一在今河南密县南，《睡虎地秦墓竹简·编年纪》云"昭王三十四年，攻华阳"，即此地。一在华山之阳。《尚书·禹贡》："华阳黑水惟梁州。"孔氏传："东据华山之南，西距黑水。"今华阴市南部有华阳乡，殆即其地。秦宣太后弟芈戎封华阳君，昭襄王夫人封华阳夫人，皆在此处。封泥"华阳"极可能指后者。①

何清谷师认为秦的华阳宫应在兴乐宫内，因为《七国考》云华阳宫（华阳太后所居）"在陕西西安府旧长安城内"。它属于兴乐宫的附属建筑。秦始皇时，大肆扩建兴乐宫，建了不少的大殿，如大夏殿，还有鱼池台、酒池台。同时还建筑有鸿台，高达40丈，台上建有楼观屋宇，秦始皇常在此射落大雁，因以为名。

"安陵鼎顶盖"铭文："华共一斗一升半升十斤十九"，"今安陵容二升重一斤十四两，元年四月受云阳厨第卅六，甲"，"今安陵二升一斤十四两"。② 郝红霞、马孟龙认为："'华共'有可能是华阳宫供厨之省写……汉代'郦偏鼎'有刻铭'今镐，上林华阳，六'，据此可知华阳宫秦代已有，地处上林苑。"③ 其说甚是。其实"安陵鼎顶盖"铭文中的"华共"铭文字体风格较其他两段铭文明显要早一些，即其可能早到秦代。安陵鼎顶盖最早的使用地当在秦华阳宫。

北京文雅堂所藏秦"华阳尚果"封泥，为掌管华阳宫中各种果品之职。按《汉旧仪》载："省中有五尚。"列国封君则未有此职官。此封泥或

---

① 王辉：《出土文字所见之秦苑囿》，见雷依群、徐卫民主编：《秦都咸阳与秦文化研究》，陕西人民教育出版社2003年版，第78页。
② 孙慰祖、徐谷甫：《秦汉金文汇编》，上海书店出版社1997年版。
③ 郝红霞、马孟龙：《汉金文"杜宜"考识——兼谈汉代铜器铭文的宫名"省写"现象》，载《文物世界》2011年第6期。

为华阳夫人属吏所使用，或为华阳宫中所使用。华阳夫人之封时在秦昭王四十二年（前265）。秦昭王五十六年（前251），太子安国君即位，是为孝文王，此时华阳夫人已立为王后，然华阳之封号仍存，此名号存在到秦王政七年（前241）孝文王后死。此封泥若为华阳夫人所属，其使用年代应在秦昭王四十二年至秦王政七年之间，即属于战国时期。若为华阳宫所用，其下限可至秦统一以后。

图81　华阳丞印封泥

14. 兔园

早在周文王建灵囿时，里面就有野鸡和兔。秦二世自己修建兔园。据《史记·六国年表》云："二世元年十一月，为兔园。"① 其具体位置不详，但不会距离秦都咸阳太远。

兔园中不只是兔，应该还有其他动物、山水建筑等。西汉梁孝王为自己修兔园，据《西京杂记》云："梁孝王好营宫室苑囿之乐，做曜华之宫，筑兔园，园中有百灵山，山有肤寸石、落猿岩、栖龙岫，又有雁池，池间有鹤洲凫渚，皆构石而成，此外其诸宫馆相延数十里，奇果异树，瑰禽怪兽必备。主日与宫人宾客弋钓其中。"② 由此可以看出，虽名为兔园，

---

① 司马迁：《史记·六国年表》，中华书局1959年版，第758页。
② 葛洪撰，周天游校注：《西京杂记》，三秦出版社2006年版，第114页。

实质是一个典型的苑囿，里边山形水胜，宫馆相连，奇果艺树，奇禽怪兽必备，生机勃勃。汉兔园大概是仿秦二世兔园修建的。梁孝王刘武出身皇家，在平定吴楚七国叛乱中有功于汉王朝。他时常"射禽兽上林中"。

15. 御羞丞印、中羞丞印

汉武帝元鼎二年（前115）置水衡都尉以前，御羞、上林皆属少府属官。《汉书·百官公卿表》颜注引如淳曰："御羞，地名也，在蓝田，其土肥沃，多出御物可进者，《扬雄传》谓之御宿。《三辅黄图》御羞、宜春皆苑名也。"师古曰："御宿，则今长安城南御宿川也，不在蓝田。羞、宿声相近，故或云御羞，或云御宿。羞者，珍羞所出，宿，止宿之义。"①"羞"同"馐"，意为滋味好的食物。"中羞府""中羞丞""御羞丞"三职文献记载不甚明确，据其意当为尚食之属，为秦宫廷中掌御膳之官，谓之"汤官"，有令、丞。《故宫藏印选》中有"中行羞府"秦官印一枚，当为见证。御羞应为掌饮食之官。因此"中羞丞印""中羞府印""中行羞府"这几枚封泥应该是御羞苑中的官吏。汉代的御羞苑是汉承秦制的结果，应该是专门为皇家种植食材的苑囿。

图82　御羞丞印封泥

---

① 班固：《汉书·百官公卿表》，中华书局1962年版，第735页。

御宿川就是今西安市长安区的王曲川，其起于王曲镇，达于施张村，为滈河所冲积，东西向，长大约 15 公里，宽大约 2—4 公里。御宿川为终南山和神禾原所夹，樊川为神禾原和少陵原所夹，不过御宿川比樊川大，当地的老百姓说："王曲川一个弯，胜过樊川一个川。"御宿川平坦广袤，南有终南山相伴，黄昏霞飞，可以清晰看见南五台、石贬峪、天子峪、黄峪、沣峪，山峦起伏，山水俱佳。御宿川的自然环境、山水形胜是御羞苑形成的重要因素。即使到唐宋元明清时这里仍是赏景游览的好去处，也是诗人们常来吟诵的地方。南朝陈时张正见《重阳殿成金石会竟上诗》云："藻井倒披莲，云光开御宿。"唐代更是文人骚客毕至之地。唐杜甫《秋兴》诗之八云："昆吾御宿自逶迤，紫阁峰阴入溪陂。"他又在《伤春》诗里吟道："蒙尘清露急，御宿且谁供？"

图 83　中羞丞印、中羞府印封泥

16. 杜南苑丞

《史记·秦始皇本纪》记载：二世"以黔首葬二世杜南宜春苑中"①。可见宜春苑在秦称杜南苑。《三辅黄图》云："宜春宫，本秦之离宫，在长安城东南杜县东，近下杜。"②《史记·司马相如列传》

---

① 司马迁：《史记·秦始皇本纪》，中华书局 1959 年版，第 275 页。
② 何清谷：《三辅黄图校释》，中华书局 2005 年版，第 206 页。

有"还过宜春宫"。《括地志》记载"宜春在雍州万年县西南三十里，杜之南"①。

苑丞，是苑令的辅佐，为掌天子苑囿之官。此封泥当是管理杜南苑的辅佐官。由封泥可以看出，此苑在秦时称杜南苑，汉改称宜春苑，司马迁合二名为一，称"杜南宜春苑"。故宫博物院藏"宜春禁丞"印，为田字格，但字体粗壮，显然为汉武帝元鼎二年以后之印。封泥称"杜南苑"，不称宜春苑，应为秦物。

"杜"为秦之杜县。秦杜县在西安市南郊杜城村一带，其地附近1公里的张堡曾出土著名的秦"杜虎符"和有"杜市"陶文的陶釜，西安市雁塔区曲江池一带在秦杜县东南，故其地称"杜南苑"。《羽猎赋序》云："武帝广开上林，东南至宜春、鼎湖、御宿、昆吾，旁南山而西，至长杨、五柞，北绕黄山，滨渭而东，周袤数百里"。②

图 84 杜南苑丞封泥

17. 白水之苑、白水苑丞

出土秦封泥中有白水之苑、白水苑丞，说明秦有白水苑。但是关于秦的白水苑史籍失载，因而对于其所在地也有争论。

---

① 李泰等撰，贺次君辑校：《括地志》，中华书局1980年版，第8页。
② 严可均辑：《全汉文》，商务印书馆1999年版，第523页。

白水，曾为水名、山名、关名、古县名。今陕西渭南市东北有白水县，白水县因境内有白水河得名。早在秦孝公十二年（前350）时就置白水县，建制距今两千三百余年，是秦国设县比较早的地区。白水县是战国时期秦魏争夺的要害之地，充分说明其地位的重要。《同州府志》引《通典》云：秦文公元年（前765）"分清水为白水"。《秦本纪》载：秦孝公十二年（前350）"并诸小乡聚集为大县，县一令，四十一县"[①]。《郡县释名》载："秦建白水县。"《雍大纪》载："秦置白水县，以县临白水也。"可以看出，秦孝公时设置白水县是无疑的。秦统一后仍用白水县名，属内史管辖范围。西汉景帝时废白水县，建粟邑县（治今县西北75里一带，以仓颉造字天雨粟取名）和衙县（于春秋时之彭衙故址设县，取名衙县），俱属左冯翊。

　　"白水之苑"在哪里？很可能是在秦都咸阳以东的渭南白水县。白水县在战国时期地理位置重要，在此设立苑囿供秦王狩猎休闲是合情合理的。《十钟山房印举》收录"白水弋丞"印一枚则为证。秦之白水苑，未见于文献。疑此苑为厩苑，专为养马而设。白水苑当设有主管官吏，丞乃其副贰。

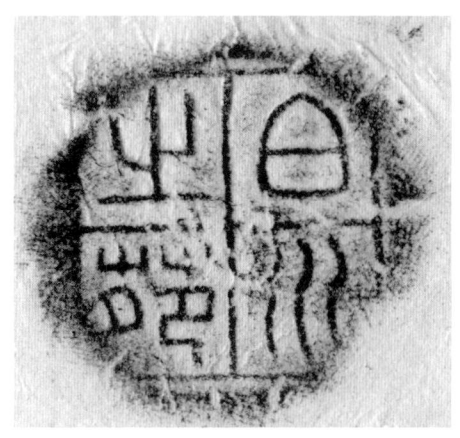

图85　白水之苑封泥

---

① 司马迁：《史记·秦本纪》，中华书局1959年版，第203页。

图86 白水苑丞封泥

在当时的秦岭以南也有一个白水县。《汉书·地理志》广汉郡有"白水"县，因白水流经而得名。颜师古注引应劭曰"出徼外，北入汉"。此所谓"汉"指嘉陵江上源西汉水。《汉书补注》王先谦曰："续《志》后汉引。《漾水注》'西汉水自武都沮县来，东南至白水县西，下入葭'，明白水自阴平道来，东南经白水县故城东，合西谷水，东流水，刺稽水、清水下入葭。明《一统志》故城今昭化县西北。"不过此县远在秦岭之南，战国晚期虽属秦，秦人未必会在其处设立苑囿。而且此地设县的时间是在汉代，与秦封泥无法吻合。

18. 庐山禁丞

《读史方舆纪要》记载："庐山在诸城县东南四十五里，以秦博士卢敖隐庐而名，其北即废横县也。芦水源于此，岩壑颇胜。"王辉先生认为，庐山禁丞为秦始皇出巡所设，中有行宫，秦属于琅琊郡。① 这种认识是对的。因为秦始皇五次出巡就有四次去东海边，琅琊都是必经之地，而且常住在这里。除了威慑东方的贵族以外，寻求长生不老药也是重要的目的，因此在出巡的路上设置苑囿供其休息射猎非常必要。

---

① 王辉：《出土文字所见之秦苑囿》，见雷依群、徐卫民主编：《秦都咸阳与秦文化研究》，陕西人民教育出版社2003年版，第78页。

图 87 庐山禁丞封泥

19. 禁苑右监

秦帝王苑囿管理系统中，监为主管某一事务的官员。《史记·李将军列传》载："李陵既壮，选为建章监，监诸骑。"监具有监督、监理之意，也就是负责的意思。禁苑右监管理的不是某一个苑囿，而是整个秦的苑囿，既然有右监，应该也有左监。《史记·平准书》云："是时禁苑有白鹿而少府多银锡。"《西京赋》有："上林禁苑，跨谷弥阜。"《三辅黄图》有："汉上林苑，即秦之旧苑也。"《史记·秦始皇本纪》也云："营作朝宫渭南上林苑中。"张衡所说的"上林禁苑"即秦之"上林苑"，其时或称"禁苑"。

20. 哭原禁丞

"哭"或释为"上网下犬"[①]，是个会意字，为俘虏相关禽兽之意。《读史方舆纪要》引《水经注》："狗枷川经白鹿原西，原上有狗枷堡，秦襄公时堡也。"狗受枷正合"上网下犬"会意。因此秦后代在白鹿原延续秦襄公时的苑囿合情合理，而且白鹿原上周代就有白鹿的传说，自

---

① 周晓陆、陈晓捷：《新见秦封泥中的中央职官印》，见《秦文化论丛》（第九辑），西北大学出版社 2002 年版，第 267 页。

然风景好，是修建苑囿的佳地。

图88 罖原禁丞封泥

21. 都竹丞印

关中渭水之南自古有竹材之饶。《史记·货殖列传》载："渭川千亩竹"①。《唐六典》卷十九《司农寺》"司竹监"条载"汉官有司竹长、丞"，"司竹监掌植养园竹之事，……凡宫掖及百司所需帘、笼、筐、篚之属，命工人择其材干以供之；其笋，则以时供尚食"②。《读史方舆纪要》云："《汉书·王莽传》'霍鸿负倚芒竹'，即此地也。师古注：'芒竹在鳌屋南，芒水之曲而多竹林也。'《穆天子传》：'天子西征，至玄池，奏《广乐》三日，是曰乐池，乃植之竹。'汉时谓之鄠、杜竹林，有竹丞。"③秦汉时期关中地区的气候适宜竹子的生长，且种植面积广大，是上林苑中的重要植物。因此，设立竹园官员的地方基本上都是在今长安、鄠邑、周至一带，由此推测，秦代都竹丞所管辖的区域亦应在此。而这一区域中的很大一部分又是秦汉时期上林苑的范围。秦汉时期的竹林既有实用功能，也有观赏功能，且常年不落叶，作为上林苑中的植物极为合适。

---

① 司马迁：《史记·货殖列传》，中华书局1959年版，第3272页。
② 李隆基撰，李林甫注：《大唐六典》，三秦出版社1991年版，第377—378页。
③ 顾祖禹：《读史方舆纪要》，中华书局2005年版，第2568页。

从后世相关官职的职权范围可知,秦汉时竹材功用大约有四种:其一是作为书写材料——竹简,大量发现的秦简证明其使用量很大;其二是做箭杆;其三是做各种竹器;其四就是食用竹笋。都竹丞的职能当为管理竹类的官吏。①

直到今天,周至县一带还有不少与竹子有关的地名和学校名,如司竹镇、竹护村等。

22. 都水丞印

水是苑囿中的血液,因此必有专人管理。《汉书·百官公卿表》云:奉常又有属官"均官、都水两长丞"②。都水又见于少府和治粟内史属官之列,可见当时水环境的重要性。根据《后汉书·百官志》载:"有水池及鱼利多者置水官,主平水、收渔税。"刘庆柱、李毓芳先生认为:都水系水官,奉常之都水应负责帝王陵园、陵邑之水利事务。③笔者认为,除了以上功能以外,秦的苑囿中有许多水池,也应该由都水丞来管理。

23. 奴卢之印

"奴卢之印"封泥在《秦封泥集》中有著录,考释云:"或为蓄监奴隶之机构。或为与军卫有关的机构……一说或可读为'卢奴之印',为秦县名。"④陈晓捷认为:奴,为奴隶或罪人的称呼。卢,为良犬。将奴卢二字合起来解释,就是奴隶和狗,即掌管奴隶和狗的机构。但此处的奴隶并非一般的奴隶,而是精通驯狗之术的奴隶。秦汉时有牵狗逐兔的爱好。⑤笔者赞同陈先生的观点。《史记·李斯列传》载,李斯临刑前对其中子云:"吾欲与若复牵黄犬俱出上蔡东门逐狡兔,岂可得

---

① 陈晓捷、周晓陆:《北京文雅堂藏秦封泥选考》,载《咸阳师范学院学报》2013年第1期。
② 班固:《汉书·百官公卿表》,中华书局1962年版,第726页。
③ 刘庆柱、李毓芳:《西安相家巷遗址秦封泥考略》,载《考古学报》2001年第4期。
④ 周晓陆、路东之:《秦封泥集》,三秦出版社2000年版,第180页。
⑤ 陈晓捷、周晓陆:《北京文雅堂藏秦封泥选考》,载《咸阳师范学院学报》2013年第1期。

乎？"① 李斯身为丞相尚有此癖，而皇帝也未能免俗。《李斯列传》载秦二世"日游弋猎"于上林苑中。皇帝弋猎时，良犬自是必不可少的。牵狗的人便是奴卢府中的奴隶。由此可知，奴卢府当是田猎之机构。在秦封泥中，还可见到"狡士丞印"封泥。此职在战国时期已经存在。《睡虎地云梦秦简·法律答问》指出："可（何）谓'宫狡士'、'外狡士'？皆主王犬者殹（也）。"② 狡士的职责是掌管猎犬，而奴卢则是负责牵猎犬的人，两者相辅相成，不可或缺。

　　秦帝王纵情逸乐，广筑苑囿，因此秦的苑囿可谓遍布域内。新发现的封泥中有左田之印、郎中左田。刘瑞先生的《"左田"新释》对"左田"做了比较详尽的考释。他认为"左田"的职责可能为田猎之官。他从"田"的本意，郎中的职掌和秦汉田官的专称三个角度考证"左田"应为田猎之官，而非田官，并考证"左田"作为田猎之官可能与《周礼》中的"田仆"相伺，二者亦可能存在一定的传承关系。③其考释有理有据。

图89　郎中左田封泥

---

① 司马迁：《史记·李斯列传》，中华书局1959年版，第2562页。
② 睡虎地秦墓竹简整理小组编：《睡虎地秦墓竹简》，文物出版社1990年版，第138页。
③ 刘瑞：《"左田"新解》，见黄留珠主编：《周秦汉唐研究》（第一册），三秦出版社1998年版，第149—154页。

苑囿也被称为禁，是古代帝王游猎、居住之处。清人朱骏声《说文通训定声》云："天子所居曰禁中。禁中者，门户有禁，非侍御者不得入，故曰禁中。"《史记》云："二世常居禁中，与高决诸事。"① 禁还有圈养禽兽之处的意思。《周礼·地官·囿人》："掌囿游之兽禁。"禁苑是统治者经常去游玩或者居住的地方，为了警卫禁苑和皇帝的人身安全，禁苑出入的规定极其严格。"天子宫门曰司马，阑入者为城旦，殿门阑入者弃市"。②《龙岗秦简》这方面的法律规定很多，《龙岗秦简》简 15 载："从皇帝而行及舍禁苑中者皆（？）□□□□□"。出入禁苑必须有"出入证"。《龙岗秦简》简 11 载："于禁苑中者，吏与参辨券。"也就是说有事要到禁苑中去，先从禁苑吏的办公室领取出入证明，分作三券，苑吏、出入者、禁苑守门者各执一券。简 2 又载："窦出入及毋符传而阑入门者，斩其男子左趾。""窦出入"是指凿孔穴出入，"符传"类似于今天的公函凭证。

下面这些简记载的是如何才能取得进入禁苑的许可。《龙岗秦简》简 7 记载："诸有事禁苑中者，□□传书县、道官，□乡（？）"；简 9 记载："县、道官，其传口。"简 10 也记载："取传书乡部稗官。艺其［田］？及□［作］务□"；简 5 记载："关。关合符，及以传书阑入之，及佩入司马门久（？）"。司马门是设有卫戍人员的宫门禁，要把进入禁苑的申请传给主管的县、道官等，然后由他们复核，看是否符合律令的规定。如符合，则把书传送给乡的稗官，取得出入证件后要交与守门人对照，对照符合后才能进入禁苑。可见作为皇家苑囿，其出入管理非常严格。即使允许进入，也要遵守道路行走的规定。简 3 记载："传入门者，必行其所当行之道，□□［不］行其所当行。""当行"是指符合法律规定可以行走，但是不能在苑囿中任意行走。苑中一切田地、飞禽、走兽、作物都是皇帝所有，平民禁止获取，违者就要被处罚。甚至禁苑以

---

① 司马迁：《史记·秦始皇本纪》，中华书局 1959 年版，第 271 页。
② 程树德：《九朝律考》，中华书局 2001 年版，第 119 页。

外若干里内的区域,也设定为"壖",这个区域也是皇帝的经济特区。《云梦龙岗秦简》指出:"诸禁苑为壖,去苑卌里,禁毋敢取壖中兽,取者其罪与盗禁苑中[同]"①。

禁苑的主管官吏是苑啬夫,辅助官吏是苑吏,还有苑人作为工作人员。他们的日常职能为巡视禁苑墙垣有无损坏,看管禁苑中的野兽。县属官员协助禁苑官员工作。《龙岗秦简》简39记载:"禁苑啬夫、吏数循行,垣有坏决兽道出,及见兽出在外,亟告县。"简33记载:"鹿一、麂一、麋一、狐二,当(?)完为城旦舂,不□□□。"官吏偷猎禁苑中上述任何一头动物,都要负"城旦舂"的刑事责任。

关于秦苑囿禽兽的来源,一方面我们从文献资料中可以看出,秦禁苑都用围墙或篱笆圈起来,而苑囿中林木繁茂,花草众多,沟壑纵横,为禽兽的栖息繁衍创造了条件;另一方面是专门豢养的,从苑囿外捕捉一些放入兽圈、狼圈、射熊馆中,以供观赏射猎取乐。加之当时关中一带气候温暖湿润,南方的动物也可在此生长繁衍,更增加了秦苑囿中禽兽的种类。

关于秦上林苑中禽兽的记载,文献记载很少,但通过汉上林苑的情况可以推测出秦时的情况。"上林苑中,天子遇秋冬射猎,取禽兽无数实其中","苑中养百兽"。②因而苑中禽兽众多。"植物斯生,动物斯至,众鸟翾翻","散似惊波,聚似京涛"。禽兽散走之时,如水惊风而扬波,聚时如水中高土。禽兽之多,"伯益不能名,隶首不能纪"③。《上林赋》对上林苑中各类禽兽有详细的记载。射猎是古代皇帝的享乐方式。"强弩弋高鸟,走犬逐狡兔,此其为乐也"④。射猎时"陈虎旅于飞廉,正垒壁乎上兰。结部曲,整行伍……赴洞穴,探封狐,猎昆駼……相羊乎

---

① 刘信芳、梁柱:《云梦龙岗秦简》,科学出版社1997年版,第274页
② 孙星衍等辑,周天游点校:《汉官六种》,中华书局1990年版,第83页。
③ 张衡:《西京赋》,见萧统编、李善注:《文选》,上海古籍出版社1986年版,第64页。
④ 《淮南子·原道篇》,见许嘉璐主编:《文白对照诸子集成》,陕西人民教育出版社1995年版,第4页。

五柞之宫，旋憩乎昆明之池……蒲且发，弋高鸿，挂白鹄，联飞龙"①。《西都赋》亦云："罘网连纮，笼山络野，列卒周匝，星罗云布。于是乘銮舆，备法驾，帅群臣，披飞廉，入苑门。遂绕丰、鄗，历上兰，六师发逐，百兽骇殚……雷奔电激，草木涂地，山渊反覆，蹂躏其十二三，乃拗怒而少息。……鸟惊触丝，兽骇值锋，机不虚掎，弦不再控，矢不单杀，中必叠双……挟师豹，拖熊螭，曳犀犛，顿象羆……原野萧条，目极四裔，禽相镇压，兽相枕藉。"② 其真可谓轰轰烈烈，声势浩大。

秦苑囿中畜养的珍禽异兽品类，上至飞禽，下至走兽、水中动物等，种类繁多，数目庞大，从而为秦帝王狩猎、游乐观赏提供保证。畜养珍禽众多必然需要大量人员从事管理。秦封泥中有御弄、阴御弄印、阳御弄印，这些官职就是苑囿中禽兽的管理机构。御弄从属于少府，下设阴阳御弄负责不同类别珍禽异兽。苑囿之下，由各苑令、丞主管苑囿，苑尉管理禽兽，根据动物种类分属阴阳，设置兽圈，是苑囿管理的"地方"机构。③ 陈治国也认为阴御弄印与阳御弄印，可能是负责为帝王保管、照看、提供各种贵重物品，包括一些珍禽异兽。④ 可见秦时对苑囿中珍禽异兽管理的重视。

图 90　阴御弄印封泥　　　　图 91　阳御弄印封泥

---

① 张衡：《西京赋》，见萧统编、李善注：《文选》，上海古籍出版社 1986 年版，第 68—73 页。
② 班固：《西都赋》，见严可均辑：《全后汉文》，商务印书馆 1999 年版，第 238 页。
③ 李超：《秦阴御弄封泥与苑囿略论》，载《中国国家博物馆馆刊》2017 年第 12 期。
④ 陈治国：《"阴御弄印"与"阳御弄印"封泥考释》，载《考古与文物》2015 年第 3 期。

上林苑飞鸟成群,"鸟则玄鹤白鹭,黄鹄鹅鸨,鸽鹐鸧鸹,凫翳鸿雁"①。

古代统治者视飞鸟为祥物,宣帝颁布保护鸟类的诏令:"令三辅毋得以春夏摘巢探卵,弹射飞鸟。"宣帝元康四年(前627),当时一种称为"神雀"的鸟,"以万数集长乐、未央、北宫、高寝、甘泉泰畤殿中及上林苑"②。

恩格斯在《家庭私有制和国家起源》中指出:"打猎在从前是必需的,如今则成为一种奢侈的事情了。"秦时,无论皇帝、大臣或者平民,射猎均是生活的一项重要活动。早在秦文公时,"三年,文公以兵七百人东猎。四年,至汧渭之会"③。可以看出当时狩猎的规模相当可观。

图92 公车司马丞、行车封泥

第二节 秦封泥与其他地区的苑囿

除了秦都咸阳附近的苑囿以外,秦在征服东方六国的过程中对六国

---

① 班固:《西都赋》,见萧统编、李善注:《文选》,上海古籍出版社1986年版,第21页。
② 班固:《汉书·宣帝纪》,中华书局1962年版,第258页。
③ 司马迁:《史记·秦本纪》,中华书局1959年版,第179页。

原有的苑囿大多加以利用，从出土秦封泥中也能反映出来。

1. 左云梦丞、右云梦丞

云梦自古为帝王游猎之地。秦统一后，云梦苑也成为秦的禁苑。左云梦丞、右云梦丞秦封泥的发现为研究秦云梦苑提供了第一手的证据。

图93　左云梦丞封泥

云梦泽是古代江汉平原上一个著名的湖泊。其方位和大小是历史地理上重要的疑难问题之一。谭其骧先生认为过去之所以把云梦泽范围越说越大，主要是把云梦与云梦泽混为一谈，岂不知前者是楚王的一个狩猎区，后者才是一个湖泊的名称。二者都在长江以北，从未有过横跨长江南北的云梦泽。

"云梦"一词在先秦古籍中，并非专指云梦泽而言，它也是春秋、战国时期楚王狩猎区的泛称。《战国策·楚策》："于是楚王游于云梦，结驷千乘，旌旗蔽天。野火之起也若云蜺，兕虎之嗥声若雷霆。有狂兕牂车依轮而至，王亲引弓而射，壹发而殪。王抽旃旄而抑兕首，仰天而笑曰：乐矣，今日之游也。寡人万岁千秋之后，谁与乐此矣？"①从所描述楚王在云梦的游猎生活中可见，所指云梦是广阔的山林原野而非湖沼池泽。古文献中对云梦所做描述最详细的是司马相如的《子虚赋》。

---

① 刘向：《战国策·楚策一》，上海古籍出版社1985年版，第490页。

司马相如虽是汉武帝时代的人，但他所掌握并予以铺陈的云梦情况却是战国时代的。因为汉代的楚国在淮北的楚地即西楚，并不在江汉地区，而《子虚赋》里的云梦，很明显依然是江汉地区战国时的楚王游猎区。据《子虚赋》说："云梦者，方九百里。"其中有山，高到上干青云，奎蔽日月；山麓的坡地下属于江河。这里有各种色彩的土和石，蕴藏着金属和美玉。东部的山坡和水边生长着多种香草。南部"则有平原广泽"，"缘以大江，限以巫山"。高燥区和卑湿区各自繁衍着无数不同的草类。西部"则有涌泉清池"，中有神龟、玳瑁。北部有长着巨木的森林和各种果林。林上有孔雀、鸾鸟和各种猿类，林下有虎豹等猛兽。楚王游猎其中，主要以驾车驱驰、射弋禽兽为乐，时而泛舟清池，网钩珍馐，时而到"云阳之台"等台观中去休息进食。①

由于先秦著作记述云梦多以其泽薮为主，汉、晋以来的注疏家也就望文生义，将云梦狩猎区与云梦泽混为一谈，并一直为后世所沿袭。

秦始皇为何要在云梦祭祀虞舜呢？《史记·秦始皇本纪》载：秦始皇三十七年"十一月，行至云梦，望祀虞舜于九疑山"②。按照古礼，望祭可在京郊举行，而始皇为何要到云梦来祭祀舜呢？这是由于精神的和物质的两大因素让秦始皇做出的选择。先说精神因素。秦始皇东巡的基本目的是对东方的"天子气""东游以厌之"，就是向东方原六国统治者和贵族宣示皇权与威权，慑服潜在的六国敌对势力。秦始皇在云梦停留时间长也是不言而喻的。古人云："国之大事，在祀与戎。"这是说古时候国家大事第一是祭祀，第二是打仗。既然祭祀是国家的头等大事，就不能一蹴而就。特别是秦始皇祭舜深含隐情，有求于舜，更不能怠慢，仅斋戒沐浴就需要好多天。此外，秦始皇是有名的勤政皇帝，他把丞相等朝中重臣带在身边，就是为了不荒废朝政，到一个地方驻下后，

---

① 司马相如：《子虚赋》，见严可均辑：《全汉文》，商务印书馆1990年版，第211—212页。
② 司马迁：《史记·秦始皇本纪》，中华书局1959年版，第260页。

就处理朝政。始皇这次出巡，总行程6000公里，时间长达10个月，根据当时的行车速度，2个月就可走完全部行程，还有8个月在各地停留，在这次行程中，有可能驻下来的不超过7处，平均每处可停留30多天。因此，秦始皇在云梦停留的时间不会少于1个月。秦始皇选定到云梦祭舜的物质因素主要是到云梦禁苑游猎与休闲，因为云梦禁苑有三个优越条件。其一，有雄厚的财力保障和丰富的物资供应。要说清这个问题，首先要弄清禁苑的属性。禁苑属皇家所有，其基本职能是皇帝的狩猎场。《云梦龙岗秦简》中记载，云梦禁苑的规模相当大，仅禁苑堧地（禁苑外的隔离带和保护圈）就有60里宽，那么禁苑的主体至少方圆数百里。禁苑中豢养各种家畜，放养各类野兽、鱼类，种植经济林木，收缴皮张，租赁土地，等等，既有现金缴纳，也有实物收获，是皇家的财政源泉。秦始皇来云梦祭舜，巨大的财务支出和物资消费，不可能从咸阳运来，必然是从云梦禁苑就地取财，就地供给，这是最经济的理财原则。其二，云梦禁苑有行宫。《云梦龙岗秦简》中凡言"禁中"4次，"禁苑中"6次。《辞海》释"禁中"为"宫中"。可见云梦禁苑中有离宫别馆，这种现象在当时是极为普遍的。简文中还有"从皇帝而行及舍禁苑中者皆……"，这是对皇帝及其随从人员下榻云梦苑中行宫的具体安排。这些记载是云梦有行宫的文字证据；楚王城出土的石柱础、陶水井、陶水管、卷云纹瓦当等宫殿建筑材料残片，以及西城中有内城，东城中有宫殿台基等，这都是云梦有行宫的实物证据；秦始皇两次南巡云梦，东汉时期和帝、桓帝先后来到云梦，证明云梦苑囿中一定有行宫存在。其三，云梦有驰道，交通便利。东汉学者应劭指出驰道是天子道，驰道的中道专供皇帝行走，未经许可，任何人是不得横穿驰道或在中道上行走的，否则将被严厉处罚，甚至杀头。秦始皇四次东巡，两次到云梦，证明云梦苑囿中通驰道；20世纪80年代，考古工作者发现云梦古城东北角护城河中有驰道桥遗迹；更重要的是《云梦龙岗秦简》中有管理驰道的律文，被称为《驰道律》，这在全国考古中目前尚属首例，更加证明云梦中通驰道。

综上所述，云梦禁苑、云梦行宫是秦始皇选择在云梦祭舜和狩猎休闲的重要因素。

云梦有苑囿，楚王常游猎于此，楚国被灭后其地入秦继续为禁苑。1974年在云梦睡虎地秦墓出土了大量的竹简，其中涉及的禁苑律令比较多，前文已有论述，在此不赘。1989年，又在云梦县城东北的龙岗6号秦墓出土秦简200余枚，其中四分之一简与禁苑有关系，有《禁苑律》，如简278"诸叚（假）两云梦□□及有到云梦禁中者得取灌□□……"；简183"驱驱入禁苑中勿敢擅杀……"；简263"从皇帝而行及舍禁苑中者皆（？）□□□□□"；简251"禁苑吏、苑人及黔首……"。云梦出土如此多的秦简牍，而且与禁苑如此紧密，可见云梦苑在当时的确是一个重要的游猎场所。

相家巷出土秦封泥有左云梦丞、右云梦丞，证明秦时已有管理苑囿的云梦官，可能沿袭楚国官制，且设有左右二员。《史记·秦始皇本纪》记载秦始皇三十七年（前210年）始皇出游，上会稽，祭大禹，望于南海，立石刻颂秦德。就是经云梦、浮江下、观籍柯、渡丹江、至钱唐、临浙江，在云梦苑停留休整。

图94　右云梦丞封泥

2. 桑林丞印、桑林□□、桑林司寇

现存秦封泥中，王辉先生认为西安中国书法艺术博物馆所藏秦封泥桑林□□,所缺少的就是"禁印"或"禁苑"两字,而这块封泥就与在韩苑基础上扩建而成的秦之桑林苑有关。①

《墨子·明鬼下》:"宋之有桑林,楚之有云梦也。"汉代人记载,商汤曾到桑林举行求雨祭祀活动。《史记·张仪列传》亦载韩国有"鸿台之宫、桑林之苑"。《礼记·祭义》:"古者天子诸侯必有公桑蚕室,近川而为之。"所谓"公桑"之处或即"桑林"。《水经注》:"漳水又对赵氏(后赵)临漳宫。宫在桑梓苑,多桑木。故苑有其名。三月三日及始蚕之月,虎(石虎)帅皇后及夫人采桑于此,今地有遗桑,墉无尺雉矣。"王后"亲蚕"早已有之,"桑林""先蚕坛""蚕室"均为蚕事活动之处所,置官管理,"桑林丞印"当为桑林属官"丞"之封泥。"监桑"应释为"桑监","桑监"或为"桑林"属官。

汉代"桑林"在上林苑中。《汉旧仪》云:"皇后春桑……春蚕生而皇后亲桑,于苑中蚕室,养蚕千薄以上。"②上林苑中还有茧馆、蚕室。《三辅黄图》载:"茧馆,《汉宫阙疏》云:'上林苑有茧馆。'盖蚕茧之所也。"③又《汉书·酷吏传》载"阑入上林中蚕室门"。秦之"桑林"有可能在上林苑,并且还有蚕室、茧馆一类亲蚕机构。刘庆柱、李毓芳先生认为相家巷出土的秦封泥桑林丞印当非关东之地名,应与王后或皇后亲蚕活动有关。④陈直先生的《关中秦汉陶录提要》指出:"汉城出土'监桑'残瓦,瓦有'桑'字,皆为茧馆或蚕室之物。'监'者官名,次于令丞之下。"

北京文雅堂藏桑林司寇秦封泥。《睡虎地秦墓竹简·司空》云:"隶臣妾、城旦舂之司寇、居赀赎债繫城旦舂者,勿责衣食。"整理小组注:"司寇,刑徒名。《汉旧仪》:'司寇,男守备,女为作如司寇,皆作二岁。'

---

① 王辉:《出土文字所见之秦苑囿》,见雷依群、徐卫民主编:《秦都咸阳与秦文化研究》,陕西人民教育出版社 2003 年版,第 79 页。
② 孙星衍等辑,周天游点校:《汉官六种》,中华书局 1990 年版,第 77 页。
③ 何清谷:《三辅黄图校释》,中华书局 2005 年版,第 384 页。
④ 刘庆柱、李毓芳:《西安相家巷遗址秦封泥考略》,载《考古学报》2001 年第 4 期。

城旦舂之司寇,据简文应为城旦舂减刑为司寇者。"又:"司寇勿以仆、养、守官府及除有为也。有上令除之,必复请之。"①《内史杂》:"侯(候)、司寇及群下吏毋敢为官府佐、史及禁苑宪盗。"②又《法律答问》:"司寇盗百一十钱,先自告,可(何)论?当耐为隶臣,或曰赀二甲。"③此职掌管在桑林之中服刑的刑徒。

3. 沙丘苑

沙丘苑遗址位于今河北省邢台平乡县与广宗县一带,多朝帝王于此兴筑离宫别苑。这里是一座历史悠久的苑囿宫室建筑群。通过对沙丘苑台遗址环境实地调查,对沙丘苑台遗址现在的大环境具备了初步认识与基础性的记录,同时印证了古黄河对沙丘苑台所在地产生的多方面影响。通过对沙丘苑台的营建生态环境探究、分析、推测得知,商代沙丘苑台一带应属于亚热带气候,气候温暖湿润,植物种类繁多。在河南安阳发现的甲骨文中就有当时捕获大象的记载,说明这一带当时气候温暖。古黄河曾流经邢台地区,东汉时期河道才发生变化,对沙丘苑台所在的地理环境产生了多方面影响。古邢台地区曾经存在大片的沙丘地貌,因而才命名为"沙丘宫"。古黄河所形成的湖泊,保证了当地充足的淡水资源。充足的水资源、便利的渔猎、肥沃的土壤、丰富的动植物资源等条件,是多朝帝王垂青于此的重要原因。通过对沙丘苑台营建的社会环境探究分析得知,商代邢台地区的农业、畜牧业获得较大发展,农业的发展促进了酿酒业的兴盛,酒器的大量出土与历史记载的"酒池肉林"说明了酿酒业的发展,狩猎已经具备游乐性。至商纣王时期,据史书记载:"帝纣……厚赋税以实鹿台之钱,而盈钜桥之粟。益收狗马奇物,充牣宫室。益广沙丘苑台,多取野兽蜚鸟置其中。慢于鬼神。犬聚乐戏于沙

---

① 睡虎地秦墓竹简整理小组编:《睡虎地秦墓竹简》,文物出版社1990年版,第52页。
② 睡虎地秦墓竹简整理小组编:《睡虎地秦墓竹简》,文物出版社1990年版,第63页。
③ 睡虎地秦墓竹简整理小组编:《睡虎地秦墓竹简》,文物出版社1990年版,第95页。

丘，以酒为池，悬肉为林，使男女倮，相逐其间，为长夜之饮。"①《史记集解》云："《尔雅》曰：迆逦，沙丘也。《地理志》曰在世鹿东北七十里。"唐张守节《正义》云："《括地志》云：沙丘台在邢州平乡东北二十里也。《竹书纪年》：自盘庚徙殷至纣之灭二百五十三年，更不徙都，纣时稍大其邑，南距朝歌，北据邯郸及沙丘，皆为离宫别馆。"② 实质上在商纣王之前这里已经有离宫别馆了，只是纣王将规模扩大。虽然后世的商朝帝王迁都离开邢台地区，沙丘苑台仍然长时期作为皇家的离宫别苑存在，以至被后来的赵武灵王、秦始皇等多朝帝王继续使用，可见沙丘苑台所处环境的优越性依然突出，具备了兴建规模宏大的宫室苑囿的条件。

战国时期的赵武灵王继续在这一地区营建离宫别馆，因为沙丘之地是中原地区一个难得的游猎休闲景区。这里地势平缓，与赵都邯郸咫尺相望，域内沙丘连绵，湖泊纵横，林草繁茂，生活着许多奇珍异兽。也正因为如此，在此发生了赵国著名的"沙丘宫变"。"沙丘宫变"是发生于赵国的一次宫廷政变。公元前299年，赵武灵王为圆宠姬吴娃遗愿，废太子章而提前让位于爱子何，自称主父。公元前296年，又觉得对不住太子章，封太子章为代安阳君，使田不礼佐之，公子章仍然不高兴。次年，赵主父游沙丘宫，又怜公子章长而不得立，乃欲分其王于代。数日后，公子章及其傅田不礼作乱欲杀惠文王何，王傅肥义代死。赵臣李兑及公子成以兵平乱，杀公子章及田不礼。后二人惧主父追罪，乃独闭主父于沙丘宫中，三个月后主父饿死，其后兑及公子成专赵政。

秦灭赵国后，继续利用这一苑囿。《云梦龙岗秦简》简195记载有："沙丘苑中风荼者□。"简151："风荼寇出，或捕诣吏。"

简文中"风荼"二字，"荼"为苦菜，"风荼"从字面看不可解，疑此假"荼"妙为"特"，《说文》："风荼，黄牛虎纹也。""风荼"即

---

① 司马迁：《史记·殷本纪》，中华书局1959年版，第105页。
② 司马迁：《史记·殷本纪》，中华书局1959年版，第106页。

放牧黄牛。《左传》信公四年:"唯是风马牛不相及也。"孔疏引服虔云:"风,放也。牡牝相诱谓之风。"是为证。简三五上有:"沙丘苑中风荼者□。"所载"风荼",据注释和校证所言,"疑为'虎'之别名",或"为一种野牛"。由此可见沙丘苑在秦统一后派人进行管理,继续得到使用。

关于沙丘苑,《史记·秦始皇本纪》载:三十七年,"七月丙寅,始皇崩于沙丘平台"。《史记正义》引《括地志》云:"沙丘台在邢州平乡县东北二十里。又云平乡县东北四十里。"秦行宫多设于禁苑,知沙丘平台当在简文沙丘苑中。古沙丘苑与云梦齐名,《淮南子·原道》中有"游云梦沙丘"。《云梦龙岗秦简》为云梦、沙丘二禁苑提供了迄今为止最为翔实、最为可靠的研究资料,其珍贵自不待言。

秦末的"沙丘之变"事件也是发生在这里。公元前210年秦始皇第五次出巡,丞相李斯和中车府令赵高等陪同前往,秦始皇的小儿子胡亥随从父亲出巡。出巡的车队离开咸阳后,首先到达湖北云梦,经过休整,然后顺长江东下到浙江。不久又北上经江苏到山东,准备西返咸阳。不料当一行人到平原津(今山东平原西南)的时候,秦始皇却因酷热难耐、劳累过度病倒了。后虽经随驾医官多方诊治,却未能见效。秦始皇虽然大张旗鼓地修建自己的陵墓,却又最忌讳谈到死的问题。所以,他虽然病得很厉害,大臣们却都不敢同他议论继承人的事情。好不容易到了沙丘,秦始皇感到自己实在病得不行了,才慌忙命赵高写遗诏给长子扶苏,让扶苏赶回咸阳主持丧事。然而遗诏写好了还没有发出,秦始皇便死在沙丘行宫。随行的丞相李斯顾虑秦始皇的死会引起政局动荡,便找赵高商议道,沙丘离咸阳1000多里,不是几天就能赶回去的,万一皇上病逝的消息传出去,会引起天下大乱,最好是暂时秘不发丧,赶回咸阳再说。赵高同意李斯的意见。于是他们把秦始皇的尸体安放在辒辌车中,关上车门,放下窗帷,外面的人什么也看不见。指定几个亲幸的宦者驾车、陪乘,每天照常往车上送膳供物,如同平常。百官奏事则由陪乘宦者收受,悄悄交由李斯裁决,再假托秦始皇的名义发出。因此,除了极少数几个人以外,其他人不知道秦始皇已死。秦始皇一生行动诡秘、深藏不露，一般臣下罕见其面，因此也没有人怀疑。但这些诡秘的措施，却为赵高施展阴谋提供了时间和方便。李斯叫赵高赶快派人把遗诏送出去，好让扶苏尽快赶回咸阳。不料赵高却心怀鬼胎，迟迟不将遗诏送出。他偷偷地篡改诏书内容，立胡亥为太子。同时伪造了秦始皇给扶苏的诏书，让扶苏和蒙恬自裁。胡亥成了二世皇帝，但却把大权交给赵高，自己去享乐了，使不可一世的秦王朝很快分崩离析。《史记》中记载的"沙丘之变"就发生在沙丘苑中，说明秦始皇第五次出巡时在这里逗留，因为沙丘苑中有离宫别馆。

第三节 秦苑囿的特点及影响

秦苑囿在中国苑囿发展史上具有承前启后的作用，是一个重要的发展阶段，具有以下几个特点和影响。

一、依山而建，山形水胜

秦苑囿大多在关中一带，而关中一带秦汉时期环境优美，气候温暖湿润，又是山形水胜之地，如上林苑依终南山而建，梁山苑依梁山而建，骊山苑依骊山而建，加之长安八水的分流，对于点缀苑囿起了重要作用。秦时造园家们尝试这种建筑方法，到汉代这种方法又得以发展。在山形水胜之处建苑，环境优美外、节省材料，这就摒弃了先秦时期只能利用自然的情况，已开始改造自然，将著名的山水包括在苑中。能工巧匠们利用他们的聪明才智，巧妙地把大自然的风景浓缩在一个有限的空间里，使人从中欣赏到大自然的奇峰、异石、流水、湖面、名花异草、珍禽异兽，再加上亭台楼阁，人在其中犹如生活在图画中一样。

二、规模宏大，雄伟壮观

秦苑囿规模远远大于商周时代，特别是秦始皇统一全国后，由于国力的强大，大兴土木，扩大苑囿，正如《淮南子·氾论训》指出的"秦之时，高为台榭，大为苑囿，远为驰道"①。秦始皇曾想扩大苑囿，东到函谷，西到陈仓，只是由于优旃的谏言才停止。但我们只要看一下秦上林苑的范围，就可看出秦代苑囿的规模确实宏大，苑囿中离宫别馆，弥山跨谷，富丽堂皇，雄伟壮观，气势磅礴。秦苑囿气势宏伟的特点和当时的政治形势密切相关，因为秦汉之际是中国历史的一大变局时期，被明清史家称为"天崩地裂"。秦统治者要确立新王朝的形象，建立新的统治秩序，规模巨大的建筑和苑囿正是其统治意愿的形象化表述。位于上林苑中的阿房宫"表南山之颠"，使耸立于高台之上的巨大宫殿与山峰之上直插云端的双阙遥相呼应。如此的空间，气势何等雄伟！正像秦始皇陵兵马俑雄伟壮观的气势一样。也只有秦始皇才会干出如此非凡的事情，好大喜功的特点在这里体现得淋漓尽致。

三、宫苑结合

秦的苑囿已形成宫苑结合的特点。秦政治上实行中央集权制，"事无大小皆决于上"，使得帝王政务繁忙。为了使帝王免于到处奔波，便在苑中修建宫殿，作为皇帝处理政务之所，这样就把皇帝处理政务、饮食起居、游乐玩赏集中在一起，从而出现了苑中有苑、宫苑结合的特点。正由于此，史书载"营作朝宫渭南上林苑中"②。另外，宜春苑中有宜春宫，梁山苑中有梁山宫，长杨苑中长杨宫。这种制度到汉代更加完备，形成

---

① 《淮南子·氾论训》，见许嘉璐主编：《文白对照诸子集成》（中），陕西人民教育出版社1995年版，第168页。
② 司马迁：《史记·秦始皇本纪》，中华书局1959年版，第256页。

上林苑中"离宫别馆,弥山跨谷……庖厨不徙,后宫不移,百官备具"①的局面。

四、造园方式先进

从商代开始的苑囿建设到秦时,特别是秦统一以后,发生了重大的变化。一些新的造苑技术得以采用,大大丰富了中国造园艺术。无山不成林,无水不成园。山为骨骼,水为血脉,山水相依,刚柔相济,是中国古典园林的重要特色。这种特色秦时已形成,从而成为秦苑囿山水组合的重要契机,形成山、水、建筑、植物、动物为一体的苑囿景观要素。比如借景方法,上林苑北起渭水,南至终南山,东到宜春苑,西达鄠县、盩厔。秦把最著名的宫殿阿房宫建于渭南上林苑中。而阿房宫"周驰为阁道,自殿下直抵南山,表南山之巅以为阙"。就是说在阿房宫四周修筑阁道,从殿下一直通到南山,在南山顶峰树立标志以作为门阙。用门阙的方式将南山纳入自己的范围,又以阁道相连,从景观上说就是把南山引入自己的景观设计。在后来的造园术中,我们称之为借景,即要求在造园中调动周围一切美的因素。我国古代最重要的造园著作《园冶》,把借景提到了造园手法中最主要的地位。"夫借景,林园之最要者也"②;"'借'者:园虽别内外,得景则无拘远近,晴峦耸秀,绀宇凌空,极目所至,俗则屏之,嘉则收之"③。而这些已体现在秦的宫苑建设中。可以说秦是我国造园史上最早应用借景来造园的。在这种借山、借水、借地形为景的基础上,秦还推出一种新的园林形式——山地园,即以山为基,辟园新景。除了上林苑以外,又大建离

---

① 司马迁:《史记·司马相如列传》,中华书局 1959 年版,第 3026—3033 页。
② 计成原著,陈植注释,杨超伯校订,陈从周校阅:《园冶注释》,中国建筑工业出版社 1988 年版,第 247 页。
③ 计成原著,陈植注释,杨超伯校订,陈从周校阅:《园冶注释》,中国建筑工业出版社 1988 年版,第 47—48 页。

宫别馆，如梁山苑、长杨苑等。

除了借景方法外，还有理水。秦时的关中地区水资源丰富，汉上林苑中"荡荡兮八川分流"①。在秦上林苑的建设中，"络樊川以为池"，又修建了许多人工湖泊，如牛首池、镐池，景色宜人。在秦以前，园林中的水系主要以自然为主，没有人工的痕迹。至秦则开始主动地、人为地将水系引入，并进行一定的改造加工，使之成为园林中新的景观。秦开启了我国古典园林的理水历程。兰池苑在咸阳东，以水景为主。《三秦记》云："始皇引渭水为长池，东西二百里，南北三十里，刻石为鲸鱼二百丈。"② 这实际是一项以人工湖"长池"蓄水拦洪的水景工程。从这里我们又可以看出，秦的理水技法已达到相当水平，不仅以水造景，更把水景的美学价值和实用价值结合起来，这对后世乃至今天都有很大的借鉴价值。同时苑囿中还营造假山以造景。秦始皇一生可谓无所不能，但是追求长生不老药的任务一直未能如愿。他想长生不老，东方的方士便投其所好，说在东海中有蓬莱、方丈、瀛洲三座仙山，仙山上有长生不老药。于是秦始皇不惜动用大量人力、物力、财力去东海中寻求仙山和长生不老药，但是终未成功。在这样的背景下，他便在秦都咸阳建了一处仙境，即在兰池苑中营造蓬莱山作为象征，初步开创了一池三山的造园方式。中国苑囿中人工堆山的造园手法即由此开始。它不仅成为历代皇家园林创作池山的主要模式，还影响到宫苑以外的园林，如扬州历史上有"小方壶园"、苏州留园"小蓬莱"、杭州三潭印月景区的"小瀛洲"等，在我国造园史上历代相传、广为应用，且常常成为起画龙点睛作用的重要技法。

在中国古典园林艺术中，叠山被赋予特殊的地位。园林几乎无园不山，无山不水。《园冶》中"有真为假，做假成真"，"池上理山，园中第一胜也"，"假山以水为妙"。做假成真，不要求给人以真山水的

---

① 司马迁：《史记·司马相如列传》，中华书局1959年版，第3017页。
② 刘庆柱辑注：《三秦记辑注》，三秦出版社2006年版，第8页。

感受、印象，也不必过多追求山石本身如何奇秀，而应着眼于布局经营，仅求其像，后世计成、张涟、李渔都主张土石相间，以土为主，足见叠山在造园中的重要性。而秦能在前世无任何造园技法的基础上，开创一池三山的叠山理水模式，实为一种开天辟地的创举，因为这种技法赋予了园林流动的色彩和清新的灵气，奠定了园林的灵魂基础。同时，这种"移天缩地在君怀"的技法，两千年来经久不衰，从模仿自然山水发展到模仿人工景物，清代的圆明园、颐和园、避暑山庄等汇集全国胜景于一园，均由此而来。在今天，它更被衍生为一种新的手法——象征手法，广泛应用于各种设计。中国园林是中国传统文化的重要组成部分。中国园林的基础则是在秦汉时期，"汉承秦制"说明了秦苑囿建造在中国园林发展过程中的作用。

五、影响深远

秦苑囿的建造，特别是上林苑达到前所未有的水平，对我国古代园林发展影响深远，有许多造园艺术被后代继承下来，单从上林苑的名字来讲，秦有，西汉、东汉有，到南朝刘宋时仍在玄武湖北岸建造上林苑。

汉初由于经济萧条，百废待兴，上林苑也和汉初社会一样，经过了一段"无为而治"时期，当时的丞相萧何向汉高祖建言献策："长安地狭，上林中多空地，弃，愿令民得入田，毋收藁为禽兽食。"① 刘邦认为萧何受商人的贿赂，极力反对。但这从侧面反映了当时上林苑中多空地、土地荒芜的事实。汉高祖二年（前205），"故秦苑囿园池，令民得田之"②。汉初把秦上林苑中一部分土地分给农民耕种，其余的则继续作为苑囿使

---

① 司马迁：《史记·萧相国世家》，中华书局1959年版，第2018页。
② 班固：《汉书·高帝纪》，中华书局1962年版，第33页。

用。汉文帝时，还亲到虎圈问上林尉禽兽簿。①景帝时，与梁孝王"出则同车，游猎上林中"②，说明秦上林苑汉初继续沿用。到汉武帝时，随着国力的强大，扩大了上林苑规模，使上林苑具有"门十二，中有苑三十六、宫十二、观二十五"③的规模。

---

① 司马迁：《史记·张释之冯唐列传》，中华书局1959年版，2752页。
② 班固：《汉书·文三王传》，中华书局1962年版，第2209页。
③ 刘庆柱辑注：《关中记辑注》，三秦出版社2006年版，第67页。

第五章 秦封泥与厩苑

秦人"好马及畜，善养息之。……马大蕃息"①。马也是秦人重要的出行和作战工具，与秦的发展密切相关。秦制定了一系列较完备的马政制度，许多官僚机构和官名都与马政有关。正因为如此，管理马政的厩苑又是政府的重要机构，秦封泥的出土也印证了历史。秦厩苑除了饲养战马和为朝廷提供驾车的马匹之外，同时还担负着传达政令和邮递的职责。

厩，本意是指马圈、马棚，引申义是牲口棚，在《周礼·校人》和《左传·庄公二十九年》等文献中均有记载。中国古代统治者的厩苑有多少呢？《周礼夏官司马》云："天子十有二闲、马六种。"郑玄注："每厩为一闲"，即天子有马十二厩。马六种，即种马、戎马、齐马、道马、田马、驽马。前五种为良马，每种两厩，共十厩，驽马为两种，共十二厩。②秦人以善于养马和驾车而闻名，这也是秦人逐步强大的原因之一。因此秦的马厩很多，掌管马厩的官吏叫厩长，养马场所叫厩苑。

---

① 司马迁：《史记·秦本纪》，中华书局1959年版，第177页。
② 袁仲一：《秦始皇陵考古发现与研究》，陕西人民出版社2002年版，第220页。

第一节　秦的马政

历代有关秦厩官名及其职司的记载鲜见于传世典籍。随着出土文献的不断涌现,发现不少与秦厩官名有关的资料。

秦人在传说时代就是一个善于养马的民族。柏翳佐舜调训鸟兽,鸟兽多驯服,费昌在夏末去夏归商,"为汤御,以败桀于鸣条"①。而到周代时,"造父以善御幸于周穆王","非子居犬丘,好马及畜,善养息之"。所以"孝王召使主马于汧渭之间,马大蕃息"②。"襄公于是始国,与诸侯通使聘享之礼,乃用骊驹、黄牛、羝羊各三,祠上帝西畤。"③骊驹,指赤身黑鬣的马。骊,古同"䮷"。以上可以看出秦人养马历史悠久,并且积累了丰富的养马经验。后来秦人长时间居于西垂,与戎族和游牧民族杂居,并且有着血亲关系,所以自然条件有利于养马。秦人从一个小小的"附庸"到"西垂大夫"再成为诸侯国,政治地位虽然不断提高,但是四方仍处于狄戎包围之中。"自陇以西有绵诸、绲戎、翟、獂之戎,岐、梁山、泾、漆之北有义渠、大荔、乌氏、朐衍之戎。而晋北有林胡、楼烦之戎,燕北有东胡、山戎。"④在这种复杂的民族关系中,战争不可避免。秦与西戎的战争从周宣王时开始,历时数百年,直到秦穆公时聘用曾在西戎任过职的由余为谋士,"益国十二,开地千里,遂霸西戎"⑤。由于战争的胜利、领土的扩大,戎族的良马也就源源不断地输入秦国,秦穆公就在此时命相马专家伯乐与九方皋去求良马,得到的"果是天下

---

① 司马迁:《史记·秦本纪》,中华书局1959年版,第173—174页。
② 司马迁:《史记·秦本纪》,中华书局1959年版,第177页。
③ 司马迁:《史记·秦本纪》,中华书局1959年版,第179页。
④ 司马迁:《史记·匈奴列传》,中华书局1959年版,第2883页。
⑤ 司马迁:《史记·秦本纪》,中华书局1959年版,第194页。

图 95　秦鞍马骑兵俑

之良马"。按当时的秦国地理位置及与其他周边民族关系条件来看，秦所求良马也只能是西戎的良骏。其马种大体是陕甘青一带的马种，多属于重挽型马，主要用来挽驾战车等。此时战车在战争中的作用举足轻重。秦人对他们的车马非常自豪，在石鼓文中有明确的记载。秦国繁荣兴旺的养马业在《诗经》中也生动地反映出来，"驷驖孔阜，六辔在手……游于北园，四马既闲"，"四牡孔阜，六辔在手，骐骝是中，騧骊是骖"。《诗经》中所描写的就是一幅动人的秦马图。到战国以后，随着秦国的强盛和领土的扩大，西部诸戎已为秦国所吞并，西戎马基本可以说是秦国的国马。秦需要进一步引进良种马，必然就要引进北方民族之良马。再者从当时战争需要来看，骑兵成为比车兵更重要的兵种。因为赵武灵王"胡服骑射"，学习北方民族的骑术及战术，使赵国兵力国力强盛起来。早在秦穆公时秦国已有"畴骑两千"，说明秦穆公时期已经有骑兵，这也是秦穆公能够"独霸西戎"的基础。因为西戎本身是游牧民族，是马背上的民族，善于骑马射箭。但这时骑兵还未形成常规兵种，到战国很快就发展为"带甲百余万,车千乘,骑万匹"[①]。秦始皇陵兵马俑陪葬坑中就有骑兵阵,是我国目前发现的最早骑兵实物资料。

马匹作为生产工具、交通工具和重要的战略物资,在历史上的地位相当重要,中国古代历代统治者也认识到了这一点,从而衍生出许多具体管理马匹的制度。从现有出土的文物资料和文献资料来看,早在商周时期中国就已经出现专门的机构管理马匹,这是中国古代马政的雏形,秦人对马匹的重视程度更高。马政的发展、变化不仅是当时社会政治经济的反映,其本身也对当时社会政治经济等方面的发展起到重要的作用。

秦律中专门设有《厩苑律》《牛羊课》以及其他有关条款。秦分管厩苑事务的是内史、太仆和太仓等官;在地方由县令、丞以及都官管理;令、丞和都官以下,有田啬夫、厩啬夫、皂啬夫、佐、史、牛长、田典、皂和徒等负责具体工作。关于牛马的饲养有定期检查评比制度,每年正月举行考核,成绩优秀者予以奖励;不按时参加评比或在评比中列为下等的,饲养者和管理者要受到惩罚。成年母牛十头中六头不生小牛,母羊十头中四头不生小羊,惩罚啬夫和佐。刚刚驾车奔驰完毕的马不及时卸套,饲养者也要受惩罚。有的牛马死亡,应及时呈报所在县,由所在县检验后将死牛马上缴,如不及时上缴,致使牛马腐烂,应按未腐烂时的价格赔偿;如系朝廷厩马或驾用牛马,应将其筋、皮、角和肉的价钱呈缴,所卖的钱少于规定数目,驾用牛马者应予补足。每年要对各县、各都官驾车用的牛检查一次,凡有十头以上牛而一年死三分之一,不满十头牛一年死三头以上,主管的吏和饲牛的徒以及所属

图96 秦始皇陵出土的陶文"宫厩"

---

① 刘向:《战国策·韩策一》,上海古籍出版社1985年版,第934页。

县的令、丞都有罪。此外,秦律还规定马匹调习不善,军马评比列为下等的,要惩罚县司马及令、丞。秦《法律答问》还有一些惩罚偷盗马、牛、猪、羊的具体规定,对牲畜所有权进一步做出了保护。秦以太仆掌马厩,但饲养马匹的机构,文献所见厩名有中厩和外厩。其具体情况不详。秦始皇陵封土东西侧发现的从葬马厩坑器物文字所见厩名有大厩、中厩、小厩、宫厩、左厩。相家巷的秦封泥所见厩名有泰(大)厩、都厩、章厩、宫厩、官厩、中厩、左厩、右厩、小厩,明显增多。分工愈来愈细,管理愈来愈严。

《睡虎地秦墓竹简·秦律杂抄》规定:"吏自佐、史以上负从马,守书私卒,令市取钱焉,皆千迁。"①这是以公马私驮货物牟利的处罚条例。"募马五尺八寸以上,不胜任,奔挚(絷)不如令,县司马赀二甲,令、丞各一甲。先赋募马,马备,乃遴从军者,到军课之,马殿,令、丞二甲;司马赀二甲,法(废)。"②这是调教战马不合格后对地方官的处罚原则。秦始皇陵兵马俑所发现的战马和骑兵所用马符合此要求。秦人牧养马匹有悠久的历史。其祖先曾为周宣王养马。甘肃大堡子山早期秦公墓就曾出土大批殉马。《战国策·韩策》张仪说韩王:"秦马之良,戎兵之众,探前趹后,蹄间三寻腾者,不可称数也。"③秦始皇陵兵马俑坑象征秦始皇生前南征北战统一天下的丰功伟绩,是写实的艺术,因此陶马是比照当时的真马雕塑而成。其体型高大,膘肥体壮,耳小口大,口裂较深,前肢柱立,后肢若弓,蹄础较高,筋骨劲健,表明马匹具有奔驰快、负力大、持久性强的特点。在秦始皇陵封土东侧发现了80多个马厩坑,采用活马殉葬。出土的马尸骨骼长约1.9—2米,复原后高约1.4—1.5米,与秦俑坑出土的陶马大小相仿。"伤乘舆马,夬(决)革一寸,赀一盾;二寸,赀二盾;过二寸,赀一甲。课驺骎,卒岁六匹以下到一匹,赀一盾。志马舍乘马后,毋(勿)敢炊饭,犯令,赀一盾。已驰马不去车,赀一盾。""胠

---

① 睡虎地秦墓竹简整理小组编:《睡虎地秦墓竹简》,文物出版社1990年版,第82页。
② 睡虎地秦墓竹简整理小组编:《睡虎地秦墓竹简》,文物出版社1990年版,第81页。
③ 刘向:《战国策·韩策一》,上海古籍出版社1985年版,第924页。

吏乘马笃、胔，及不会肤期，赀各一盾。马劳课殿，赀厩啬夫一甲，令、丞、佐、史各一盾。马劳课殿，赀皂啬夫一盾。"① 这是乘舆马的种种保护措施及其处罚原则，同时也对官吏乘马进行考核及处罚。

秦人养马还要求定时定量，按照使役情况进行合理喂养，并且写进法律。《睡虎地秦墓竹简·仓律》记载："驾传马，一食禾，其顾来有（又）一食禾，皆八马共。其数驾，毋过日一食，驾县马劳，有（又）益壶（壹）禾之。"② 这是关于驿传驾车马的喂养规定，明确要求出发及归来时，分别要喂一次，八匹马要一次喂，如果要连挽几次车，但喂养饲料不能超过一天的总量。这说明秦关于马的喂养饲料是定量的，喂养次数也有所规定，可以根据使役情况有所变动。路程要是较远，回来可以加喂一次。这种饲喂方法无疑符合养马科学。

可以看出，秦从法律的层面对厩苑的管理非常严格，也非常细致，在传世文献和出土文献中也有不少相关记载。《汉书·百官公卿表》云："太仆，秦官，掌舆马。……又有车府、路軨、骑马、骏马四令、丞。"③ 秦时车府、路軨主管车，骑马、骏马主管马。秦用于车马管理的官吏众多，从而也反映出其对养马业的重视。

第二节　出土封泥与厩苑

出土的秦封泥中有不少有关车马管理的，如寺车丞印、行车官印、代马丞印、公车司马丞、驺骑丞印等。

---

① 睡虎地秦墓竹简整理小组编：《睡虎地秦墓竹简》，文物出版社1990年版，第86页。
② 睡虎地秦墓竹简整理小组编：《睡虎地秦墓竹简》，文物出版社1990年版，第31页。
③ 班固：《汉书·百官公卿表》，中华书局1962年版，第729页。

图 97　寺车丞印封泥　　　　　图 98　行车官印封泥

目前发现的秦封泥中，有宫廷御用之厩，如御厩丞印、泰厩丞印、章台之厩、章厩丞印、宫厩丞印、都厩丞印、后宫之厩、左厩丞印、中厩丞印、小厩丞印等，涉及的主要是高级别的马厩管理官吏。还有小厩、左厩、右厩、宫厩、中厩、下厩、家马、下家马丞、下家马丞、驺丞之印等。秦始皇陵发现的马厩坑中出土了不少有关马厩的陶文。大厩令的属官大多见于秦封泥。此外，家马令丞、车府丞等封泥也有出土，更真实地反映了当时的现实。

吴晓懿先生认为：秦简封泥所见秦厩官名，大致分成三类：第一类是出土材料与传世文献有记载的相同职司的官名，如大厩、宫厩、中厩、驺丞等；第二类是可以凭借传世文献来推测出土材料中官名的职司，如上家马、上家马丞、下家马、下家马丞、司马令史、司马令史掾；第三类是出土材料与传世文献难以辨认职司、有待考查的官名，如中厩马府、都厩、章厩等。虽然秦厩官名品目繁多，但秦厩苑内部的主要管理者有以下几种：一是中央各厩设有厩令、丞，丞为令佐，例如泰厩丞、宫厩丞、中厩丞、左厩丞、家马丞等；二是中央各厩的将马是直接管理马匹的官员，例如章厩将马、左厩将右厩将马等；三是地方各厩设有厩啬夫、皂啬夫，或设司马令史、司马令史掾管理厩苑。①

---

① 吴晓懿：《秦简封泥所见秦厩官名初探》，载《中国历史文物》2010 年第 3 期。

1. 泰厩丞印

泰厩即大厩。《汉书·百官公卿表》云："太仆，秦官，属官有大厩、未央、家马三令，各五丞一尉。"① 大厩之名，见于秦始皇陵上焦村马厩坑出土铜洗刻文，亦见于《睡虎地秦墓竹简·厩苑律》："其大厩、中厩、宫厩、马牛殿（也），以其筋、革、角及价钱效，其人诣其官。"② 秦简文中的大厩、中厩与宫厩并举，可见大厩应是御用之厩。

2. 章厩丞印、章厩

秦都咸阳的渭河以南有章台宫殿建筑。《史记·苏秦列传》载：苏秦说楚威王曰，"今乃欲西面而事秦，则诸侯莫不西面而朝于章台之下矣"③。秦王在章台举行过不少政务活动，见于文献记载的就有楚王朝拜秦王于章台，著名的完璧归赵的故事也发生于章台。章台之重要由此可见。章台作为秦王、秦始皇的朝政宫室，专门设置马厩管理车马是必需的。西汉未央宫、长乐宫分别设未央厩、长乐厩，不但宫城或宫室置厩，一些楼观也设厩，如都城长安附近的霸昌观中就有霸昌厩。从汉代宫观之厩的名称来看，均为宫观之名与厩连称，如未央厩、长乐厩、霸昌厩等。

图 99 章厩丞印封泥

---

① 班固：《汉书·百官公卿表》，中华书局 1962 年版，第 729 页
② 睡虎地秦墓竹简整理小组编：《睡虎地秦墓竹简》，文物出版社 1990 年版，第 24 页。
③ 司马迁：《史记·苏秦列传》，中华书局 1959 年版，第 2259 页。

因此笔者认为章厩为章台之厩的省称,其功能就是保证章台的车马供应。

秦太仆属官又有"龙马、闲驹、橐泉、驹騬、承华五监长丞"。罗福颐据此释秦章马将厩印为龙马将厩,可备一说。

3. 宫厩丞印

宫厩当指帝王宫殿里的马厩,丞是宫厩令之佐官,辅佐宫厩令管理宫廷厩苑。宫厩之设令、丞,可由大厩等推之。宫厩早在春秋时代已出现,《左传·襄公十五年》:"养由基为宫厩尹。"宫厩中有令,曾侯乙墓出土竹简中有宫厩令。秦始皇陵东侧上焦村马厩坑76D.G.36号坑出陶罐肩部有"宫厩"刻文。

图 100　宫厩丞印封泥

4. 都厩、都厩丞印

秦出土封泥中有都厩、都厩丞印。《资治通鉴·汉惠帝三年》:"(七月)都厩灾。"胡三省注:"都厩,大厩也。属太仆。"都厩应是都城中的马厩,掌养御马。都厩丞应为都城中厩的属官。《睡虎地秦墓竹简·金布律》:"都官有秩吏及离官啬夫,养各一人"[①]。陈直先生认为都官泛指京师官僚机构的众官。因此,都厩疑为都官之厩的省称,是为京师官僚机构提供驾乘的官署机构。

---

① 睡虎地秦墓竹简整理小组编:《睡虎地秦墓竹简》,文物出版社1990年版,第37页。

图 101　都厩封泥

5. 中厩、中厩将马、中厩丞印、中厩廷府、中厩马府

图 102　中厩封泥

中厩，养马官署名。中厩有令、丞、将马、马府、廷府等官吏。出土秦封泥中有中厩丞印、中厩将马、中厩马府、中厩丞印、中厩廷府等。《汉书·百官公卿表》云，皇后宫官詹事的属官有厩令丞。"皇后宫称中宫"，所以中宫厩又简称中厩。"中厩，皇后车马所在。"①《史记·李斯列传》云："中厩之宝马，臣得赐之。"②秦始皇陵马厩坑出土的陶罐上两处刻有"中厩"二字，当知中厩为秦帝王厩苑的重要组成部分。中厩之名，除见于传统文献记载之外，又见于云梦秦简。《睡虎地秦墓竹

---

① 何清谷：《三辅黄图校释》，中华书局 2005 年版，第 350 页。
② 司马迁：《史记·李斯列传》，中华书局 1959 年版，第 2553 页。

图 103　中厩丞印封泥

简·厩苑律》:"其大厩、中厩、宫厩马牛也,以其筋革角及其贾(价)钱效,其人诣其官。"①

春秋楚、战国秦等国置,秦汉沿置,属太仆管辖,负责管理帝王宫中车马牛畜。中厩丞为中厩令之佐官,掌皇帝舆马。

图 104　中厩马府封泥

6. 左厩丞印、左厩

左厩丞是左厩的副官,《秦汉南北朝官印征存》中有"左厩将马"秦印。

7. 右厩丞印

《秦汉南北朝官印征存》中有"右厩将马"秦印。秦厩之下设有左

---

① 睡虎地秦墓竹简整理小组编:《睡虎地秦墓竹简》,文物出版社1990年版,第24页。

厩和右厩，后世亦沿此制。右厩丞当为秦之右厩副官。

图 105　右厩丞印封泥

8. 小厩丞印、小厩将马

小厩当为太仆马厩之一。秦时有大厩和小厩。秦始皇陵马厩坑出土的铜洗口沿上刻有"大厩四斗三升"，秦始皇陵东侧上焦村出土的陶盆、陶罐上也有"小厩"的刻文。

图 106　小厩丞印封泥

秦封泥中已见大厩、小厩、左厩、右厩和中厩，除中厩属中太仆，为皇后之马政官外，其他四个加上宫厩可能是大厩的五个下属机构。《汉书·百官公卿表》云："太仆，秦官，掌舆马，有两丞。属官有大厩、未央、

213

家马三令，各五丞一尉。"① 大厩令的属官大多已见于秦封泥。

裘锡圭先生在《古玺印文字考释四篇》中也论及这几枚秦印。他分别释读了左厩将马、右厩将马、小厩将马、章厩将马、左中将马，并且认为："云梦睡虎地秦墓所出秦律的一条律文里有'将牧公马牛'之语，可见'将马'的说法是完全可以成立的。这种'将'字大概当'管理'讲。在秦汉时代，以'将'字起头的官职名并不罕见。据《汉书·百官公卿表》，秦官有将行，又有将作少府，汉景帝时更名为将作大匠。由此看来，秦官印中出现'将马'这一官职名，是一点也不奇怪的。厩的将马无疑是管理厩马之官，与《史记》《汉书》所说的厩将有可能是一回事。"②

9. 官厩丞印

《史记·孝文本纪》司马贞《索隐》引此句注云："官，犹公也，谓不私也。"秦时各县皆有"公马牛"，故必有官厩。《睡虎地云梦秦简·厩苑律》："将牧公马牛……今课县、都官公服牛各一课。"③ 只是传统文献资料未见官厩之名。官厩为中央行政机构的马厩。

10. 下厩丞印

下厩是与上厩相对应的厩苑官吏，在秦始皇陵马厩坑中多发现此类陶文。

11. 厩丞之印

《汉书·百官公卿表》："詹事，秦官，掌皇后、太子家，有丞。属官有太子率更、家令丛、仆、中盾、卫率、厨厩长丞，又中长秋、私府、永巷、仓、厩、祠祀、食官令长丞。"④《睡虎地秦墓竹简·秦律杂抄》载："马劳课殿，赀厩啬夫一甲。"⑤ 厩啬夫应为厩丞之属官。厩丞为太子家或皇后、

---

① 班固：《汉书·百官公卿表》，中华书局 1962 年版，第 729 页。
② 裘锡圭：《古玺印文字考释（四篇）》，载《考古与文物》1999 年第 3 期。
③ 睡虎地秦墓竹简整理小组编：《睡虎地秦墓竹简》，文物出版社 1990 年版，第 24 页。
④ 班固：《汉书·百官公卿表》，中华书局 1962 年版，第 724 页。
⑤ 睡虎地秦墓竹简整理小组编：《睡虎地秦墓竹简》，文物出版社 1990 年版，第 86 页。

王后中宫之官属，掌其厩中马的管理。

12. 家马、上家马丞、下家马丞

《汉书·百官公卿表》云："太仆，秦官，掌舆马，有两丞。属官有大厩、未央、家马三令，各五丞一尉。"颜师古注："家马者，主供天子私用，非大祀、戎事军国所需，故谓之家马也。"① 家马厩管辖有上家马、下家马两厩，家马厩有五丞，上家马丞、下家马丞当属其中，上、下表示位次关系。

13. 走士、走士丞印

走士为养马官吏。走士掌养马，应为太仆属吏。② 走士丞是走士的副手。

图107 走士封泥

图108 走士丞印封泥

14 骑马丞印

骑马丞主管国君、皇帝乘马。《汉书·百官公卿表》云：太仆属官有"车府、路軨、骑马、骏马四令丞"③。《汉书·严安传》也云严安曾为"骑马令"，颜师古注曰：骑马令，"主天子之骑马"。《三辅黄图》载："路軨厩在未央宫中，掌宫中舆马，亦曰未央厩。"刘庆柱、李毓芳先生认为"骑

---

① 班固：《汉书·百官公卿表》，中华书局1962年版，第729页。
② 陈晓捷：《"走士"考》，见黄留珠主编：《周秦汉唐研究》（第一册），三秦出版社1998年版，第156页。
③ 班固：《汉书·百官公卿表》，中华书局1962年版，第729页。

马""骏马"亦应为厩名。①《汉旧仪》载有"骑马厩"。《封泥考略》一书中有骑马丞印封泥。

图109　骑马丞印封泥

15. 厩啬夫、皂啬夫、厩司御

此均为厩苑的管理人员。

厩啬夫是各县掌管养马事务的官吏，亦称厩苑啬夫、厩苑官啬夫。《睡虎地秦墓竹简·秦律杂抄》载："马劳课殿，赀厩啬夫一甲，令、丞、佐、史一盾。马劳课殿，赀皂啬夫一盾。"云梦睡虎地秦简整理小组认为："厩啬夫是整个养马机构的负责人。下面皂啬夫则是厩中饲养人员的负责人。"皂啬夫应是厩啬夫之属官。

厩司御，职位在厩啬夫之下，佐厩啬夫管理马厩诸事。《汉书·夏侯婴传》："夏侯婴，沛人也。为沛厩司御，每送使客，还过泗上亭"。夏侯婴为汉大将夏侯惇先祖，秦时任厩司御。

秦时的国有养马场所一般称为厩苑，所谓的厩苑是指厩及苑。厩、苑是两种不同的养殖场所，但从目前我们所见的传统历史资料来看，一般多为厩苑合称。秦始皇陵园中有不少的马厩坑作为陪葬坑，在马厩坑出土的器物刻辞中多有秦宫廷厩苑的铭文。比如76D.G.2号坑出土的陶

---

① 刘庆柱、李毓芳：《西安相家巷遗址秦封泥考略》，载《考古学报》2001年第4期。

罐的腹部刻着"中厩"2字，字的笔画纤细，"中"字为隶书，"厩"为篆书。76D.G.36号出土的陶罐的肩部刻有"宫厩"2字，"宫"字的两个口为方折近于隶书，"厩"字篆书。76D.G.30号出土的陶盆的腹部刻有"左厩容八斗"5字，字体为小篆。76D.G.64号出土的铜洗盆口沿的背面，刻有"大厩四斗三升"6字，字体为小篆体，笔画纤细。刻辞中的宫

图110 代马丞印封泥

厩、中厩、大厩等名称，在《睡虎地秦墓竹简》中也有记录。《厩苑律》云："将牧公马牛，马（牛）死者……其大厩、中厩、宫厩马牛也，以其筋革角及其贾（价）钱效，其人诣其宫。"① 76D.G.29号出土的陶盆和陶罐上各刻有2字，过去释读为"三厩"，"三"字竖书。笔者认为"三厩"不对，应该是"小厩"，小厩丞印封泥的出土可以证明过去的释读是不对的。左厩亦见于秦之文献。有左厩也可推知有右厩，右厩丞印封泥也已经出土。

除了以上刻辞所记内容，新出土的秦封泥中有宫厩、都厩、御厩等厩名，也有各种厩的职官名称。宫厩丞印中的宫厩丞是宫厩令之佐官，辅佐宫厩令，管理宫厩；中厩丞印中的中厩丞是中厩令之佐官，掌皇帝舆马，属太仆。

另外，秦的厩苑还设有专门的管理机构，如厩啬夫、皂啬夫、厩司御、驾驺、驺丞等。关于厩啬夫、皂啬夫、厩司御前已介绍。驺是指驾车的从史，亦称驺人、驺吏、驺使、驾驺。出土秦封泥中有驺骑丞印。驺丞应为驺之副职，《睡虎地云梦秦简·秦律杂抄》记载："驾驺除四岁，不能驾御，赀教者一盾。"

---

① 睡虎地秦墓竹简整理小组编：《睡虎地秦墓竹简》，文物出版社1990年版，第24页。

第三节　秦对厩苑的管理

秦的法律中对厩苑的管理极为严格。《睡虎地秦墓竹简·田律》记载："邑之斤（近）皂（疑即"厩"字——笔者注）及它禁苑者，麛时毋敢将犬以之田。百姓犬入禁苑中而不追兽及捕兽者，勿敢杀；其追兽及捕兽者，杀之。河（呵）禁所杀犬，皆完入公；其他禁苑杀者，食其肉而入皮。"[1] 居邑靠近养马牛的厩苑和其他禁苑的，在幼兽繁殖时不得带狗打猎。百姓家的狗如果进入禁苑而没有追兽和捕兽的，不准打死；如追兽和捕兽的，要打死。在专门设置警戒的地区打死的狗，都要完整上缴到官府；在其他禁苑打死的可以吃掉狗肉而上缴狗皮。《龙岗秦简》中也有专门的"禁苑"规定"驱入禁苑中勿敢擅杀，擅杀者□"[2]。凡是进入禁苑的一切动物都归国家所有，百姓不得擅自猎杀使用。即便是官吏，使用禁苑中的东西也要按规定行事。"禁苑吏、苑人及黔首有事禁中或取□□□□"[3]……

禁苑的官僚系统是垂直的。秦简中有专门管理禁苑的苑啬夫，"啬夫"一词频频出现于秦的文献资料和简牍资料中，有乡啬夫、田啬夫、仓啬夫、厩啬夫等。《睡虎地秦墓竹简》及《龙岗秦简》中就载有苑啬夫及厩啬夫。"禁苑啬夫、吏数循行，垣有坏及兽道出及兽出在外，亟告县。"[4]

---

[1] 睡虎地秦墓竹简整理小组编：《睡虎地秦墓竹简》，文物出版社1990年版，第20页。
[2] 湖北省文物考古研究所、孝感地区博物馆、云梦博物馆：《云梦龙岗6号秦墓及出土简牍》，见《考古学集刊》（8），科学出版社1994年版，第106页。
[3] 湖北省文物考古研究所、孝感地区博物馆、云梦博物馆：《云梦龙岗6号秦墓及出土简牍》，见《考古学集刊》（8），科学出版社1994年版，第108页。
[4] 湖北省文物考古研究所、孝感地区博物馆、云梦县博物馆：《云梦龙岗6号秦墓及出土简牍》，见《考古学集刊》（8），科学出版社1994年版，第108页。

"苑啬夫不存，县为置守，如厩律。"① 禁苑啬夫是管理禁苑的负责人，其下有苑吏等属吏。而苑分布于全国各地，由内史与当地的郡县共同管理，在苑啬夫空缺的时候，先由县任命一人临时代理，但最终的决定权还在内史。故苑啬夫直属中央，由中央统一任命。另外还专门设有厩啬夫，其职责是专管养马机构，"马劳课殿，赀厩啬夫一甲"②。这里的厩啬夫就是专指养马的负责人，除了厩啬夫外还有专管厩中饲养人员的负责人，即皂啬夫。"牛大牝十，其六毋子，赀啬夫、佐各一盾。"③ 出土的秦简中多用啬夫来指代具体管理某些事物的负责人，但从简文中可以看出这些啬夫都有很详细的分类。这也表明了在国家的牲畜养殖机构中职官分职的精细，其结果便是管理的专业化、系统化。

国家养殖马匹是出于军事目的以及宫廷王室、政府的使用。为保证马的良好的奔跑速度和耐力，平时要进行严格的训练，同时也规定了饲料的使用标准。"募马五尺八寸以上，不胜任，奔挚（絷）不如令，县司马赀二甲，令、丞各一甲。先赋募马，马备，乃粼从军者，到军课之，马殿，令、丞二甲；司马赀二甲，法（废）。"④ 也就是说供骑乘的军马如果没有训练好，在奔驰和羁系时如果不听指挥、无法使用的话，负责养马驯马的县司马要被罚二甲，连带县令县丞都要陪着受罚一甲。选送到军队后马被评为最下等，县令县丞也要各罚二甲，县司马罚二甲，同时还要革除职务。调教战马也是各级牧养官员的责任，如被募集的战马不符合战马所具有的要求，要根据有关的法律惩罚管理马匹的各级官员。可见秦对马匹的饲养考核有十分详细的规定，对不同种类的马匹要求也有不同。"乘马服牛禀，过二月弗禀、弗致者，皆止，勿禀、致。"⑤ 这条律文明确指出公家的牛马所用的饲料由有关的部门统一发放，逾期

---

① 睡虎地秦墓竹简整理小组编：《睡虎地秦墓竹简》，文物出版社1990年版，第62页。
② 睡虎地秦墓竹简整理小组编：《睡虎地秦墓竹简》，文物出版社1990年版，第86页。
③ 睡虎地秦墓竹简整理小组编：《睡虎地秦墓竹简》，文物出版社1990年版，第87页。
④ 睡虎地秦墓竹简整理小组编：《睡虎地秦墓竹简》，文物出版社1990年版，第81页。
⑤ 睡虎地秦墓竹简整理小组编：《睡虎地秦墓竹简》，文物出版社1990年版，第22页。

不候，并写进《睡虎地秦墓竹简·仓律》之中，说明饲料的管理是很重要的一环。

秦自身地理条件优越，"畜宜马牛，谷宜黍稷"①。他们有一套严格的征收刍藁制度，"入顷刍藁，以其受田之数，无垦不垦，顷入刍三石，藁二石"②。这里的"顷"是指授田的标准单位。按授田制度，平民每人授田一顷，有军功者则增加赐田。凡授田民，无论耕种与否、收获多少，都要以顷为单位，交纳谷物、刍、藁。谷物、刍、藁是当时田税（租）的三种实物形态。刍是饲料，藁是粗饲料，都是庄稼的茎叶。秦的"刍藁各万石一积，咸阳两万石一积"③。可见作为首都的咸阳对刍、藁的需要更多。政府把刍、藁作为给国家缴纳税赋的重要内容写进法律中，也可见对饲养马匹的重视。兵马未动，粮草先行，这为秦的强国、统一之路准备了良好的物质条件。

对于马饲料的分发，根据马匹的使用情况不同而有不同规定。在《睡虎地秦墓竹简》中有喂食马匹的详细记载："驾传马，一食禾，其顾来有（又）一食禾，皆八马共。其数驾，毋过日一食，驾县马劳，有（又）益壶（壹）禾之。"④ 驿传驾车所用之马称为"传马"，是担负国家通讯的重要工具，其饲养有严格的规定。"食禾"，"禾"指谷子和谷草，是马匹的精饲料，另外加以刍、藁等一般的粗饲料。喂养马匹还要按一定的时间规律来进行，数量上不准超过规定的数目，除非任务繁重、马匹疲惫才可加喂一次。本条内容是专门针对传马的法律规范，这说明不同的马匹饲养调教的程序也不一样，必须分门别类地予以喂养、驯养，才能发挥其最大的潜能，为国家服务。可见当时的养马非常专业、严格。

---

① 孙诒让：《周礼正义》，中华书局1987年版，第2639页。
② 睡虎地秦墓竹简整理小组编：《睡虎地秦墓竹简》，文物出版社1990年版，第21页。
③ 睡虎地秦墓竹简整理小组编：《睡虎地秦墓竹简》，文物出版社1990年版，第27页。
④ 睡虎地秦墓竹简整理小组编：《睡虎地秦墓竹简》，文物出版社1990年版，第31页。

《厩苑律》规定:"将牧公马牛,马(牛)死者,亟谒死所县,县亟诊而入之,其入之其弗亟而令败者,令以其未败直(值)赏(偿)之。"[①]马牛如果死亡放牧官要及时向死时所在的县呈报,由县检验后将已死的牛马上缴;如因不及时而使马牛腐败者,则令按未腐败时的价格赔偿。"其大厩、中厩、宫厩马牛殿(也),以其筋、革、角及其贾(价)钱效,其人诣其官。其乘服公马牛亡马者而死县,县诊而杂卖(卖)其肉,即入其筋、革、角,及(索)入其贾(价)钱。钱少律者,令其人备之而告官,官告马牛县出之。"[②]大厩、中厩、宫厩的牛马,其筋、皮、角和肉的价钱都要上缴,而且必须由率领放牧的人将钱送抵官府。驾用官有的牛马死于某县,要由所在的县变卖后将钱上缴,如果所卖之钱少于规定数目,由使用牛马的人赔偿并且还要向主管官府报告,再由主管官府通知卖牛马的县销账。如此看来,牛马死后所卖的价钱政府部门都有十分详细的价目表,如不符合则要由使用马牛的人按价赔偿,"马牛误职(识)耳,及物之不能相易者,赀官啬夫一盾"[③]。国家统一管理马牛,除需要在这些马牛身上做有标记以防与私人所养的马牛相混以外,同属国家管理的马牛,由于等级、种类的不同,作用的不同,喂养的条件也有所不同,所以需要管理者仔细分类。如果出现错误,根据法律的规定要给予责任人处罚。"计校相缪(谬)殿(也)……人户、马牛一,赀一盾;自二以上,赀一甲。""人户、马牛一以上为大误,误自重也,减罪一等。"[④]这种区分的方法可以有效地防治疾病的传播,以确保如遇疾病将损失降到最低水平。

秦把对马的使用技术规定也写进了法律。《睡虎地秦墓竹简》记载:"伤乘舆马,夬(决)革一寸,赀一盾;二寸,赀二盾;过二寸,

---

① 睡虎地秦墓竹简整理小组编:《睡虎地秦墓竹简》,文物出版社1990年版,第24页。
② 睡虎地秦墓竹简整理小组编:《睡虎地秦墓竹简》,文物出版社1990年版,第24页。
③ 睡虎地秦墓竹简整理小组编:《睡虎地秦墓竹简》,文物出版社1990年版,第74页。
④ 睡虎地秦墓竹简整理小组编:《睡虎地秦墓竹简》,文物出版社1990年版,第76页。

赀一甲。……已驰马不去车,赀一盾。"① 古代赶车用竹策,上顶有尖刺刺马,若技术不熟练,把驾车的马皮划伤一寸,就要罚一盾,二寸罚二盾,二寸以上要罚一甲。可见对赶车御手技术要求相当高,既要日行千里,又不能打伤马,甚至驾过车的马不及时卸套也要罚一盾。秦始皇陵出土铜车马上的驭手就手持鞭与策。

秦始皇陵兵马俑坑中出土之陶马都蹄甲整齐,说明秦马都要铲蹄。马蹄甲的铲削有利于长途驱驰,也给以后汉代使用马蹄铁积累了经验,创造了必要条件。一些古代相马、医马的传说也是出自秦国,如《庄子》及《吕氏春秋》所载伯乐是秦穆公之臣,现存《相马经》就托名伯乐所作。《淮南子》记载九方皋也是秦国人。根据长沙马王堆汉墓帛书《相马经》来看,战国时已有《相马经》之书。所以尽管《相马经》最初不一定出自伯乐手笔,至少也可以说是秦人所作。

从上面的文献记载可以看出秦对马匹的管理非常严密。秦国之所以由小变大,由弱变强,一步一步完成了统一大业与秦对马匹的精细化管理有必然的联系。因为当时的战争,不管是战车还是骑兵都与马有密切的关系。考古发掘资料也证明秦人与马的关系密切。秦使用马时,同时注意到马的高度,按其高低,科学使用。在秦始皇陵兵马俑坑一号坑发现驾战车的马个头都较低,稍长,大小一致;而二号坑骑兵俑的战马都体形高大一些。一般来说,车轮的半径长度是一定的,只有车轮半径与马体鞘绳受力点到地面垂直距离相等或接近时,鞘绳受力线与地面夹角越小或趋于平行,这样可减少夹角分力的无用功,最省力。但是车轮只能大到一定程度,过大则笨重不便,重心高容易翻车,所以用个子稍低的马来挽车时,鞘绳与地面夹角最小,也最合乎力学原理。而骑乘的战马则要高大腿长,利于奔驰。所以《秦律》就明确规定"蓦马高五尺八寸以上"。秦俑坑中骑兵战马按照标准马体高度量法,从蹄到鬐甲高为1.39米。秦一尺为23.1厘米,五尺八寸折合约为1.36米,与《秦律》

---

① 睡虎地秦墓竹简整理小组编:《睡虎地秦墓竹简》,文物出版社1990年版,第86页。

的规定基本相接近。从骑兵俑也可以看出秦兵技术比以前有很大发展。《韩非子》记载秦穆公"起卒、革车五百乘,畴骑二千",说明秦国骑兵比东方六国都早,到战国时已达"骑万匹"。二号坑的骑兵战马背有鞍鞯,具有松软舒适的质感。鞍鞯紧贴马体,中间微凹。上有排列整齐的小圆钉泡,周缘缀有垂缨和短带为饰。有活动带扣的马肚带紧束马腹,带扣系于马体左侧,把鞍鞯紧紧固定在马背,鞍后有后靴套结马臀部,使鞍鞘不易滑动。这样一方面乘坐舒适,另一方面可减轻对马背的局部压强。然而从目前的考古资料和文献资料来看,秦骑兵尚无马蹬,马蹬的出现要到晋代,学术界有人认为秦汉时期能够战胜游牧民族一定有马镫。没有马镫增加了骑马作战的难度,但秦人不管在对东方六国的战争中还是在对匈奴游牧民族的战争中均取得了巨大的胜利,充分反映出秦人的骑马技术和驾驭马的能力之高超。

  正由于秦对马的重视,才有了与马相关的众多的厩苑和周密的法律保障,也才有了秦的强大与统一。也可以这样认为,秦的马政在秦的社会发展和文明化过程中发挥了极为重要的作用。

第六章 秦封泥与帝王陵园

陵墓是人死后的归宿,"事死如事生"是古代的礼制,因此秦帝王不仅在世时修建了众多的苑囿作为游猎休闲之所,而且死后也要在自己的陵园中仿照都城布局建造苑囿,修建陵园。陵园是陵墓园林的简称。陵墓园林是我国古典园林中的一枝奇葩。拙文《秦始皇陵——我国最早的陵墓园林》①认为秦始皇陵园是我国最早的陵墓园林。随着新的考古资料的涌现,笔者对此观点加以修正和补充。实质上在秦始皇陵之前秦国东陵已经有陵墓园林了,到秦始皇陵时陵墓园林的设施更加完善,对后代帝王陵墓园林的修建起到了引领作用。

目前出土的与帝王陵有关的封泥有西陵丞印、阳陵禁丞、丽山飤官、上寝、泰上寝印、泰上寝左田等。

第一节 阳陵禁丞封泥与秦庄襄王陵

秦汉时期阳陵地名不少,各有所指。关于秦的阳陵地名,目前的

---

① 徐卫民:《秦始皇陵——我国最早的陵墓园林》,见雷依群、徐卫民主编:《秦都咸阳与秦文化研究》,陕西人民教育出版社2003年版,第573—580页。

考古发现有阳陵禁丞封泥和阳陵虎符，湖南里耶秦简中也有阳陵地名。

图 111　阳陵禁丞封泥

《史记·秦本纪》云："子庄襄王立。"《史记索隐》："名子楚。三十二而立，立三年卒，葬阳陵。"①《史记·高祖功臣侯者年表》有"阳陵侯傅宽"。《史记集解》曰，属冯翊。②

湖南里耶秦简中也有阳陵地名，"卅三年三月辛未朔丁酉，司空腾敢言之：阳陵溪里士五（伍）〔不〕采有赀余钱八百五十二，不采戍洞庭郡不智（知）何县署，今为钱校券一，上谒洞庭尉，令署所县责，以受（授）阳陵司空。司空不名计，问何县官计，付署计年为报。已訾责其家，家贫弗能入，乃移戍所，报，署主责发，敢言之"。历日为秦始皇三十三年（前214）三月二十七日，司空腾系阳陵县官。包山楚简中也有阳陵，晏昌贵、钟伟认为里耶秦简中的阳陵在今天河南，即春秋战国时期的郑国所在地。③过去曾发现秦阳陵虎符④，王国维做过考证⑤，

---

① 司马迁：《史记·秦本纪》，中华书局1959年版，第219页。
② 司马迁：《史记·傅靳蒯成列传》，中华书局1959年版，第2707页。
③ 晏昌贵、钟伟：《里耶秦简所见的阳陵与迁陵》，载《中国历史地理论丛》2006年第4期。
④ 王辉：《秦铜器铭文编年集释》，三秦出版社1990年版。
⑤ 王国维：《观堂集林·秦阳陵虎符跋》，见《王国维遗书》（第三册），上海古籍书店1983年版。

其地是否为因汉景帝陵改名的汉阳陵县（今陕西咸阳东北）尚待考证，但从本组文书看无疑是秦人故地。王辉先生在《秦文字集证》一书中考定阳陵为秦庄襄王陵，其地在芷阳，今西安市临潼区韩峪乡一带，殆"芷阳陵"之省称。其园林之设不会晚于始皇陵园。① 可备一说。

关于阳陵虎符的地望，笔者认为在山东的可能性要大一些。"阳陵侯傅宽，以魏五大夫骑将从，为舍人，起横阳。"②《史记集解》：地理志云冯翊阳陵县。"傅宽，以魏五大夫骑将从，为舍人，起横阳。从攻安阳、杠里，赵贲军于开封，及击杨熊曲遇、阳武、斩首十二级，赐爵卿。从至霸上。沛公为汉王，赐宽封号共德君。从入汉中，为右骑将。定三秦，赐食邑雕阴。从击项籍，待怀，赐爵通德侯。从击项冠、周兰、龙且，所将卒斩骑将一人敖下，益食邑。属淮阴，击破齐历下军，击田解。属相国参，残博，益食邑。因定齐地，剖符世世勿绝，封阳陵侯，二千六百户，除前所食。"③ 傅宽所封的阳陵侯是在平定齐地之后，和阳陵虎符出土地在山东相符。

阳陵禁丞封泥的发现，说明秦庄襄王的阳陵有陵园，也证明阳陵陵园中有禁苑机构。秦庄襄王是秦始皇的父亲，其去世后秦始皇为父亲修建陵墓园林也顺理成章。

秦始皇即位后，封他的父亲为太上皇。《汉印征存》中有秦印"泰上寖（寝）左田"一枚，赵超先生认为泰上寝即秦始皇之父泰上皇之陵寝。④ 而田静、史党社则认为"上寖即秦始皇之陵寝"。⑤ 左田的职责疑为田猎之官。

传世秦印，"泰上寝"为秦始皇之父庄襄王之寝已基本成为定论，

---

① 王辉：《秦文字集证》，艺文印书馆1999年版。
② 司马迁：《史记·傅靳蒯成列传》，中华书局1959年版，第2707页。
③ 班固：《汉书·樊郦滕灌傅靳周传》，中华书局1962年版，第2085页。
④ 赵超：《试谈几方秦代的田字格印及有关问题》，载《考古与文物》1982年第6期。
⑤ 田静、史党社：《新发现秦封泥中的"上寖"及"南宫""北宫"问题》，载《人文杂志》1997年第6期。

因为此印当为设于泰上寝的左田所用，此处的左田是负责狩猎，以供应陵寝上祭祀时的禽兽之获。《汉官仪》云："上林苑中，天子秋冬狩猎，取禽兽无数实其中。""上林苑中以养百兽……似飞具矰缴以射凫雁，应给祭祀置酒，每射得万头以上，给大官。"因此泰上寝左田主要为司狩猎供祭祀之官，隶属于少府，由郎中令属官郎中担任。[①] 相家巷秦封泥中还有郎中左田，证明刘瑞先生的观点是对的。

图112　泰上寝印封泥

《封泥考略》有汉印"孝惠寝丞"，秦器铭有"北寝"（二年寺工壶、雍工敃壶），寝亦指陵寝。因而把上寝之寝理解为陵寝是没有问题的。先秦时期，寝和庙性质一致，故而常连称，寝即祖庙，祖庙即寝。如《诗经·小雅·巧言》中有"奕奕寝庙，君子作之"。但战国晚期以来，寝庙似已有区别。

秦始皇统一天下以后，成为中国历史上第一个皇帝，于是追尊庄襄王为太上皇。陵寝是帝王陵园的重要组成部分，寝殿是中国古代皇帝灵魂起居的地方，里面陈设着死去皇帝的"衣冠、几仗、象生之具"，"宫人随鼓漏理被枕、具盥水、陈严具"，"日上四食"，完全像奉侍活人一样奉侍死者。

[①] 刘瑞：《"左田"新释》，见黄留珠主编：《周秦汉唐研究》（第一册），三秦出版社1998年版，第152页。

秦庄襄王死后被埋在秦东陵陵区，位于秦始皇陵的西南方。秦东陵之名，始见于《汉书·萧何传》，但在《史记·秦本纪》《史记·秦始皇本纪》中，则称"芷阳"。《史记·秦本纪》云："子庄襄王立。"《史记索隐》："名子楚，三十二而立，立三年，葬阳陵。"这是因陵距离秦芷阳县城较近，遂以地名而得陵名。秦东陵位于骊山西麓、灞河东岸的铜人原上。在这一陵区内，共发现四座陵园，分别埋葬着秦昭襄王、秦孝文王、秦庄襄王、宣太后等。根据目前的勘探资料和研究情况可以看出，一号陵园应该是秦庄襄王及其夫人的陵园，依山坡而建，地势东高西低。陵园南至小峪沟，北到武家坡村南的无名沟，西界洞北村西的小峪河，东达范家庄的人工壕沟，南北宽1800米，东西长4000米，总面积72万平方米。陵园内钻探出"亚"字形大墓2座（M1、M2）、陪葬坑2座、陪葬墓区2处、地面建筑基址4处。两座"亚"字形大墓为陵园内的主墓，大小相若，主墓道皆东向。两座陪葬坑分别位于M1、M2东墓道以东偏南处，经钻探，发现马骨、木迹、漆皮、骨饰等，当为车马坑。两处陪葬墓区则位于M2的东南部和西南部。在其墓旁发现了建筑遗址，应该是陵园中的寝殿遗址。传统观点认为到秦始皇时才有了寝殿，这种观点是不对的。

新发现秦封泥阳陵禁丞与秦东陵有关系，因为庄襄王陵被称为阳陵，因此阳陵禁丞是秦庄襄王的陵园禁丞。相家巷出土秦封泥还有东陵丞印，东陵丞应为管理东陵的长官。

第二节　丽山飤官封泥与秦始皇陵

出土秦封泥中有丽山飤官，秦始皇陵出土丽山飤官陶文，均与秦始皇陵有密切的关系。

图 113　丽山飤官封泥

秦始皇陵位于秦东陵以东的骊山北麓，陵园面积达 56.25 平方公里。据记载"陵高五十丈"①，约相当于现在的 115 米高，而实际上现存高度为 76 米。② 这是一个尚未完工的工程，因农民战争爆发和秦王朝的快速灭亡，修陵工程被迫停止。

秦始皇陵墓的周围有内外两重夯土城垣，除南边的内外城垣仍有局部残段存留地表外，其余仅在地下存有墙基。经探测，内外城垣均呈南北向长方形。内城长 1355 米，宽 580 米，周长 3870 米，占地面积 78.59 万平方米。内城的中部由东向西有条长 330 米、宽约 8 米的隔墙，把内城分为南、北两区。内城的北区又有一条南北向宽约 8 米的夹墙，把北区分隔成东西两部分。内城垣的南、东、西三面各有一门，北面有二门，中部东西向的隔墙上有一门，南边的门址保存较好，门阙的基址高出地表 2—3 米。秦始皇陵主墓位于内城的南区。秦始皇陵外城垣，经实测南北长 2165 米，东西宽 940 米，周长 6210 米，墙基宽约 8 米，外城的四面各有一门，门址上堆积着大量瓦砾及红烧土、灰烬，证明原

---

① 班固：《汉书·楚元王传》，中华书局 1962 年版，第 1954 页。
② 关于秦始皇陵的高度，由于封土周围地势高低不同、测高点不同，测出的高度分歧很大，笔者认为 115 米高是当时设计高度，尚未完成秦就灭亡了，现存 76 米高较符合实际。

来有门阙建筑。内城垣四个转角处有角楼建筑遗址。

秦始皇陵园的布局体现了当时人们"事死如事生"的意识。之所以能称为陵园,笔者认为其具备园林的特点。秦始皇生前修建了众多的苑囿,按照"事死如事生"的礼制,必然在其陵园中得到体现。他把生前的上林苑、宜春苑等都要搬到陵园中来。秦始皇陵园中有山,有水,有优美的环境,有雄伟华丽的建筑。马厩坑、车马坑、珍禽异兽坑、乐舞百戏坑、青铜水禽坑等均是为皇帝的游玩打猎而建造的,还有华丽的寝殿、便殿,以及高大封土等建筑。

秦始皇陵的地理形势也有利于营建苑囿,南边美丽的骊山可以用来借景,周边高低起伏的丘陵地形和河流,以及北边的鱼池,山形水胜。骊山风景优美,其阳多玉,其阴多金,山上草木葱茏,山下流水潺潺,时当落日余晖里,呈现出"入若青霞红一片"的景色,关中八景之一"骊山晚照"正说明了其秀丽无比。秦始皇陵借用骊山作为背景,借山势而建。秦始皇陵本身也是一座小山,原名为丽山园。据史书记载,陵墓"中成观游,上成山林"①,"树草木以象山"②。陵墓上植柏树,据《七国考》引《博物志》云"墓植柏,自始皇也"。陵园内有高大富丽的建筑,从陵园内发现的夔纹瓦当直径达61厘米,可以看出当时的建筑宏伟壮丽。据考古钻探,陵园内有大型建筑遗址多处。一是内外城垣上的门阙基址及内城垣四个转角处的角楼建筑遗址,除外城东门的门阙基址遭严重破坏外,其余均保存完好。二是位于内城南区封土北侧的寝殿建筑遗址。基址的平面近似方形,南北长62米,东西宽57米,周围还有回廊,中间的台基略略高起。三是位于内城区北西半部便殿建筑基址,这一带建筑密集,在南北长670米、东西宽250米的范围内,一排排成组的建筑由南向北密集列,组与组间以河卵石铺成的路面相连,有的路面用青石板铺成。四是位于内外城西垣之间的建筑遗址,属于寺园吏舍遗址,分

---

① 班固:《汉书·贾邹枚路传》,中华书局1962年版,第2328页。
② 司马迁:《史记·秦始皇本纪》,中华书局1959年版,第265页。

布密集，从内外城垣西门之间的道路北侧起，分布着三组建筑遗址，在遗址范围内出土大量板瓦、筒瓦、陶水管道、陶井圈、石柱础等。在秦始皇陵北还发现了大型秦宫殿遗址，位于鱼池遗址东北角，东西长2000米，南北宽500米，发现有土墙垣、房基、下水道、井、灰坑及大量瓦当、板瓦、筒瓦。此宫应该是在鱼池水旁修建的大型宫殿，作为皇帝游玩休息之所。

图114　秦始皇陵夔纹大瓦当

古代苑囿的重要功能是方便帝王们的打猎娱乐。在秦始皇陵园内，我们可以找到专为皇帝养马的马厩坑、珍禽异兽坑、动物坑、车马坑、百戏俑坑、青铜水禽坑等。

秦始皇陵园目前已经发现三处马厩坑：其一位于封土的南侧；其二位于西南角内外城垣之间；其三位于陵封土东侧360米的南自杜家村，北至上焦村以北、西孙村以南的狭长地带。马厩坑是专为秦始皇养马的处所。考古工作者在秦始皇陵东侧的上焦村一带共钻探发现了80座马厩坑，加上零星发现的共98座。马多数是活埋的，少数为杀死后放在木椁内埋葬。坑内器物上发现有"中厩""宫厩""左厩""小厩""大厩四斗三千"等陶文字样。在始皇陵东侧上焦村西，南北长约1500米、东西宽约50米的范围内都有马厩坑出现，估计原来马厩坑有三四百座。再加上陵西大型马厩坑内埋的马，马的总数有六七百匹。秦封泥中发现了更多养马的厩苑和机构。到了汉代，上林苑水衡都尉属官中有六厩官，是专门管理苑中养马的，而六厩是上林苑中专为皇帝射猎养马的处所，这是汉承秦制的结果。坑内还出土了陶盆、陶罐、陶灯、铁斧、谷子、稻草等。陶盆是放饲料的马槽，陶罐用来盛水饮马，灯用于照光以便夜晚饲马，斧用于剁草。

珍禽异兽坑位于秦始皇陵内外城西垣之间的西门大道南侧，探出陪葬坑一组，共计31座，其中跽坐俑坑14座，珍禽异兽坑17座，已经试掘了4座，其分布范围南北长80米，东西宽25米。根据试掘情况可知，东西两行坑内各有1件面东跽坐的陶俑，是饲养珍禽异兽的人，被称为囿人。《周礼·地官》记载："囿人，掌囿游之兽禁，牧百兽。"中间一行坑，每座坑内置一瓦棺，每一瓦棺内有一珍贵动物或禽类的骨骼一具。这些珍禽异兽是动物遗骨，骨骼已经腐朽，形体难以辨认，从个别的牙齿和零碎骨骼来看，有的是鹿、麂类的食草类动物，有的是杂食类动物，有的是禽类。动物的头前有陶钵，颈部有铜环。①

铜车马发现于陵封土西侧20米处的车马坑中。这里出土了两乘大型彩绘铜车马，是为秦始皇出行打猎所配备的副车，两辆车的大小相当于当时真车真马的二分之一，结构等与真车马无异，制作十分精巧。这是目前发现年代最早、形体最大、保存最完整的铜铸车马，对研究中国古代车马制度、雕刻艺术和冶炼技术等，都具有极其重要的历史价值。被编为一号的车是立车、单辕双轮，车厢为横长方形，车门在车厢的后面，车上有圆形的铜伞，伞下站着御官，双手驭车，前驾四匹马。二号车为安车，也是单辕双轮，车厢为前后两室，二者之间有窗，上车的门在后面，上有椭圆形车盖。车体上绘有彩色纹样。车马均有大量金银装饰。铜车马都是事先铸造而成，后又经过细部加工的，工艺水平非常高。铜马身上璎珞和链条用的铜丝直径仅半个毫米左右，有的则更细。

---

① 秦俑坑考古队：《秦始皇陵园陪葬坑钻探清理简报》，载《考古与文物》1982年第1期。

图 115　秦始皇陵铜车马

秦始皇陵园中还建有百戏俑坑，位于秦始皇帝陵封土东南部内外城垣之间，平面呈"凸"字形，东西两端各有一斜坡门道，东西长 40 米，西端宽 16 米，东端宽 12.3 米，内有两条东西向的夯土隔梁，三个东西向的过洞。两端门道长 20.8 米，宽 7.6—11.4 米，面积约 700 平方米，为地下坑道式土木结构建筑，经火焚坍塌。该坑出土了一件青铜鼎和数十件陶俑。这些陶俑上体裸露，下着彩色短裙，与真人一般大小，姿态各异，是秦始皇陵出土陶俑的新类型。结合文献《国语·晋语四》《汉书·景十三王·广川惠王刘越传》《淮南子·修务训》《西京赋》《抱朴子·辩

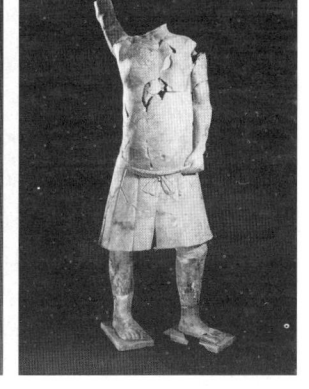

图 116　秦始皇陵百戏俑

问篇》等对"百戏"的记述，以及这些陶俑的姿态，推测这些陶俑可能是为皇室提供百戏表演的百戏俑。因而该陪葬坑定名为百戏俑坑。

在秦始皇陵封土的东北900米处，考古工作者发现了一个陪葬坑，命名为K0007。关于秦始皇陵园K0007陪葬坑的性质，学术界是有争论的。段清波认为K0007陪葬坑表现的是以乐曲驯化水禽的场景，它是秦始皇陵园外藏系统中兼具园囿和乐府性质的机构，是为秦始皇提供娱乐的官署。①张文立认为："箕姿俑似为一乐人，左手持弦乐器，右手拨弦。跪姿舞俑（踞姿俑）似为一舞者的一瞬间的动作特写。"K0007陪葬坑"可称之为池沼。所谓池沼，就是古代在都城附近所建的水池。池中有台榭、水禽、假山，可以举行歌舞絜天等活动"②。袁仲一先生认为："该坑的性质是属于宫廷苑囿中禽园类的陪葬坑。"踞姿俑"为长跽俑，或曰长跪俑"，"此俑的身份是饲养水禽的囿人"，"俑的动作好像是向牢内投掷食物以饲养水禽"；箕踞俑"其动作当是在编织网状物，用以捕捉鱼虫饲禽，或用以捕禽"。③刘钊先生认为出土陶俑为"宴乐俑"，该坑是《三辅黄图》中所说的"雁池"或"鹤池"。④焦南峰先生认为此坑为"左弋外池"。⑤尽管有争论，但都认为该坑与秦的苑囿有关系，是对秦始皇生前苑囿中水环境和水禽的反映。

之所以如此，其一，秦始皇陵K0007陪葬坑的1区和3区均有象征性河道，且位于鱼池的南岸，靠近水源。其二，该坑出土了46件原大的青铜水禽，其中天鹅20件，鹤6件，鸿雁20件。所有青铜水禽展示

---

① 陕西省考古研究所、秦始皇兵马俑博物馆：《秦始皇陵园K0007陪葬坑发掘简报》，载《文物》2005年第6期；段清波：《袅袅之音天上来——幽雅灵动的秦陵七号坑》，载《文物天地》2004年第12期。
② 张文立：《秦始皇陵7号坑蠡测》，载《考古与文物》2004年增刊。
③ 袁仲一：《关于秦始皇陵铜禽坑出土遗迹遗物的初步认识》，见《秦文化论丛》（第十二辑），三秦出版社2005年版。
④ 刘钊：《论秦始皇陵园K0007陪葬坑的性质》，载《中国文物报》2005年8月9日。
⑤ 焦南峰：《左弋外池——秦始皇陵园K0007陪葬坑性质蠡测》，载《文物》2005年第12期。

的均是动态过程中的瞬间姿态，虽然它们的躯体姿态各不相同，但差异不大，最能显示各自特征的是它们互不雷同的脖颈。其三，该坑出土了造型奇特的陶俑。也就是说，K00007陪葬坑所代表的机构至少应与水禽、池沼有关。K0007陪葬坑位于古鱼池的南岸。陪葬坑的位置、结构及出土物显示出其与地理环境之间的密切关系，二者之间的协调配置，体现出人与自然、文化与环境相互依存的设计意图。笔者认为此坑就是秦始皇陵园中修建的仿照秦始皇生前上林苑中豢养的水禽及饲养机构，以供秦始皇地下射猎所用。

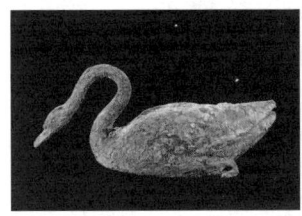  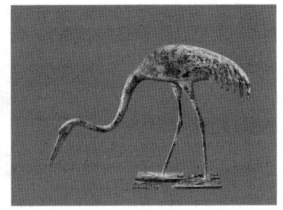

图117　秦始皇陵青铜水禽

秦始皇陵园中有水面，即鱼池遗址，是营建园林思想的体现。在始皇陵北约5里处，此处现地势低洼，是始皇陵修建封土取土而形成的，一举两得。正如《水经·渭水注》云："鱼池水出骊山东，本导源北流，后始皇葬山北，水过而曲行，东注北转。始皇造陵，取土，其地极深，

图118　秦始皇陵陶俑

水积成池，谓之鱼池。"从表面上看似乎鱼池的形成是客观造成的，实质上这是当时陵园设计者独具匠心的结果，是秦始皇专为陵园开辟的水景。水为园林中的血液，有水显得有生气，水池旁再修建一些台观建筑，形成倒影，是营造园林的重要表现形式。我们知道秦始皇在世时曾多次去东海边寻求仙药、仙山，但欲求不得，生前在长池中修建瀛洲等景观，死后必然在自己陵园中修建水池。汉修上林苑时，也专门修建了太液池，并在池中筑蓬莱、方丈、瀛洲三神山，以满足汉武帝寻求仙山而无所获的心理需求。同时有水还可以养鱼，作为陵寝祭祀之用。不仅如此，在始皇陵地宫中还以水银为百川江河大海。看来秦始皇对水非常感兴趣。从发现的七号坑来看，46件包括仙鹤、雁、天鹅的青铜水禽均站立在水岸之上做觅食状，应是中国最早的仿生学在帝王陵园中的体现，也是现实中的上林苑在地下的具体体现。

在秦始皇陵北边还发现了动物府藏坑，坑为地下室的土木结构建筑。出土了各种动物残骨的灰迹、炭迹或残骨块，经鉴定有十余种飞禽走兽与鱼鳖等，例如有近似鹤的大鸟、鸡、猪、羊、狗、水獭等。

秦始皇陵的地宫也具有园林的特点。秦始皇陵地宫中的情况如何呢？司马迁在《史记·秦始皇本纪》中记载："始皇初即位，穿治郦山，及并天下，天下徒送诣七十余万人，穿三泉，下铜而致椁，宫观百官奇器珍怪徙臧满之。令匠作机弩矢，有所穿近者辄射之。以水银为百川江河大海，机相灌输，上具天文，下具地理，以人鱼膏为烛，度不灭者久之。"①《汉书·楚元王传》也载："石椁为游馆，人膏为灯烛，水银为江海，黄金为凫雁。珍宝之藏，机械之变，棺椁之丽，宫馆之盛，不可胜原。"②考古工作者经过探测，目前地宫保存情况良好，距地面30多米。

----

① 司马迁：《史记·秦始皇本纪》，中华书局1959年版，第265页。
② 班固：《汉书·楚元王传》，中华书局1962年版，第1954页。

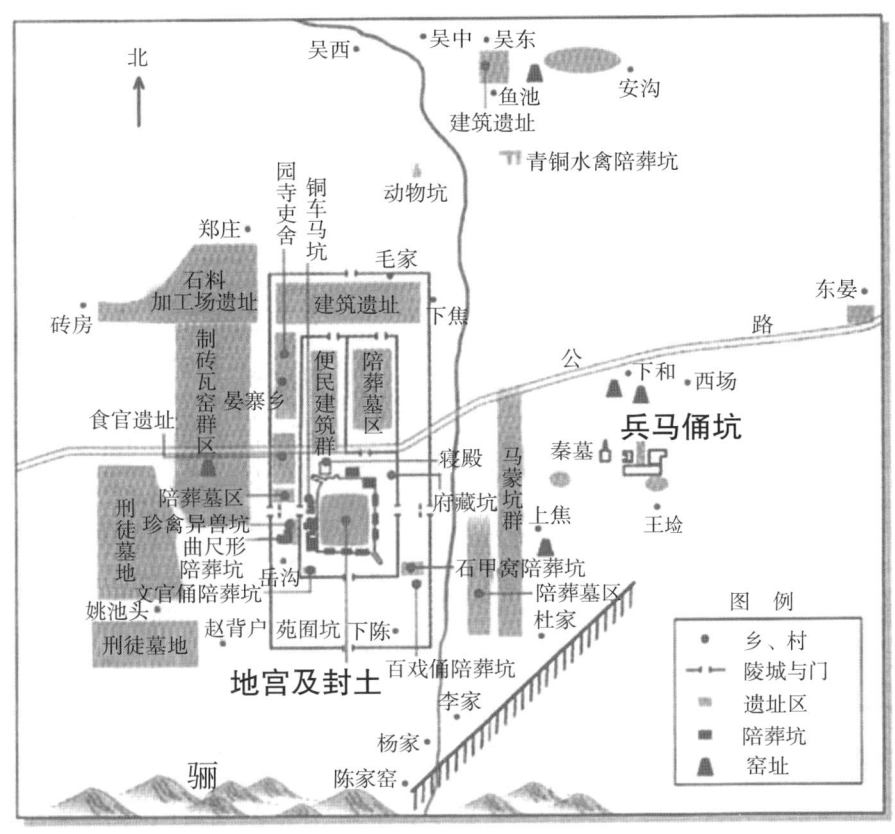

图 119　秦始皇陵遗迹分布示意图

我们在西汉壁画墓中已发现"上具天文"的现象，在西安交大校园的一座西汉壁画墓中，上部即有二十八宿图像。① 从此推测作为"千古一帝"的秦始皇的陵中也肯定有。

我们可以看出秦始皇陵地宫俨然是按照秦始皇生前苑囿的环境设计的，有宫观，有山有水，有奇珍异宝、奇禽怪兽。秦始皇陵地宫中究竟埋有多少珍宝，还不得而知，但里面确实有水银，用以表示水环境。1981年和1982年中国科学院地学部等单位，探测出秦陵封土中有极强

---

① 陕西省考古研究所、西安交通大学：《西安交通大学西汉壁画墓》，西安交通大学出版社1991年版，第24页。

的汞异常现象，从而证实了《史记》中关于秦陵地宫中以水银为百川江河大海的记载，也从侧面证实了司马迁对秦始皇地宫的描述符合实际。

石刻雕塑也是园林中的必备要素。关于秦始皇陵园有无石刻雕塑，曾有前贤进行过研究，但论者意见不一。笔者认为秦始皇陵园已经有石刻雕塑，是秦始皇陵园中重要的景色，也为后代园林要素的形成开了先例。

中国石刻历史悠久，从目前的考古资料来看，人物石雕艺术起源于新石器时代。商代已有石雕坐食人像，1943年出土于河南安阳四盘磨，像高14.5厘米，白石雕成，为商代后期遗物。此像保存完整，做袒胸、缩腿、紧膝、两手支地、箕踞而坐之状，头戴平顶而周廓稍高之圆帽，身穿无纽对襟衣，衣上以云雷纹为饰，面稍仰，双目平视，形象质朴，雕技较精。四川省成都市金沙遗址也出土了12件石跪坐人像，它们的造型基本相同，采用圆雕与线刻相结合的手法，既写实又夸张。人像高约20厘米，脸形方正瘦削，颧骨高凸，高鼻梁，大鼻头，大嘴巴，耳朵有穿孔。赤身裸体，赤足，双手被绳索反绑在身后，双腿弯曲，双膝跪地，臀部坐于脚后跟上。其发式非常奇特：头顶的头发从中间向左右分开，有学者形容就像"一本打开的书"，两侧修剪得极短还微微上翘，脑后的头发又被梳成两股长长的辫子，直垂在腰间。①那么，著名的秦始皇陵有没有石刻雕塑呢？笔者认为一定有，原因主要有以下几个方面。

首先，历史文献中有不少的记载。《西京杂记》曰："五柞宫有五柞树，皆连三抱，上枝荫覆数十亩。其宫西有青梧观，观前有三梧桐树。树下有石麒麟二枚，刊其胁为文字，是秦始皇骊山墓上物也。头高一丈三尺，东边者前左脚折，折处有赤如血。父老谓其有神，皆含血属筋焉。"②五柞宫是汉武帝时期建造的，位于渭河之南上林苑中，是汉代著名的离

---

① 黄建华：《金沙遗址——古蜀文化考古新发现》，四川人民出版社2003年版，第52页。
② 葛洪撰，周天游校注：《西京杂记》，三秦出版社2006年版，第138—139页。

宫，汉武帝托孤就在这里进行。汉代皇帝游猎南山，都要驻跸在这个宫殿里，《汉书》中的《武帝纪》《宣帝纪》《元帝纪》《成帝纪》，以及《司马相如传》《东方朔传》《扬雄传》《张汤传》等，都大量记载着西汉武帝、元帝、成帝经常在上林苑行猎，来往于长杨、五柞宫之间的史实。特别是汉武帝，"好自击熊羆，驰逐野兽"①，甚至征发右扶风民众进入南山，西自褒斜，东到华山，南驱汉中，张设网罗，捕捉熊罴、豪猪、虎豹等野兽，然后运送到长杨宫射熊馆，放逐于围栏中，供皇帝游猎。因此，将石麒麟从秦始皇陵移至青梧观就是为了满足汉代皇帝的欣赏娱乐需求，而且可以作为上林苑中的雕塑点缀。

《封氏闻见记》记载："秦汉以来，帝王陵前有石麒麟、石辟邪、石象、石马之属"②，用这些石刻作为"生平之象仪卫耳"。关于古代帝王陵中的大型石雕，有的著作中认为时间更早。明朝罗颀的《物原·葬原》中说："周宣王始置石鼓、石人、貔、虎、羊、马。"将石人、石兽用在陵墓的历史提前到了周代。刘禹锡是唐朝人，他曾经看到春秋时期楚王墓的石刻。在《汉寿城春望》一诗中，他谈到了寿州楚王墓前的石雕情景：

　　汉寿城边野草春，荒祠古墓对荆榛。
　　田中牧竖烧刍狗，陌上行人看石麟。
　　华表半空经霹雳，碑文才见满埃尘。
　　不知何日东瀛变，此地还成要路津。

从诗中可以看到，楚王墓也实行厚葬，墓前有石刻华表、石麟、石碑等，一派庄严肃穆之仪卫。虽然到目前为止，还没有明确的考古资料证明秦代及秦以前的陵墓中设有大规模的石刻群，但我们也不能轻易就否定这些历史文献记载。秦始皇扫灭六国，一统天下，自视功绩显赫，德兼三皇，功过五帝。若如文献所载，秦前已有在陵前置大型石雕的

---

① 司马迁：《史记·司马相如列传》，中华书局1959年版，第3053页。
② 封演：《封氏闻见记》，学苑出版社2001年版，第143页。

先例，始皇帝必定不甘其后，必会在自己的陵墓上设有象征生前仪卫的像生石雕。

其次，秦汉时期，好大喜功成为社会时尚，因而勒石雕像成风。在秦始皇陵园的考古勘探中已经发现了不少的石刻作品，如发现了专门为秦始皇陵服务的打石场遗址，还留有当时的很多石材。① 在考古发掘过程中也发现了很多石制品，如石下水道、石铠甲等。秦始皇陵地宫中据记载也用了大量石材。文献中记载修秦始皇陵时确实进行过大规模的采石、运石活动。《太平寰宇记》记载："骊山无石，取渭北诸山石为之。"《汉书·贾山传》中有"合采金石"之说。《博物记》中也记载："又此山名运取大石于渭北渚，故歌曰：'运石甘泉口，渭水为不流。千人唱，万人钩，金陵余石大如坯。'"② 晋朝时潘岳在《关中记》中也记载了一首秦人的歌谣："运石甘泉口，渭水为不流。千人唱，万人相钩。"

从现在骊山石的材质来看，确实不宜作为秦始皇陵的大型石材。修建秦始皇陵所用的石材，应来源于骊山以外的渭河以北。另外，石铠甲坑是秦始皇陵的大型陪葬坑，面积达 13 800 平方米，从目前的试掘情况来看，其坑内的陪葬品几乎全是石铠甲和石头盔。据文物工作者测定，其石材均来自渭河以北的富平和蒲城山上。大量石材由渭北运来，源源不断，导致渭水不流。实质上 72 万修陵人中，应包括这些采石、运石者。传说运送的石材中有一块高一丈八尺，周长十八步的大石，运到距骊山不远处，运不动了，便放置在哪里，并称之为"佷石"。唐皇甫提还作了《佷石铭》"佷石苍苍，骊山之傍。傲佷顽虐，昏迷猖狂"来声讨始皇帝。到元朝时，此石才被用来修建灞桥。

再次，秦人石刻雕塑工艺日趋成熟，在雕刻技艺上也不存在问题。

---

① 秦俑坑考古队：《临潼郑庄秦石料加工场遗址调查简报》，载《考古与文物》1981 年第 1 期。

② 张华撰，范宁校证：《博物志校证》，中华书局 1980 年版，第 73 页。

秦人的石刻很早，在凤翔秦公大墓遗址曾经发现过两个小石人。现存最早的中国古代文字石刻——秦《石鼓文》，就是雕刻在天然石块上的。尽管学术界对其雕刻时代还存有争议，但都认为是秦人早期的石刻作品，是春秋时期的产物。秦人或者是在一块独立的天然大石上刻字，或者是将天然的石块表面略加处理后进行雕刻。中国古代将这样的石刻叫碣。这是最原始的石刻形态。

图120　秦始皇陵石铠甲

秦始皇五次出巡时，留下了七块石刻，以表彰他的功绩。"刻石著其功"，"立石颂秦德"，"刻石颂秦德"，仅在《史记》里记载的就有峄山刻石、泰山刻石、琅琊刻石、东观刻石、碣石门刻石、会稽刻石等，可见，秦人对石刻历来是重视的。同时，秦始皇陵约八千兵马俑雕塑的制作、秦始皇陵铜车马的制作和十二金人的制作，为大型石刻雕塑的制作奠定了良好的基础。

关于十二金人，《史记·秦始皇本纪》云：秦始皇二十六年（前221）"收天下兵，聚之咸阳，销以为钟鐻，金人十二，重各千石，置廷宫中"①。《史记索隐》按："二十六年，有长人见于临洮，故销兵器，铸而象之。"《史记正义》引《汉书·五行志》云："二十六年，有大人长五丈，足履六尺，皆夷狄服，凡十二人，见于临洮，故销兵器，铸而象之。"十二铜人的铸造是秦始皇在平灭六国以后，为了维护其统治采取的重要措施之一。由于收来的兵器很多，便铸造成十二个巨大的铜人。关于铜人的重量史料中有多种记载数字，"重各千石""钟小者皆千石也""各重三十四万斤""各重二十四万斤"。为什么会有四种不同的记载数字呢？应该说这些数字均属估计，而非确切数字。因为如此大的铜人在当时是无法进行称重的，只能做大概估计，千石之说只是泛指。十二个铜人不是一样大，也不是一样重。小者千石，大者应该大于千石。石是秦时的重量单位，一石为120斤。秦时的1斤等于现在的256.26克，按最小数字一千石计，合今30715千克；按24万斤计，合今61502千克；按34万斤计，合今87128千克。这就是说最小的一枚铜人重也在30吨以上，大的则达87吨以上。关于铜人高度，史料记载有三说："高三丈""坐高三丈""有大人长五丈……铸而象之"。这就是说铜人的高度有两种可能，一种可能是三丈，合今8.12米；另一种可能是五丈，合今13.7米。尽管这些数字不是确切数字，但从记载的重量和高度来说，当时铸造巨大的青铜雕塑物已不成问题。

把十二个铜人铸成翁仲的形象并摆放在皇宫门前，是因为翁仲具有保卫的功能。翁仲原本指的是匈奴的祭天神像，大约在秦汉时代就被汉人引入中原，当作宫殿的装饰物，铜制，号曰"金人""铜人""金狄""长狄"等，但后来却专指陵墓前面及神道两侧的文武官员石像，成为中国两千年来上层社会墓葬及祭祀活动重要的代表物件。

古代帝王陵墓前神道两旁所列石刻人像，是模仿宫殿和官署前设置的侍卫人员形象做的，可以说是"事死如事生"的具体体现。秦始皇生前能把十二个金人放在宫殿前，死后也可以雕塑大型石刻放在其陵墓前，

---

① 司马迁：《史记·秦始皇本纪》，中华书局1959年版，第239—240页。

符合当时的礼仪。墓前翁仲除了充当卫士起保卫陵墓的作用外，也显示了墓主生前的等级身份。而石刻群中诸种现实的和想象出来的动物形象，则是古人迷信用以象征吉祥和驱除妖魔鬼怪的。

秦陵铜车马被称为"青铜之冠"，重量达一吨多，体积大，雕塑精，可谓当时雕塑艺术的集大成之作。实质上秦人既然能铸造出如此巨大的铜人和复杂精制的铜车马，那么制作大型石刻也是没有任何问题的。而且，秦始皇既然能销天下兵器，铸十二铜人立之于宫殿前，以彰显其功绩，那么，按照"事死如事生"的观念，他也极有可能把生前所享用的一套礼仪搬到陵墓前，于墓前建造大型石刻。

最后，历史的发展是循序渐进的，陵前石刻雕塑的历史也是如此。西汉昆明池上的织女、牛郎石刻和霍去病墓前的大型石刻不是突然出现的，是经过长期的雕塑实践而发展形成的。我们有理由相信，汉代陵墓上的大型石刻，是汉承秦制的具体表现。也就是说，秦始皇时期的雕塑艺术奠定了汉代石刻的基础。

保存至今的墓葬石刻群中，要数霍去病墓的一组石刻最早。霍去病墓是汉武帝茂陵的陪葬墓。其墓前石刻是为了表彰其对匈奴作战的功劳。现存石刻有马踏匈奴、跃马、卧马、卧虎、小卧象、卧牛、卧猪、鱼、龟、蛙、石人、怪兽吃羊、力士抱熊等。杨宽先生认为，如此众多石刻"正如把他的坟墓建造成象征战胜匈奴的地点祁连山一样"[1]。除了霍去病墓上的汉代石刻以外，现存的两汉大型石刻，尚有陕西省城固县饶家营汉博望侯张骞墓前的一对石虎，约雕造于西汉元鼎（前116—前111）年间，虽已严重风化，犹存雄健姿态。也有人认为这两个石虎是东汉时期的雕塑。除此而外，还有咸阳石桥乡出土的石蹲虎、山西安邑出土的石走虎、青海海宴出土的石虎座等。

河北省石家庄市毗卢寺博物院收藏有两尊汉代裸体石人。这两尊石雕像发现于石家庄西北部小安舍村，用青石雕成，一尊高175厘米，胸

---

[1] 杨宽：《中国古代陵寝制度史研究》，上海古籍出版社1985年版，第79页。

围205厘米，为男性形象；另一尊高163厘米，胸围190厘米，为女性形象。其造型呈跽坐状，头部比例较大，尖下巴，大眼睛直鼻小口。腰间系带，身上无衣纹，应是裸体，足部似穿鞋。男像单眼睑，女像双眼睑，神态恭顺，双手交叉，抚于胸前，头戴平巾帻，其中女像帽顶下陷，中央阴刻成方形。两尊石像采用圆雕、浮雕和线雕结合的手法，造型古朴大气，具有西汉雕刻艺术的典型特征。小安舍石刻历史年代被认为早于西汉昆明池石刻，是我国现存最古老的大型石刻。[①]

东汉官僚墓前的石兽，除了虎、牛、马、羊、骆驼、狮子以外，还有一种神兽，成为天禄和辟邪。汉代的墓前石刻辟邪，目前已经发现不少。如河南南阳宗资墓前的天禄、辟邪现藏南阳石刻博物馆；洛阳孙旗屯出土了天禄、辟邪；伊川县彭婆出土的辟邪现藏洛阳古代艺术馆，偃师县文管会藏有辟邪残石；陕西省西安市碑林博物馆石刻展室有东汉双兽辟邪；山东省武梁祠的双兽；济南博物馆藏有辟邪残石；等。这些石刻造型相类，多刻双翼，是东汉升仙思想在墓前石刻中的反映，供死者神灵骑乘升天，已成为程式化的墓前石刻。

墓前竖立石人今能看到的以山东为最多。曲阜孔庙璧水桥前有石人亭，亭内有两个石人，原是乐安太守鲁王墓前的石刻，后移于此。一者高2.54米，服间佩剑，神手恭立，是墓前恭迎的侍者；一者高2.20米，腹间篆刻"府门之卒"四字，是墓前的守卫者。济南博物馆收藏石人一对，形象与孔庙石人相同，但较为高大粗胖，是所看到的东汉墓前最大的石人。

可见，设置石刻目的是为了表彰死者的功绩。而"秦始皇好大喜功，崇尚鸿篇巨制，尤其对能留之久远的石制品特别倾心，他五次巡游天下，每次都要刻石立碑，宣扬自己的煌煌功业，扬威四方，以加强控制"[②]。因此，我们有理由坚信，作为"德兼三皇，功过五帝"的秦始皇陵一定

---

① 王海涛：《两尊汉代石人考》，载《河北画报》2010年第8期。
② 郭志坤：《秦陵地宫猜想》，上海文艺出版社2007年版，第47页。

会在自己的陵墓前设置大型石刻以表彰自己平灭六国的功绩。

既然秦始皇陵前应有大型石刻雕塑已确定无疑，那么，为何在秦始皇陵前看不到这些石雕，这些石刻到哪里去了？不少的学者认为是被毁了。郭志坤先生认为，这些石刻、石雕毁于项羽、刘邦之时。刘邦在楚汉战争时，历数了项羽的罪行有十条。后来刘邦即帝位后"以亡秦为戒"，又不断指控秦始皇，认为秦始皇有"繁法严刑""赋敛无度"等暴行十余条。因此，原先宣扬始皇帝丰功伟绩的石刻、石雕之类，会毫不留情地被拆除然后销毁。林剑鸣、张文立两位先生认为，两千年的沧海桑田，秦陵上的石刻、石雕一个也不存在了，实在可惜。它们丧失于历代的兵火中，也丧失在人为的破坏中。同时他们也认为，在所有的帝王陵中，秦陵所受到的摧残，恐怕不数一，也数二。这是因为秦祚太短。秦始皇帝陵宏伟、富丽的陵园建起后，仅一二年，便遭到了项羽的破坏。项羽一把火，把陵园建筑烧成灰烬。可以这样说，在这场浩劫中，陵园的地面建筑，遭到了毁灭性的破坏，石刻被砸，恐亦难免。这些复仇的"勇士"，怀着"楚虽三户，亡秦必楚"的报仇心态，岂容这些石刻傲然挺立。因为这个原因，宋代卢氏注《博物志》时，曾指出："项羽衡之时发其陵，未详其至棺否？"可见摧毁之甚。①

笔者认为，诸位先生的观点是正确的。需要补充的是，代秦而起的是西汉王朝，为了证明自己代秦的合理性与正当性，掀起了舆论上的"过秦"思潮，试图通过"过秦"，证明刘邦以汉代秦不但非篡非弑，反而是替天诛暴和吊民伐罪。而要想使汉朝凌驾于秦朝之上，重要手段之一就是贬抑秦朝的历史地位，并借此抬高西汉的历史地位。正因为如此，汉代对秦在舆论上几乎是全盘否定。因此秦始皇及秦始皇陵便成为汉人的发泄对象，特别是汉武帝"罢黜百家，独尊儒术"以后，秦始皇在人们心目中的地位受到很大影响，对秦始皇陵的破坏愈来愈多。比如，秦始皇修建万里长城，是为了防御北方匈奴族的侵扰，虽然动用了大量人

---

① 林剑鸣、张文立：《秦陵墓上石刻探微》，载《宝鸡师范学院学报》1988年第2期。

力、物力和财力，但是这项工程是必需的。然而，在"过秦"思潮的影响下，万里长城却成为后代诟病的对象，并且成为秦快速灭亡的原因之一，甚至与秦始皇毫无关系的孟姜女哭长城也与秦始皇扯上了关系。汉代人尽管也修建长城，但不叫长城而叫塞，明代更称之为边墙，誓要与秦决裂。由于秦始皇陵地宫规模太大，加之众多的防盗措施，盗掘实在不易，而地面建筑、石刻等防护措施较少，便成为主要的破坏对象。《西京杂记》中记载的上林苑五柞宫中的两个石麒麟就是明证。

总之，两千多年来对秦始皇陵的兵焚、盗掘，使秦始皇陵上的石刻雕塑遭到了自然与人为的双重破坏。所以我们今天已无法再看到昔日壮观的石刻雕塑了。

东汉以后，墓葬上的石刻雕塑越来越多，规模越来越大，我们现在看到的唐代墓葬、宋代墓葬、明清墓葬前都有大量的石刻雕塑。陵前雕塑大型石刻逐渐成为一种制度延续下来，这不能不说是受到秦始皇陵石刻雕塑制度的影响。

依山造景是营造园林的重要手法，陵墓园林也是如此。早在春秋战国时期已兴起了依山造陵的观念。后来人们选择墓地又特别重视依山傍水的地理环境。"立冢安坟，须籍来山去水。"依山傍水被古人视作最佳风水宝地。至于这个观念始于何时，无从考起。应该说秦始皇陵是依山傍水造陵的典范。秦始皇陵园南依骊山，北临渭水，符合风水要求。在秦始皇陵的东侧也有一道人工改造的鱼池水。鱼池水原来是出自骊山东北，水由南向北流。目前在始皇陵以北约两三里的鱼池堡一带，有一处较大范围的低洼地带，在这一地带形成面积较大的水库，这里就是鱼池遗址。考古工作者曾于20世纪80年代在鱼池附近发现了建筑基址。建筑遗址位于秦始皇帝陵北侧的鱼池堡、吴东、吴西一带，南距外城垣1300米。遗址东西长约2000米，南北宽约500米，总面积达百万平方米。在鱼池遗址的东北角，考古工作者发现了东西长400米，南北宽200米，残高2—4米连绵不断的夯土墙垣，垣墙范围内有多处房屋建筑基址，清理中发现了下水管道、水井、灰坑以及大量的瓦当、板瓦、筒瓦等建

图 121　秦始皇陵外景

筑材料。在陶器上发现了大量的陶文,内容有官署名和人名,如左右司空、北司、宫水等少府的属官,反映了陶器为中央制陶官署的产品。有的在人名之前冠有县邑名称,这说明因秦始皇帝陵工程之需从全国各地征召了大批陶工的事实,验证了历史文献对这一情况的记载。水边的这些建筑遗址可能就是供统治者游赏的,成为秦始皇陵园中一道亮丽的水上景观。西汉时期上林苑中的昆明池景观也是如此,水池边有众多的建筑遗址。

后代的皇陵称为陵园,就是因为历代皇帝均把自己的坟墓建筑得像园林一样,以满足统治者死后的需要,直到今天,仍有许多陵园保存下来,成为人们观赏游览之地。

1. 上寝

出土秦封泥中有上寝。此处指寝殿,就是在墓侧起寝,是为祭祀而修建的建筑。寝有生前之宫殿,如《史记·秦始皇本纪》载秦康公、共公、景公均"居雍高寝",桓公"居雍大寝",躁公"居雍受寝"。出土秦印有泰上寝左田,陕西凤翔雍城秦景公墓出土石磬之上有"寝""宫寝"之铭。

图 122　上寝封泥

蔡邕《独断》说："古不墓祭，至秦始皇出寝，起之于墓侧，汉因之而不改，故今陵上称寝殿，有起居、衣冠、象生之备，皆古寝之意也。"上寝应该是陵上寝、陵上寝殿的省称。《史记·秦始皇本纪》载：二世"诏增始皇寝庙牺牲及山川百祀之礼"。事实上秦始皇陵寝在骊山北麓，庙在咸阳都城的渭河以南地区，足证二者有别。泰上寝左田，"泰上"为死谥，以此推测，上寝之"上"应为秦始皇生前称谓。《史记·秦始皇本纪》中多记载当时皇帝被称为"上"，如"上问博士""上自南郡""上许之""上崩在外""知上死"等。可见，秦始皇时代人们称秦始皇为"上"是可以的，也反映出当时人们认为秦始皇的权利是上天授予的，至高无上。

自秦始皇即位后，即穿治丽山，为其修陵。上寝即秦始皇陵之寝殿，亦即蔡邕所说的"秦始皇出寝，起之于墓侧"的陵寝。考古工作者在秦始皇陵园中已经发现了规模庞大的寝殿建筑遗址。

相家巷遗址出土上寝封泥多件。《汉书·百官公卿表》云奉常"掌宗庙礼仪"，其属官有"诸庙寝园食官令长丞"，以此推之，上寝当为奉常属官。

秦始皇陵园中有寝便殿的设置，《后汉书·祭祀志》中"秦始出寝，起于墓侧，汉因而弗改"。上寝封泥的发现也证明了史书记载是可靠的。

实质上根据考古资料可以看出在秦东陵，已把寝殿从陵上移到墓侧。便殿的用途为休息闲宴之处。

2. 丽山飤官

在相家巷出土封泥中有丽山飤官。"丽山飤官"陶文过去在秦始皇陵遗址上有发现。丽山是秦始皇陵原来的名称，秦公帝王陵经过墓而不坟、高大墓冢、高大如山几个发展阶段，和当时的墓葬礼制以及秦的国力发展有关系的。秦始皇陵被称为丽山，确实是美丽如山。两千二百多年前，这里曾是亭台楼榭，器宇轩昂，高台华屋，鳞次栉比，一派辉煌壮丽景象，并不因其是陵墓而布满阴霾色彩。飤官是专为秦始皇的灵魂提供膳食的机构。该遗址已经被考古工作者发现并进行了局部考古发掘。丽山飤官建筑遗址，位于秦始皇陵西侧内外城墙之间，东南距陵冢约126.4米。该遗址范围较大，东端距内城墙约8米，西端距外城墙约10米，考古人员在发掘时共计开方19个，每方的面积为10米×10米，合计总面积约为1863平方米。飤官遗址是一组四合院式的房屋建筑基址，东侧房屋基址呈南北向长方形，残长24.5米，东西宽6.1米；南侧房屋基址呈东西向长方形，长37米，南北宽14米。室内西端有渗水井一眼，连接一条五角形陶水道，以便把水排出室外。西侧、北侧房屋基址因残破严重，未做清理。

图 123　丽山飤官陶文

南侧厢房的中间地面下铺有大石块，上面铺木板，加之有渗井一眼，还有两个像井一样的地窖，像是储藏祭物所用。再结合里面出土的罐、壶、盆、缶等饮食器及"丽山食官""丽山飤官右""丽山飤官左""丽邑五斗、崔""丽邑二升半、八厨"等铭文，推测很可能是陵园内设置的飤官。飤与食相通。所谓飤官，就是掌管宫廷饮食的官吏，是秦代九卿之一奉常的属官。丽山飤官就是丽山园的食官，掌管陵寝祭祀的膳食之事，供应始皇陵的祭品。他们如同侍奉活着的皇帝一样，负责每天四次皇帝灵魂享用及祭祀活动的膳食。六厨、八厨反映了陵园供厨数量的众多，膳食供应规模巨大，供厨内服务人员一定很多。而乐府钟的出土，说明祭祀时还有乐府内的乐人奏乐。铜镞、铜矛等兵器的出土，证明陵园内还有官员负责安全守卫。

图 124　秦始皇陵飤官遗址

在中国历史上，古代帝王的膳食管理是由专门的职掌者食官具体负责的，帝王们具有不可抗拒性和神圣权威，饮食又是关乎帝王切身需求的关键环节。于是历朝历代都把食官作为中国古代官制的重要组成部分。据《汉书·百官公卿表》记载，秦设少府，有六丞，属官有尚书、符节、太医、太官、汤官、导官，又有胞人、都水、均官三长丞。其中太官、汤官、导官、胞人便都是食官。按颜师古所注，太官主膳食，汤官主饼饵，导官主择米，胞人主宰割。此时食官内部分工已相当明确。

图 125　秦始皇陵乐府钟

图 126　乐府丞印封泥

3. 东苑、东苑丞印

图 127　东苑封泥

东苑在文献中没有明确记载。目前已知的秦苑囿主要有上林苑、宜春苑、五苑、甘泉苑、北园、骊蹠苑以及虎圈、麋圈、兔园等。在秦始皇陵园出土的陶盆上发现了"东园"的刻辞。东苑与东园很相近，从其意义上可以相通，由此可推知，此印很有可能是始皇时代以前或期间的苑囿之一。

《汉书·百官公卿表》将作少府属官中有"东园主章"①，《秦代陶文》拓片1482陶盆刻文"东园口"②。周晓陆先生认为汉宜春苑在西汉印章中又记为宜春园，似园与苑通，因疑东苑即东园。他认为："东苑史无明载，文献及秦代陶片上有一'东园'，西汉宜春苑在西汉印章中记为宜春园，似苑与园可通，地点约在陕西省一带"。③不过东园与东苑的封泥同时出现，可能仍有一些差别，园为食园，苑为禁苑。庄襄王陵有阳陵禁苑，除王陵之外还有其他禁苑，可见园、苑不全相同。东苑为东陵之禁苑。又《史记·梁孝王世家》云："于是孝王筑东苑，方三百余里。"④或以为孝王东苑在秦东苑基础上扩建，地在今河南商丘市东南。不过秦汉东苑也有可能是异地同名。

图128 东苑丞印封泥

王辉先生认为，东苑或说即兔园。⑤《史记·六国年表》记载：二世元年，"十一月，为兔园"⑥。《括地志》云："兔园在宋州宋城县东南十里。"⑦唐时宋城县即今河南商丘市。

---

① 班固：《汉书·百官公卿表》，中华书局1962年版，第733页。
② 袁仲一：《秦代陶文》，三秦出版社1987年版，第386页。
③ 周晓陆、路东之：《秦封泥集》，三秦出版社2000年版，第214页。
④ 司马迁：《史记·梁孝王世家》，中华书局1959年版，第2083页。
⑤ 王辉：《出土文字所见之秦苑囿》，见雷依群、徐卫民主编：《秦都咸阳与秦文化研究》，陕西人民教育出版社2003年版。
⑥ 司马迁：《史记·六国年表》，中华书局1959年版，第758页。
⑦ 李泰等著，贺次君辑校：《括地志辑校》，中华书局1980年版，第152页。

4. 康园、康泰□寝

在秦出土封泥中还有康园、康泰□寝封泥，笔者认为或许与秦始皇陵有关系，尽管秦始皇十三岁即位后就开始修陵，但毕竟活人忌讳死亡，因此便以"康"代替，正像战国时期国君将陵墓称为寿陵一样。

图 129　康园封泥

图 130　康泰□寝封泥拓印

实质上，秦始皇陵是一个并没有完成的工程。秦始皇陵园在当初修建时虽有设计图，但是后来随着秦秦国力的不断强大和全国统一，加之秦始皇个人欲望的影响，到后来秦始皇陵园就成为一个规划不断更改和无止境的工程，只要秦始皇不死，陵墓将继续修建。

秦始皇死得确实太突然，所以当秦始皇死时陵园的修建工程并未完成。据《汉书·楚元王传》记载："郦山之作未成，而周章百万之师至其下矣。"当时的起义军已经打到秦始皇陵以东不远处的戏水，由于当时秦政府军队大都在前线，无法立刻应付这突然而来的事件，遂给参加修陵的人发武库中的兵器，派章邯带领他们去对付农民起义军，因此陵园被迫停工。

春秋战国时期，随着思想解放运动的发展，人们观念也在不断地发生变化，影响到陵墓制度上也发生了很大变化。因此我们可以说，秦的陵墓在中国古代陵墓史上起着承前启后的作用，影响深远、广大。

附录

出土文献与秦文化研究

对于秦文化的研究，早在汉代就开始了。但由于记载秦的文献资料太少，故研究困难很大。因此，秦文化的研究虽然起步较早，但两千多年来大多是对已有文献资料的研究，其研究的深度受到一定的影响。尽管秦在中国历史上的地位非常重要，但在二十五史中没有秦史。新中国成立后，特别是20世纪70年代以后，随着秦文化遗址和文物的不断发现，才大大推动了秦文化研究的深入，出现了一批具有较高价值的研究成果，如《秦史稿》《东周与秦代文明》等。

一、秦始皇陵的考古发现大大促进了秦文化的研究

1974年春天，在陕西省临潼秦始皇陵东边不远处发现了举世闻名的兵马俑，这一发现引起了海内外的震动，同样也引起了人们对秦始皇陵的重视。从此，考古工作者开始对秦始皇陵园的考古勘探工作，迄今为止已发现了600多处陪葬坑和陪葬墓，对陵园的形制和丰富的埋藏有了较为深入的认识，从而大大带动了对秦文化的研究。

目前在秦始皇陵园发现的主要遗址有兵马俑坑、铜车马坑、石铠甲坑、仿生水禽坑、马厩坑、百戏俑坑、文官俑坑、动物坑、寝殿遗址、便殿遗址、饲官遗址、内外城垣遗址、丽邑遗址、打石场遗址、刑徒墓地、

公子公主墓地及其他一些陪葬墓。① 尽管在秦始皇陵园尚未发现竹简类的文献资料，但发现了不少的陶文，对于研究秦文化也有很重要的意义。

秦始皇是中国历史上的第一位皇帝，是他"奋六世之余烈，振长策而宇于内"，统一了天下，结束了长期的分裂割据局面，建立了第一个统一的、多民族的中央集权国家，推行了一系列巩固统一的措施。与此同时，他用了38年时间，最多时动用70余万人来为自己修陵，因此研究秦文化，不研究秦始皇陵是不行的，它对整个中国古代帝王陵产生了深远的影响。

在秦始皇陵饮官遗址发现的一个青铜编钟上刻有两个字"乐府"，这一发现将中国古代设立乐府的时间提到了秦代。因为在此之前，据《汉书·礼乐志》记载汉武帝时，"乃立乐府，采诗夜诵，有赵、代、秦、楚之讴"，颜师古为此作注："始置之也，乐府之名盖起于此，哀帝时罢之"。秦始皇陵乐府编钟的发现证明颜师古的注解是错误的。该乐府钟制作精致，与秦始皇陵的祭祀活动有关。后来在相家村发现的秦封泥中也发现了乐府、乐府丞印。

秦始皇陵修建工作到底动用了哪些人？是从什么地方抽调的？史书上没有记载，但从秦始皇陵遗址考古发掘中我们找到了答案。在秦始皇陵西侧的刑徒墓地中发现了一些刻有文字的瓦片，实质上正是当时为秦始皇修陵人的墓地，这些修陵人是从全国各地征调来的，均以刑徒的身份修陵，生活非常悲惨。生前为秦始皇修陵，死后则被草草埋葬，既无葬具，又无随葬品，只在墓中发现了18件刻有墓志的瓦片，其中有一个瓦片上刻了两个人的名字。从刻文的内容来看，有服役者的姓名、所在地、服役性质及爵名，如"东武居赀上造庆忌""平阴居赀北游公士滕""博昌去疾"等。东武、平阴、博昌是地名，分别来自今天的山东、河南等省。居赀在云梦睡虎地秦简中有记载，是指因犯法而被罚钱财，

---

① 陕西省考古研究所、秦始皇兵马俑博物馆：《秦始皇帝陵园考古报告（1999）》，科学出版社2000年版，第1—28页。

本人又无法缴纳钱财，而以劳役代替，每劳作一天抵偿八钱，直到劳役期满。上造和公士则为爵名，是秦二十等爵制中最低的两等，庆忌、滕、去疾为人名。从瓦文内容来看，当时修建秦始皇陵的人来自全国各地，既有地位低下的人，也有地位稍高的人，但最后的归宿都很惨。这是我国目前发现最早的墓志。

在饪官遗址上发现了不少的"丽山饪官左""丽山饪官右"等陶文，说明秦始皇陵最初就名为丽山，以表示其高大无比，显示皇权的尊严。秦始皇陵只是后来人的称谓。

在秦兵马俑的身上，我们也发现了很多的陶文，这些陶文既有小篆，又有隶书，内容为"宫水""宫彊""宫得""宫系""咸阳衣""咸阳午""栎阳重"等，目前已发现不同的刻名80余个，这实质上是制作陶俑的工匠名，表示这些工匠来自于不同的地方。来自于宫廷的在名字之前均有"宫"字，来自咸阳作坊的则在名字前有"咸阳"或"咸"字，还有来自栎阳、安邑、临晋等地的，有的干脆只写名字。这些陶俑身上的名字既为我们研究秦俑的制造者提供了第一手的资料，也验证了《考工记》"物勒功名，以考其诚"的记载是正确的。关于这一点在秦兵马俑坑的铜兵器上也有反映，兵器上有制作者的刻铭，说明早在秦代就实行责任制。难怪兵马俑个个都是精雕细刻，被誉为世界第八大奇迹。

前些年，国家投入大量的人力、物力、财力，多个部门联合对秦始皇陵园进行遥感勘探研究，已经取得了较大的进展，也验证了《史记·秦始皇本纪》中关于秦陵地宫的记载是可靠的。随着这项工作的继续开展，必将促进秦文化的研究。

兵马俑的发现与对秦始皇陵的不断勘探发掘，不仅带动了旅游等第三产业的发展，也将秦文化的研究推向了一个新高潮。秦始皇兵马俑博物馆组织召开了五次有海内外学者参加的秦俑学与秦文化学术讨论会，出版了"秦俑·秦文化丛书"二十本、《秦文化论丛》十本，一批关于秦俑秦文化研究的著作已相继出版，如《秦俑学研究》[①]《秦始皇陵兵马俑研究》[②]《秦始皇陵考古发现与研究》[③]《秦俑专题研究》[④]等。

二、云梦秦简的发现与秦文化研究

继秦兵马俑发现后，1975年底在湖北省云梦县睡虎地发现了一批秦竹简，为秦始皇时期人所手书，但其成文年代有早有晚，早的可以到秦商鞅变法，晚的则到秦始皇三十年（前217），反映的历史长达一百余年。[⑤]

云梦秦简的出土，是一件具有重大意义的事。在此之前，还未出土过秦简，只出土过战国、西汉、魏、晋等木竹简牍，云梦秦简的发现填补了这一空白。这批竹简的数量达1150枚，近4万字。经过整理发现，内容极为丰富。其内容主要有：①《编年记》；②《语书》；③《秦律十八种》，律名为《田律》《厩苑律》《仓律》《金布律》《关市》《工律》《工人程》《均工》《徭律》《司空》《置吏律》《校》《军爵律》《传食律》《行书》《内史杂》《尉杂》《属邦》；④《校律》；⑤《秦律杂抄》，其中部分标有律名，包括《除吏律》《游士律》《除弟子律》《中劳律》《藏律》《公车司马猎律》《牛羊课》《傅律》《敦（屯）表律》《捕盗律》《戍律》等十一种；⑥《法律答问》；⑦《封诊式》；⑧《为吏之道》；⑨《日书》甲种；⑩《日书》乙种。这批竹简是研究秦文化难得的实物资料，极大地弥补了秦史料的不足，从而促进了秦文化的深入研究。

这批竹简主要是讲秦法律制度的，因此对于研究秦的法律制度有十分重要的意义。过去我们在谈起秦的法律制度时，总是讲秦是一个法律

---

① 秦始皇兵马俑博物馆：《秦俑学研究》，陕西人民教育出版社1996年版。
② 袁仲一：《秦始皇陵兵马俑研究》，文物出版社1990年版。
③ 袁仲一：《秦始皇陵考古发现与研究》，陕西人民出版社2002年版。
④ 王学理：《秦俑专题研究》，三秦出版社1994年版。
⑤ 睡虎地秦墓竹简整理小组编：《睡虎地秦墓竹简》，文物出版社1990年版，第1页。

严酷的社会，而且多用汉时的资料，秦的法律资料很少，睡虎地秦简的发现弥补了这一缺陷。在睡虎地发现的秦律，属于当时法律令、解释法律令和治狱案例的简文。按其发现的部位，可分为四组：一是发现于墓主头右侧的，约有210枚竹简，其内容是关于秦的法律条文和有关术语的解释。二是发现于墓主躯干右侧的，约有201枚竹简，全部是秦的法律条文，而且每条律文的末尾都注明了所属法律的篇名，也就是上文提到的十八律。三是发现于墓主腹下部的，有102枚竹简，也全部是法律条文，而且也有法律的篇名，其中的《效律》除内容上与第二组秦律的一部分有重复外，且《效律》的第一支简背面有"效"字。四是发现于墓主头骨右侧的，有98枚竹简，各条开端均有小题，如《治狱》《讯狱》《封守》《贼死》《迁子》《黥妾》《告臣》，共25个名目，有人认为是治狱的一些案例，但这部分简文的最后一枚反面，原题《封诊式》。①

将上述四组秦律简文，按其性质可分为五种类型：第一种是《田律》《厩苑律》《仓律》等十八个律名的简文，即上述等二组，《睡虎地秦墓竹简》一书称之为《秦律十八种》。第二种为竹简背面有"效"字的法律简文，即上述第三组的一部分，有60枚简，《睡虎地秦墓竹简》一书称之为《效律》。第三种是上述第三组中的有律名的竹简，有42枚简，《睡虎地秦墓竹简》一书称它《秦律杂抄》。第四种是解释性律文，也有人称之为《法律答问》，即上述第一组竹简。第五种是治狱案例，也有人称为治狱格式，《睡虎地秦墓竹简》一书根据其原题正名为《封诊式》，即上述第四组竹简。

此墓中还出土《日书》甲、乙两种，是当时关于选择日子吉凶的迷信书，使我们可以了解当时的社会风俗。

另外在4号秦墓中还发现木牍两件，一件有200余字，另一件有100余字，内容分别为参加戍守淮阳的兵士黑夫与惊写的家信，信的内容是他们迫切希望家中寄钱和衣物给他们。从这封信的内容结合兵马俑

---

① 睡虎地秦墓竹简整理小组编：《睡虎地秦墓竹简》，文物出版社1990年版，第145页。

的服装整齐划一来看，当时士兵的内衣服装可能是由自己准备的，而外边的服装需要整齐划一，则由国家配备，因此黑夫和惊跟家里要的衣服应该是内衣而非外衣。

这批秦简的出土是我国考古发掘的重大收获之一。根据这批秦简，我们对秦代历史的若干重大问题，可以获得很多新的认识。例如《南郡守腾文书》的出土，不仅有助于了解秦始皇时期的政治、军事斗争形势，而且有助于认识秦的用人制度、县道并立的地方行政系统、县设啬夫的制度、郡守与县道啬夫的职权范围以及传达文书的制度等等，还反映出从《田律》到《田令》的变化发展，区分良吏、恶吏的标准与意义等问题。又如《编年记》，它可以订正、补充与印证《史记·秦本纪》《史记·六国年表》及有关《史记》世家、列传中关于秦的统一战争的若干年代、地区和具体经过，也可以印证与纠正前人对《史记》有关记载的解释，更可以从中看出秦的地方官制、秦的赋役制度、秦的历法、当时的统一战争与反统一战争，以及一些地名的历史沿革变迁等，其史料价值不亚于《史记·六国年表》中关于秦的年表部分。至于《为吏之道》，除了能说明当时官吏的行为标准、善恶准则外，还反映出儒、法融合的初步迹象以及当时社会的风尚等问题。

在这批秦简中，最为重要与内容最丰富的还是《秦律》，这是我国目前发现的年代最早、条目最全、内容最丰富的成文法典。它不仅填补了自李悝《法经》与商鞅《秦律》散佚以来的空缺，是研究法制史的重要史料，同时还是研究秦时阶级、阶级关系的不可多得的资料。秦的官制、土地制度、赋役制度、赐爵制度、租税制度、官吏考核制度、罪犯审讯制度、工匠培训制度、户籍制度、上计制度、仕进制度，以及仓库的类型、结算、设置、封堤、管理等制度，由官府禀衣、禀食、传食等制度和管理、财经出纳的预算、决算制度等等，都在《秦律》中有明确而且比较详细的反映。此外，如当时的物价、牛耕、城市制度、商品经济、官私手工业、社会风气、流行疾病及秦人的思想、文化特征等等也有所反映。特别值得一提的是，关于秦的刑名、刑罚、刑徒、刑期及隶臣妾的地位、来源、特征等等,《秦律》也提供了充分的资料,对于了解秦的刑罚制度和奴隶制残余等问题有重大的意义。甚至还可以从《秦律》与现存《汉律》零星条文的比照中,看出秦律与汉律的异同和中国古代法制的演变轨迹。

总而言之,云梦睡虎地出土的秦简具有重大的史料价值,其作用与意义和居延等地出土的汉简对汉代历史研究的作用与意义不相上下。

也正因为如此,在云梦睡虎地秦简出土后,很快掀起了秦史研究的热潮,出现了一大批研究的高质量论文和专著,如高敏先生的《睡虎地秦简初探》由河南人民出版社于1979年1月出版(台湾万卷楼图书有限公司2000年再版);由中华书局编辑部组织编辑的《云梦秦简研究》,发表了大量高水平的研究文章;还有一大批研究文章在各地报刊发表。这些都大大促进了秦文化的研究。

在云梦秦简发现以后,1979—1980年在四川青川县发现的一座墓中出土了一支木牍,内容为"更修田律"。① 正背面共有154个字,内容是国王命令丞相甘茂、内史匽更修田律的事情,反映了秦国商鞅变法以后一次重大的律令修改和执行情况。1989年又在龙岗出土秦竹简150余枚,内容也是以律文为主,涉及禁苑、驰道、田地、马牛羊管理等,有关驰道管理的律文则是目前了解秦时驰道及相关问题的唯一实物资料。1986年在甘肃省天水市麦积区党川乡放马滩一座秦墓中发现了秦王政八年的秦竹简,共有470枚②,内容为《日书》《墓主记》,其《日书》和云梦睡虎地发现的《日书》大同小异,时间较云梦《日书》早,反映的是秦社会文化风俗。在此墓中还发现了我国最早的地图七幅,其质地为木板,反映的是当时秦国上邽县的地形图,图中除绘注地名、山川、水系以外,还标明了各处森林的具体位置。

---

① 四川省博物馆、青川县文化馆:《青川县出土更修田律木牍——四川青川县战国墓发掘简报》,载《文物》1982年第1期。
② 甘肃省文物考古研究所、天水市北道区文化馆:《甘肃天水放马滩战国秦汉墓群的发掘》,载《文物》1989年第2期。

三、秦封泥的发现与秦文化研究

封泥是古代抑印于胶质黏土上,用以封缄、作为目验玺印施用、以防奸宄私揭窃拆的遗迹。当时,公私文书绝大部分写在竹简木牍上,然后以绳索缚之,填以青泥,再在其上加盖印章。过去对秦的封泥发现很少,而且在断代问题上存在问题,并未引起学者的注意。20世纪90年代,一批秦封泥在经过两千年的长眠之后破土而出,立即引起学术界的普遍关注。最早是由北京古陶文明博物馆路东之收藏千余枚,后经周晓陆和路东之两先生共同对外发布(在西北大学文博学院考古专业成立四十周年庆典与西北大学周秦汉唐研究中心成立大会之际,召开秦封泥学术讨论会),引起极大的轰动;后西安市文物园林局和西安中国书法艺术博物馆对相家巷遗址进行了调查和科学的发掘,又获得了不少的秦封泥,使人们对秦封泥的出土地点有了明确的认识。[①]这是秦考古的又一次重大发现。李学勤先生在看到这批秦封泥后指出:"这次发现极为重要,在一定意义上,它不亚于云梦睡虎地秦简的发现,这是秦汉历史、考古工作者做梦都不敢想象的收获,我这不是夸大之辞,因为秦享国年短,这批封泥太难得、太宝贵了!"袁仲一先生也评价道:"这是秦汉历史学、考古学以及中国古代职官、地理研究的一次里程碑式的极其重大的发现,其中大量问题需要一代人甚至几代人的好好消化、研究。"[②]

过去由于公认的秦封泥数量很少,人们对于秦封泥的风格难以获得明确的认识,以至于对秦汉封泥的区别难于把握,相家巷3000余个秦封泥的出土弥补了这一方面的空白。这批秦封泥不仅数量多、品种全、品相好,而且内容极为丰富,涉及当时的政治、经济、文化等各个方面,

---

① 倪志俊:《空前的考古发掘,丰富的瑰宝收藏——西安北郊新出土封泥出土地点的发现及西安中国书法艺术博物馆新入藏的大批封泥精品》,载《书法报》1999年4月9日。

② 周晓陆、路东之:《秦封泥集》,三秦出版社2000年版,第1—4页。

特别是有关秦时职官制度、用印制度、文字发展、地理状况等多方面的封泥，内容都是史书中没有的，尤其是秦的职官制度更为全面。

关于秦职官的封泥主要有丞相之印、右丞相印、左丞相印、廷尉之印、卫尉之印、宗正、少府、御府丞印、上家马丞、下家马丞、中车府丞、骑尉、泰行、典达、内官丞印、公车司马丞、郡左邸印、郡右邸印、宫司空印、宫司空丞、左司空丞、左司空印、右司空印、左弋丞印、大仓丞印、泰仓、泰仓丞印、大匠丞印、泰匠丞印、泰库令印、寺工之印、寺工丞玺、寺工丞印、谒者之印、御府、御府之印、御府丞印、内者、内者府印、内史之印、宦者丞印、中官丞印、高章宦者、高章宦丞、宦者丞印、诏事丞印、诏事之印、属邦之印、属邦工室、属邦工丞、武库丞印、弄陶丞印、西方谒者、吴炮之印、尚浴、尚浴府印、中宫丞印、中宫、中府丞印、南宫郎丞、北宫、北宫宦丞等等，其中相当一部分是宫廷内部直接为宫室（包括为皇帝、太后、太子）服务的官吏。

以上这些官职有许多是史书没有记载的，有些虽然有记载但记载混乱，因而问题也说不清，秦封泥发现的这些官职使历史上的许多问题迎刃而解。譬如，秦的丞相问题一直是争论的问题，在遗址中发现的丞相官印应该说解决了这一问题，即当时既有丞相，又有左、右丞相，这应该是秦始皇实行中央集权制的有效办法之一。从发现的官职中也可以看到秦时的宦官现象比较严重，因为出土了不少关于这方面的封泥，也验证了历史上嫪毐和赵高能在秦国为所欲为、专横跋扈的事实。南宫、北宫封泥的发现也证明了文献中关于秦有南北宫的记载是正确的。

不少封泥反映的是秦时的马厩管理制度。秦人以善于养马和御车而闻名，以前在秦始皇陵也发现过一些马厩方面的资料，但这次的发现更多，内容更丰富，计有宫厩丞印、御厩丞印、泰厩丞、章厩丞、宫厩丞、下厩丞、中厩、中厩丞、中厩马府、中厩将丞、官厩丞、左厩丞、右厩丞、小厩丞、小厩将马等，可以看出秦时的马厩管理严密，也反映出马在当时社会生活中的重要作用。

秦封泥中的大量职官署名，比史书记载的秦官吏要多得多，纠正了

《汉书·百官公卿表》中一些关于秦官吏记载的错误，近乎一部秦代的百官志，给秦官制研究工作者提供了前所未有的资料。

秦时为了满足统治者的需要，在全国修建了大量的离宫别馆和苑囿。过去我们只能从文献中找到秦在关中地区有一些苑囿，如上林苑、宜春苑等。这次发现的封泥中透露出不少的秦时苑囿，如上林丞印、杜南苑丞、白水苑丞、白水之苑、鼎胡苑丞、东苑、东苑丞印、具圆、麋圈、息园、庐山禁丞、桑林丞印、左云梦丞、阳陵禁丞等等，很多是以前史书中没有的。另外，具圆封泥的发现纠正了过去史书上记载的"具囿"。

还有不少关于当时经济方面的封泥，如铁市丞印、西盐、西采金印、栎阳右工室丞、雍工室印、栎阳左工室丞、咸阳工室、咸阳工室丞、左织缦丞、右织、汪府工室、江左盐丞、江右盐丞、采青丞印、邯郸造工、蜀左织官等等，反映出当时秦对盐、铁、纺织等手工业的重视及当时手工业的分工状况。

在这批秦封泥中，还发现了大批秦时的地名，既有当时的都城名，又有当时的郡名和县名、亭名，是研究当时历史地理的第一手资料，主要有咸阳、咸阳亭丞、雍丞、栎阳丞、茝阳丞印、内史之印、上郡侯丞、好畤丞印、西成丞印、西共丞印、成都丞印、丰丞、云阳丞印、高陵丞印、华阳丞印、宁秦丞印、杜丞之印、下邽丞印、重泉丞印、商丞之印、南郑丞印、频阳丞印、薛丞之印、蓝田丞印、美阳丞印、长社丞印、蔡阳丞印、邯郸之丞、徐无丞印、四川太守、南阳郎丞、河间尉印、新蔡成印、浮阳丞印、彭城丞印、宜阳丞印、长平丞印、安邑丞印、东武阳丞、上雒丞印、雒阳丞印、朐衍道丞、历阳丞印、新东阳丞、彭阳丞印、略阳丞印、任城丞印、溥道丞印、阳夏丞印、临晋丞印、济阴丞印、寿陵丞印、废丘丞印、寿春丞印、颖阳丞印、东阿丞印、西陵丞印、蒲反丞印、襄城丞印、阳安丞印、女阴丞印、建陵丞印、芒丞之印、叶丞之印、兰輵丞印、汾阴丞印、翟导（道）丞印、鄘丞之印、犛丞之印等等。

以上这些地名，有些我们过去见过，有些则是新增加的，对于我们研究秦时的郡县情况大有裨益。翟道、朐衍道丞和溥道丞印显然是当时秦设在少数民族中的县级机构。上郡侯丞的发现无疑值得注意，对于研究当时的封侯制度增加了新的资料，因为上郡无论是在秦统一前还是统一后，皆为北方重镇，今传世及出土的上郡戈就达10余件，但此地封有列侯，却从未见任何蛛丝马迹，据此封泥，秦时的某些篇章无疑需重新改写。①

这批封泥的发现又为我们提供了秦汉玺印和封泥的断代标准，为研究秦文字和玺印提供了第一手的资料。

秦王朝上承战国，下启汉魏，百代皆行秦政事，对秦各种制度的研究无疑对其后各朝代的研究有十分重要的意义。它所建立的一套中央集权的官僚体制，基本上奠定了中国封建社会职官制度的基础。然而在历史文献中关于秦职官的资料甚少，这批封泥的出土极大地丰富了这方面的内容。

秦封泥发现后，引起了学术界的极大重视，很快掀起了研究的热潮，也取得了一批研究成果，如出版了《秦封泥集》②，《西北大学学报》（哲学社会科学版）、《考古与文物》、《秦文化论丛》、《秦陵秦俑研究动态》等杂志率先发表了一批研究文章。

四、里耶秦简的发现与秦文化的研究

里耶秦简2002年发现于湖南省龙山县酉河边里耶古城的一口秦井中。这座古城是战国秦汉时期的遗址，1996年发现，现存城址三面有护城河，古城经过两个主要的建筑和使用期。战国中晚期第一次筑城，开掘护城河，使用至秦。③

在城内发现了一口古井（一号井），井壁用木板嵌砌，中间以圆木十字支撑，井深14米，掘成于战国末年，使用于秦代，废弃于秦末西汉初。

---

① 黄留珠：《秦封泥窥管》，载《西北大学学报》（哲学社会科学版）1997年第1期。
② 周晓陆、路东之：《秦封泥集》，三秦出版社2000年版。
③ 湖南省文物考古研究所、湘西土家族苗族自治州文物处、龙山县文物管理所：《湖南龙山里耶战国——秦代古城一号井发掘简报》，载《文物》2003年第1期。

在该井中发现了 36 000 枚秦简牍,绝大多数是木质,也有少数是竹质。简牍形式多样,最多见的长度为 23 厘米,宽度不一。其宽窄是根据内容的多少决定的,一般一简一事,构成一完整公文,文字达 10 余万,初步认定是当时的官府档案。其中纪年简牍从秦始皇二十五年至三十七年及秦二世元年、二年,一年不缺,有些简甚至写有月、日,是一套极为重要的百科全书式的日志式实录。像年代这么久远、数量这么多、内容这么丰富和重要的简牍,在国内尚属首次发现。

这批简牍是里耶所在的秦迁陵县的官府档案,内容包括政令、各级政府之间的往来文书和存档、司法文书、物品登记和转运、邮驿、算术、军事等,其中不少是过去鲜为人知和错误的有关官制、历史地理的内容,如洞庭郡在过去从未见于史书记载。据研究,里耶古城可能是战国末期楚国的一处县署和秦王朝的迁陵县所在。

里耶古城所在地位于酉水中游,是武陵山区土家族的发源地,并非人们认为的文化发达地区,当时是楚人、巴人和秦人争夺的战略要地,是文化交流频繁的地方,也是战争激烈的地方,但历代对这一地区的记载非常少,一些重大问题长期以来扑朔迷离。简牍的发现再结合文献资料,对于解决诸如楚国的疆域、夜郎的所在、秦楚为什么争夺此地、秦国郡县制的推行以及楚国有无郡县制等重大问题都有极大地帮助。众多的特别是县、乡等基层官吏的记载,使我们可以了解秦王朝行政机构的具体运作。严格地将每天分为十二刻,每刻再分成十二分,计时精确,由年、月、日、地名、职官、事件及办理的事构成简洁完整的公文,可知秦政权严格而高效的管理制度,丰富了我们对秦代政治制度的认识。

里耶古城秦简的意义巨大。首先是十多万字的文字资料大大充实了少得可怜的秦史资料。这些资料的发现必将复活秦时的各项制度,譬如行政管理制度、文书制度、邮驿制度等。

其次,该简中还有不少有关秦历史地理的材料,有很多的地名,如迁陵、西阳、阳陵、沅陵、益阳、零阳、临沅等,特别是有数支简中记载了洞庭郡,如:"三十三年四月辛丑朔丙午司空腾敢言之,阳陵逆都士五（伍）越人有赀钱千三百四十四越人戍洞庭郡不智（知）何县署"，"三十三年四月辛丑朔丙午司空腾敢言之，阳陵叔作士五（伍）胜日有赀钱千三百四十四胜日戍洞庭郡不智（知）何县署"。简牍对洞庭郡的介绍十分详细，不仅有行政机构建制，而且还出现了"洞庭郡司空""洞庭司马""洞庭尉令""洞庭假尉"等官名。这是以前的史书中从未记载的，虽然目前对秦到底有多少郡有很大的争论，但无论哪一种观点都未提出过有洞庭郡。迁陵一带原来是楚黔中郡之所在，据《史记·秦本纪》记载：秦昭王二十七年（前280）"使司马错发陇西，因蜀攻楚黔中，拔之"。三年后，《史记·楚世家》记载楚顷襄王二十二年（前277）"秦复拔我巫、黔中郡"。《水经·沅水注》更清楚记载"秦昭襄王二十七年，使司马错以陇、蜀军攻楚，楚割汉北与秦；至三十年，秦又取楚巫、黔及江南地，以为黔中郡"。到汉初时，割黔中故治为武陵郡，史书中未说明秦代黔中郡有何变化。因此，秦是否有黔中郡还需要有关的资料来说明。另外里耶秦简也为我们增加了许多过去并不知道的县名，因为过去一般认为秦王朝并未管到此地，对此地的管理是从西汉初年开始的，由里耶简文记载的迁陵、酉阳、沅陵、阳陵、益阳、零阳、临沅等可知，秦朝已对这一带进行了严格的管理。里耶简牍中还发现了当时各地之间的距离，如"鄢到销百八十四里，销到江陵二百四十里，江陵到孱陵百一十里，孱陵到索二百九十五里，索到临沅六十里，临沅到迁陵九百一十里"。这为我们研究历史地理提供了实际的参数。

再次，里耶秦简将中国乘法口诀的使用提前到秦时。在一片木牍上发现了乘法口诀表，竟与现今仍使用的乘法口诀有着惊人的一致，如七九六十三、六九五十四、七八五十六、二八十六、二三而六、三五十五、三六十八、三四十二、二四而八、二五而十等等。这枚木牍长22厘米，宽4.5厘米，是中国乘法口诀表最早的实物证明，从而印证了文献中所记载的春秋战国时乘法和乘法口诀表已被使用。目前认为中国最早的数学著作是湖北江陵张家山汉墓竹简的《算术书》。在里耶秦简发现乘法口诀以前，曾在敦煌和居延汉简中也发现过乘法口诀。

最后，如此多的简牍对于我们研究当时的文字和书法艺术也是不可多得的资料。

同时，通过对这批简牍的研究，将使我们对当时的历朔及当时的行书与文书格式有一个明确的了解，因为在此前还未发现如此大量的固定成熟的文字格式。①

里耶秦简牍的整理工作还在进行中，据说在一号井的不远处还有一口类似的井，里面仍然有简牍。目前我们看到公布的资料仅是九牛一毛，因此我们有足够的理由相信随着整理发掘工作的继续进行，还会有更重要的发现，将使秦历史上许多难以说明的问题得以解决，也将改写和极大地填补秦的历史，填补《史记》和《汉书》中秦历史资料的大片空白。里耶秦简反映了秦历史的方方面面，秦湘西地区的社会经济的各个方面，特别是人民的生活状况及当时基层政权的运作。另外，里耶秦简的发现，使中国古代社会总体的研究有可能得到较大的推动，将从根本上改变2000多年来秦史的研究面貌。我们殷切期待着这一天的到来。

五、岳麓书院秦简与秦文化的研究

2007年12月，湖南大学岳麓书院从香港抢救性收购了一批珍贵秦简。这批秦简共有2098枚，其中比较完整的简为1300余枚。另外，2008年8月，香港一位文物收藏家捐赠岳麓书院少量竹简（76枚，较完整的30余枚），经过技术处理，确定这些简与书院收藏的秦简为同一批出土。

这批秦简的绝大部分为竹简，只有少量木简（30多枚）。该批简经过初步整理，主要内容大致为六大类：

①《质日》。《质日》这部分内容和性质都与湖北《关沮秦汉墓简牍》中的《历谱》相同，共有三份，分别为秦始皇二十七年（前220年）、

---

① 李学勤：《初读里耶秦简》，载《文物》2003年第1期。

三十四年（前213年）和三十五年（前212年）。

②《为吏、治官及黔首》。《为吏、治官及黔首》共80余枚简，原暂取名为《官箴》，后经过整理，发现这部分简中的一枚背面写有"为吏、治官及黔首"，故定名为《为吏、治官及黔首》。该部分内容以及形制与云梦睡虎地秦简中的《为吏之道》基本相同。

③《占梦书》。《占梦书》是有关梦占的内容，大部分是对所梦对象的占语式解读，另外有几枚是关于梦占的理论阐述。

④《数书》。《数书》许多内容与张家山汉简的《算术书》可以对勘，但也包括一些不见于张家山汉简的《算数书》内容。

⑤《奏谳书》。《奏谳书》均为几份关于不同地方的守丞对有关刑事案例奏谳、审议和判决的记录。

⑥《律令杂抄》。《律令杂抄》数量最多，大致有1000余枚简，经初步整理，主要是有关秦代律令的杂抄，大致有秦律10余种，秦令20余种。①

虽然内容尚未完全公布，但从这批秦简的大体内容来看，对于我们研究秦的政治、经济、文化、法律、社会风俗、历史地理都有极为重要的意义。

六、秦金文、陶文的发现与秦文化研究

出土发现的大量秦青铜器上的铭文和陶文为秦文化的研究提供了不少有用的资料，也可补充秦史研究的资料。

秦金文主要有秦公钟、秦公镈、杜虎符、青铜兵器上的铭文，度量衡上的铭文。秦青铜器铭文在北宋就有发现，但铭文的大量发现则是近几十年的事情，从而为秦文化的研究补充了很多难得的资料，对研究当时的政治、经济、文化、军事都有所裨益。王辉先生对以前出土的和传

---

① 陈松长：《岳麓书院所藏秦简综述》，载《文物》2009年第3期。

世的青铜器铭文进行考释和研究，出版了《秦铜器铭文编年集释》①，为我们研究秦文化提供了有益的帮助。

前多年在甘肃礼县发现的秦公大墓中出土了不少青铜器皿，有青铜壶、鼎、簋等，该墓葬是秦襄公、文公的墓葬，为"中"字形，墓葬规模大，随葬品丰富，但可惜的是大墓被疯狂盗掘，后虽然公安部门追回一些文物，上海博物馆也从香港购回几个鼎和簋，但仍然还有不少的文物流失在国外。从现在收藏的部分秦青铜器上我们发现了一些铭文，内容主要为"秦公作铸用鼎""秦公作宝簋"等，从而使我们得知礼县发现的大墓是秦先公的墓，为我们研究秦公帝王陵的发展演变和寻找秦的早期都城提供了重要线索。

发现于陕西宝鸡太公庙的秦公钟和秦公镈共有8件，为春秋早期秦武公所制，器形硕大，在钟、镈上有铭文，铭文历数秦先公，直到宪公，包括武公、出子、德公，为宫廷重器。"宪公"铭文的出现，纠正了《史记·秦本纪》中误将"宪公"为"宁公"的记载，为研究秦国早期历史提供了资料，也为寻找秦都平阳提供了线索。

杜虎符的发现为我们研究秦的军事制度提供了难得的实物资料。1975年发现于西安市南郊山门口乡北沈家桥村东北一里处，内容为"兵甲之符，右在君，左在杜，凡兴士被甲，用兵五十人以上，必会君符，乃敢行之"。也就是说当时发兵在50人以上就必须使用虎符，而且领兵者所持的一半虎符必须能和国王的另一半合符。杜虎符的发现也为我们找到秦杜县的位置提供了线索。比杜虎符时代晚的还有新郪虎符和阳陵虎符，虎符上的铭文内容大体相同。

在秦的不少度量衡上都刻有铭文，有些只有始皇诏，有些则不仅有始皇诏，而且有二世诏。文字既有刻在权上的，也有刻在诏版及其他量器上的，为我们研究当时的度量衡制度提供了资料。

青铜兵器上也很多的铭文，铭文的内容既有制作兵器的时间、地点，

---

① 王辉：《秦铜器铭文编年集释》，三秦出版社1990年版。

又有制作兵器的监造者等，如"王五年上郡疾戈""大良造鞅戟""七年相邦吕不韦戟"等，从而为研究秦的兵器提供了有用的资料。

所谓陶文是指刻在陶器或者是陶片上的文字，考古发现的有秦一代陶文是很多的，袁仲一先生曾出版《秦代陶文》[①]一书，收录了1610件陶文拓片，内容丰富。近几年又发现了不少的陶文。陶文罕见长篇铭文，多数是只有二三字或三四字，但是综合起来看，内容却丰富多彩，为我们提供了多方面的研究课题。

这些陶文大部分发现于秦都咸阳和秦始皇陵，很多是刻在砖瓦上，从这些陶文我们比较全面地了解了秦代制陶手工业的发展状况，当时有官营和私营两大类。从陶文中还可以获知一大批秦的官署机构名、县邑名、工匠名，如管理烧造砖瓦的中央官署有左右司空、大匠、都船、北司、宫水、寺水、左水、右水、大水等。除左右司空、大匠、都船见于记载外，其余均文献失载，为研究秦官制提供了新材料。陶文中的地名也很多，其中既有县名，又有乡里名，特别是在秦都咸阳发现了很多里名，当时在咸阳有蒲里、直里、商里、戎里、高里、白里等等[②]，为研究中国古代城市内里坊制的沿革提供了难得的资料。

这些陶文中文字最长的是"秦惠文王前四年赐宗邑瓦书"，上有119个字，内容大体为：秦惠文王四年，周天子派卿大夫来到秦国，把祭祀文王、武王的祭肉赐给惠文王，第二年大良造、庶长游宣布惠文王的命令，把杜县从封邱到滈水之间的土地封给右庶长，作为宗邑。从其内容来看，反映了秦时的封邑制度和土地制度。

除了金文和陶文之外，秦还有石刻文字，如石鼓文、秦始皇出巡时的刻石等。在秦公1号大墓中发现了石磬，并且上有刻文"天子匽喜，龚桓是嗣，高阳有灵，四方以鼏"等铭文，为我们推断这座墓的墓主是秦景公提供了根据。

---

① 袁仲一：《秦代陶文》，三秦出版社1987年版。
② 徐卫民：《秦都城研究》，陕西人民教育出版社2000年版，第157—158页。

大量发现的秦金文、陶文和石刻文字,不但反映了当时社会的方方面面,为秦文化的研究提供了难得的第一手资料,而且为研究秦文字的发展演变提供了素材。从发现的秦文字来看,既有大篆、小篆,又有隶书,到秦始皇统一中国以后,又实行"书同文"的政策,罢其他不与秦文合者。这对于我国社会的发展所产生的作用巨大。

总而言之,随着秦考古工作的不断进行,秦的文献资料还会继续被发现,我们期待着有更多的资料出土,并很快公布于世,以推动秦文化的研究向纵深发展。

(原文载《河南科技大学学报》2006年第1期,收录时略有改动)

参 考 资 料

[1] 司马迁：《史记》，中华书局 1959 年版。

[2] 班固：《汉书》，中华书局 1962 年版。

[3] 范晔撰，李贤等注：《后汉书》，中华书局 1965 年版。

[4] 赵岐等撰，清张澍辑，陈晓捷注：《三辅旧事》，三秦出版社 2006 年。

[5] 陈植注释，杨超伯校订，陈从周校阅：《园冶注释》，中国建筑工业出版社 1988 年版。

[6] 陈介祺、吴式芬辑：《封泥考略》，中国书店 1990 年版。

[7] 周晓陆、路东之：《秦封泥集》，三秦出版社 2000 年版。

[8] 孙慰祖：《孙慰祖论印文稿》，上海书画出版社 1999 年版。

[9] 孙慰祖：《古封泥集成》，上海书店出版社 1994 年版。

[10] 孙慰祖：《封泥发现与研究》，上海书店出版社 2002 年版。

[11] 罗福颐：《秦汉南北朝官印征存》，文物出版社 1987 年版。

[12] 袁仲一：《秦代陶文》，三秦出版社 1987 年版。

[13] 袁仲一：《秦始皇陵考古发现与研究》，陕西人民出版社 2002 年版。

[14] 袁仲一、刘钰：《秦陶文新编》，文物出版社 2009 年版。

[15] 傅嘉仪：《秦封泥汇考》，上海书店出版社 2007 年版。

[16] 傅嘉仪：《新出土秦代封泥印集》，西泠印社 2002 年版。

[17]陈直：《史记新证》，天津人民出版社1979年版。

[18]陈直：《汉书新证》，中华书局2008年版。

[19]何清谷：《三辅黄图校释》，中华书局2005年版。

[20]刘庆柱辑注：《三秦记辑注》，三秦出版社2006年版。

[21]刘庆柱辑注：《关中记辑注》，三秦出版社2006年版。

[22]陕西省考古研究所编：《秦都咸阳考古报告》，科学出版社2004年版。

[23]中国社会科学院考古研究所编：《新中国的考古发现和研究》，文物出版社1984年版。

[24]国家文物局主编：《中国文物地图集》（陕西分册），西安地图出版社1998年版。

[25]中国社会科学院考古研究所编：《汉长安城未央宫》，中国大百科全书出版社1996年版。

[26]中国社会科学院考古研究所编：《汉长安城桂宫遗址》，文物出版社2006年版。

[27]史念海：《中国古都与文化》，中华书局1998年版。

[28]杨宽：《中国古代都城制度史研究》，上海古籍出版社1993年版。

[29]杨宽：《中国古代陵寝制度史研究》，上海人民出版社2003年版。

[30]刘庆柱：《古代帝陵与都城考古学研究》，科学出版社2000年版。

[31]朱士光主编：《西安的历史变迁与发展》，西安出版社2003年版。

[32]马正林：《中国城市历史地理》，山东教育出版社1998年版。

[33]朱士光：《中国八大古都》，人民出版社2007年版。

[34]王学理：《秦都咸阳》，陕西人民出版社1985年版。

[35]王学理：《咸阳帝都记》，三秦出版社1999年版。

［36］贺业矩：《中国古代城市规划史》，中国建筑工业出版社1996年版。

［37］王辉：《秦文字集证》，艺文印书馆1999年版。

［38］庞任隆主编：《秦封泥研究》，陕西人民美术出版社2015年版。

［39］刘信芳、梁柱：《云梦龙岗秦简》，科学出版社1997年版。

［40］睡虎地秦墓竹简整理小组编：《睡虎地秦墓竹简》，文物出版社1990年版。

［41］王子今：《秦汉时期生态环境研究》，北京大学出版社2007年版。

［42］陈松长主编：《岳麓书院藏秦简（伍）》，上海辞书出版社2017年版。

［43］陈伟：《龙岗秦墓简牍》，武汉大学出版社2014年版。

［44］徐卫民：《秦都城研究》，陕西人民教育出版社2000年版。

［45］徐卫民：《秦汉历史地理研究》，三秦出版社2005年版。

［46］徐卫民：《秦公帝王陵》，中国青年出版社2002年版。

［47］陕西省地方志编纂委员会：《文物志》（修订本），陕西人民出版社2016年版。

［48］李学勤：《秦封泥与秦印》，载《西北大学学报》1997年第1期。

［49］中国社会科学院考古研究所汉长安城考古队：《西安相家巷遗址秦封泥的发掘》，载《考古学报》2001年4期。

［50］刘庆柱、李毓芳：《西安相家巷遗址秦封泥考略》，载《考古学报》2001年第2期。

［51］周晓陆、路东之：《空前的收获 重大的课题——古陶文明博物馆藏秦封泥综述》，载《西北大学学报》（哲学社会科学版）1997年第1期。

［52］周晓陆、路东之、庞睿：《秦代封泥的重大发现——梦斋藏秦封泥的初步研究》，载《考古与文物》1997年第1期。

［53］周晓陆、刘瑞：《九十年代之前所获秦式封泥》，载《西北

大学学报》（哲学社会科学版）1998年第1期。

［54］周晓陆、路东之、庞睿：《西安出土秦封泥补读》，载《考古与文物》1998年第2期。

［55］周晓陆、刘瑞：《新见秦封泥中的地理内容》，载《秦陵秦俑研究动态》2001年第4期。

［56］周晓陆、路东之、刘瑞、陈晓捷：《秦封泥再读》，载《考古与文物》2002年第5期。

［57］周晓陆、陈晓捷：《新见秦封泥中的中央职官印》，见《秦文化论丛》第九辑，西北大学出版社2002年版。

［58］周伟洲：《新发现的秦封泥与秦代郡县制》，载《西北大学学报》（哲学社会科学版）1997年第1期。

［59］黄留珠：《秦封泥窥管》，载《西北大学学报》（哲学社会科学版）1997年第1期。

［60］张懋镕：《试论西安北郊出土封泥的年代与意义》，载《西北大学学报》（哲学社会科学版）1997年第1期。

［61］余华青：《新发现的封泥资料与秦汉宦官制度研究》，载《西北大学学报》（哲学社会科学版）1997年第1期。

［62］王辉：《秦封泥的发现及其研究》，载《学术论坛》2002年第2期。

［63］王辉：《秦印探述》，载《文博》1990年第5期。

［64］王辉：《出土文字所见之秦苑囿》，见雷依群、徐卫民主编：《秦都咸阳与秦文化研究》，陕西人民教育出版社2003年版。

［65］王辉：《西安中国书法艺术博物馆藏秦封泥选释》，载《文物》2001年第12期。

［66］王辉：《西安中国书法艺术博物馆藏秦封泥选释续》，见《陕西历史博物馆馆刊》（第八辑），2001年。

［67］王辉：《秦印封泥考释（五十则）》，见《四川大学考古专业创建四十周年暨冯汉骥教授百年诞辰纪念文集》，四川大学出版社

2001年版。

[68] 赵平安：《秦西汉官印论要》，载《历史研究》1999年第1期。

[69] 赵超：《试谈几方秦代的田字格印及有关问题》，载《考古与文物》1982年第6期。

[70] 吴镇烽：《陕西历史博物馆馆藏封泥考》（上），载《考古与文物》1996年第4期。

[71] 吴镇烽：《陕西历史博物馆馆藏封泥考》（下），载《考古与文物》1996年第6期。

[72] 袁仲一：《论秦的厩苑制度》，见《考古与文物》编辑部编：《考古与文物丛刊》（第二号），1979年。

[73] 刘瑞：《1997—2001年间秦封泥研究概况》，载《中国史研究动态》2002年第9期。

[74] 刘瑞：《秦封泥分期释例》，载《考古》2013年第10期。

[75] 胡平生：《云梦龙岗秦简〈禁苑律〉中的"䚋"（塄）字及相关制度》，载《江汉考古》1991年第2期。

[76] 马彪：《从秦简禁苑律重新认识秦代上林苑》，载《唐都学刊》2016年第6期。

[77] 王伟、杨广泰：《古代封泥概说》，载《书法》2017年第10期。

[78] 曹旅宁：《秦律厩苑律考》，载《中国经济史研究》2003年第3期。

[79] 吴晓懿：《秦简封泥所见秦厩官名初探》，载《中国历史文物》2010年第3期。

[80] 任隆：《秦代的"封泥"》，载《中国档案》2000年第9期。

[81] 任隆：《秦封泥官印考》，载《秦陵秦俑研究动态》1997年第3期。

[82] 任隆：《秦封泥官印续考》，载《秦陵秦俑研究动态》，1998年第3期。

[83] 史党社：《新发现秦封泥丛考》，载《秦陵秦俑研究动态》

1997 年第 3 期。

［84］田静、史党社：《新发现秦封泥中的"上濅"及"南宫""北宫"问题》，载《人文杂志》1997 年第 6 期。

［85］封云：《相地因借——中国园林的造园之法》，载《同济大学学报》（社会科学版）2003 年第 1 期。

［86］黄宛峰：《秦汉园林的主要特征及其影响》，载《杭州师范学院学报》2007 年第 3 期。

［87］郭兴文：《论秦代养马技术》，载《农业考古》1985 年第 1 期。

［88］郭兴文：《论秦代养马技术（续）》，载《农业考古》1985 年第 2 期。

［89］刘金华：《〈云梦龙岗秦简〉所见之秦代苑政》，载《文博》2002 年第 1 期。

［90］陈宁：《简牍所见秦马政》，载《兰州学刊》2008 年第 11 期。

［91］朱晨：《秦封泥集释》，安徽大学 2005 年硕士学位论文。

［92］朱晨：《秦封泥文字研究》，安徽大学 2011 年博士学位论文。

［93］于青明：《云梦龙岗禁苑律研究》，上海师范大学 2007 年硕士学位论文。

［94］张宁：《秦封泥历史地理研究》，首都师范大学 2012 年博士学位论文。

［95］林丽卿：《秦封泥地名研究》，台湾师范大学 2012 年硕士论文。

［96］崔璨：《秦泥封的发现与鉴定》，南京大学 2018 年硕士论文。

后　记

　　20 世纪 90 年代，西安北郊发现了大批量秦封泥，这些封泥作为秦出土文献的重要组成部分，为学者们提供了研究秦文化的第一手资料，这一发现无疑对秦文化的研究注入了一针强心剂，大大推动了秦文化的研究。而作为秦文化重要组成部分的秦都城宫室苑囿，过去的文献资料比较少，从而为研究带来了一定的困难。这批秦封泥中却出现了诸多过去没有的、难得的资料，因而使这方面的研究得到进一步加深。笔者选择这一课题作为研究对象，写成了这本小册子，提供给各位读者，但由于才疏学浅，在该研究课题中一定还存在一些不足，恳请方家批评指正。

　　都城是一个国家或者政权的政治、经济、文化中心，宫室苑囿是都城中不可或缺的部分，因此研究好每一个王朝的都城及其苑囿正是研究其他问题的基础。秦人经过长时期的迁徙、改革，才从一个西垂小国变成为"春秋五霸""战国七雄"，在这一过程中，都城和苑囿发挥了重要的作用，特别是秦人善于养马，因此马厩很多，为秦的统一提供了良好的条件，值得深入研究。

　　笔者在写作的过程中，参阅了不少大家的著作和论述，恕不一一列举，再次向各位表示感谢。陕西师范大学出版社的领导和编辑为本书的出版付出了辛勤的劳动，也表示衷心感谢。